Wissenschaftlich mit LaTeX arbeiten
Petra Schlager, Manfred Thibud

Wissenschaftlich mit LaTeX arbeiten

ein Imprint von Pearson Education
München • Boston • San Francisco • Harlow, England
Don Mills, Ontario • Sydney • Mexico City
Madrid • Amsterdam

Bibliografische Information Der Deutschen Bibliothek

Die Deutsche Bibliothek verzeichnet diese Publikation in der Deutschen Nationalbibliografie;
detaillierte bibliografische Daten sind im Internet über <http://dnb.ddb.de> abrufbar.

Die Informationen in diesem Buch werden ohne Rücksicht auf einen eventuellen Patentschutz
veröffentlicht. Warennamen werden ohne Gewährleistung der freien Verwendbarkeit benutzt.
Bei der Zusammenstellung von Texten und Abbildungen wurde mit größter Sorgfalt vorgegangen.
Trotzdem können Fehler nicht ausgeschlossen werden. Verlag, Herausgeber und Autoren können für
fehlerhafte Angaben und deren Folgen weder eine juristische Verantwortung noch irgendeine
Haftung übernehmen. Für Verbesserungsvorschläge und Hinweise auf Fehler sind Verlag und
Herausgeber dankbar.

Es konnten nicht alle Rechteinhaber von Abbildungen ermittelt werden. Sollte dem Verlag gegenüber
der Nachweis der Rechtsinhaberschaft geführt werden, wird das branchenübliche Honorar
nachträglich gezahlt.

Alle Rechte vorbehalten, auch die der fotomechanischen Wiedergabe und der Speicherung in
elektronischen Medien. Die gewerbliche Nutzung der in diesem Produkt gezeigten Modelle und
Arbeiten ist nicht zulässig.

Fast alle Hardware- und Softwarebezeichnungen, die in diesem Buch erwähnt werden, sind
gleichzeitig auch eingetragene Warenzeichen oder sollten als solche betrachtet werden.

Umwelthinweis: Dieses Produkt wurde auf chlorfrei gebleichtem Papier gedruckt.

10 9 8 7 6 5 4 3 2 1

07   06   05

ISBN 3-8273-7078-7

© 2005 by Pearson Studium,
ein Imprint der Pearson Education Deutschland GmbH,
Martin-Kollar-Straße 10–12, D-81829 München/Germany
Alle Rechte vorbehalten
www.pearson-studium.de

Lektorat: Irmgard Wagner, Gräfelfing, irmwagner@t-online.de
Korrektorat: Petra Kienle, Fürstenfeldbuck
Umschlaggestaltung: adesso 21, Thomas Arlt, München
Herstellung: Philipp Burkart, pburkart@pearson.de
Satz: LE-TEX Jelonek, Schmidt & Vöckler GbR, Leipzig
Druck und Verarbeitung: Bosch Druck, Ergolding

Printed in Germany

Inhaltsverzeichnis

	Vorwort	9
	Geleitwort	11
Kapitel 1	Das LaTeX-System	13
	1.1 TeX/LaTeX	14
	1.2 Arbeiten mit dem LaTeX-System	14
	1.3 Die Programme im LaTeX-System	15
	1.4 Typografische Konventionen	17
	1.5 Übung	20
	1.6 Zusammenfassung	20
Kapitel 2	Das LaTeX-Dokument	21
	2.1 Arbeitsweise von LaTeX	21
	2.2 Aufbau und Art des Dokuments	22
	2.3 LaTeX-Befehle	26
	2.4 Wirkungsbereich der Befehle	27
	2.5 LaTeX-Umgebungen	28
	2.6 Längenangaben	29
	2.7 Zähler	30
	2.8 Übung	31
	2.9 Zusammenfassung	32
Kapitel 3	Grundelemente für den Textsatz mit LaTeX	33
	3.1 Zeichen	33
	3.2 Silbentrennung	38
	3.3 Zeilenumbruch	39
	3.4 Absätze	40
	3.5 Seitenumbruch	43
	3.6 Boxen	44
	3.7 Abstände	46
	3.8 Übung	49
	3.9 Zusammenfassung	50

Kapitel 4	Dokumentenstruktur	51
4.1	Gliederungsbefehle	51
4.2	Anhang	54
4.3	Querverweise	54
4.4	Inhaltsverzeichnis	56
4.5	Titel	58
4.6	Seitenlayout	59
4.7	Hilfreiche Zusatzpakete	60
4.8	Übung	60
4.9	Zusammenfassung	62

Kapitel 5	Umgebungen	63
5.1	Absatzausrichtung	63
5.2	Listen	65
5.3	Die *minipage*-Umgebung	69
5.4	Nummerierte Textpassagen (Theoreme)	71
5.5	Die *verbatim*-Umgebung	72
5.6	Die *abstract*-Umgebung (Zusammenfassung)	73
5.7	Die *appendix*-Umgebung (Anhang)	74
5.8	Übung	75
5.9	Zusammenfassung	76

Kapitel 6	Schriftarten und -größen	77
6.1	LaTeX-Zeichensätze	77
6.2	PostScript-Zeichensätze	81
6.3	TrueType-Zeichensätze	83
6.4	Übung	83
6.5	Zusammenfassung	84

Kapitel 7	Grundelemente des Formelsatzes	85
7.1	Formelsatz in LaTeX	86
7.2	Mathematische Grundelemente	89
7.3	Anwendung großer Operatoren	97
7.4	Formelumbruch	99
7.5	Besondere Zeichen im Formelsatz	100
7.6	Übung	106
7.7	Zusammenfassung	107

Kapitel 8	Tabellen	109
8.1	Die *tabular*-Umgebung	109
8.2	Hilfreiche Zusatzpakete	113
8.3	Die *tabbing*-Umgebung	116
8.4	Übung	117
8.5	Zusammenfassung	118

Kapitel 9	**Abbildungen und Grafiken**	**119**
9.1	LaTeX-interne Grafiken	119
9.2	Integration externer Grafiken	126
9.3	Hilfreiche Zusatzpakete	129
9.4	Übung	133
9.5	Zusammenfassung	135
Kapitel 10	**Gleitumgebungen**	**137**
10.1	Gleitende Tabellen	137
10.2	Gleitende Abbildungen	139
10.3	Voreinstellungen für Gleitobjekte	140
10.4	Überschriften und Untertitel	140
10.5	Verzeichnisse für Gleitobjekte	141
10.6	Hilfreiche Zusatzpakete	142
10.7	Übung	142
10.8	Zusammenfassung	143
Kapitel 11	**Anmerkungen**	**145**
11.1	Fußnoten	145
11.2	Endnoten	149
11.3	Randnoten	150
11.4	Übung	152
11.5	Zusammenfassung	153
Kapitel 12	**Fortgeschrittener Formelsatz**	**155**
12.1	Gleichungen und deren Referenzierung	155
12.2	Matrizen, Determinanten und Felder	156
12.3	Mehrzeilige Formeln	159
12.4	Layoutänderungen im Formelsatz	165
12.5	Übung	170
12.6	Zusammenfassung	170
Kapitel 13	**Literaturverweise**	**171**
13.1	Literaturverweise mit LaTeX-Befehlen	171
13.2	Literaturverweise mit BibTeX	175
13.3	Hilfreiche Zusatzpakete	176
13.4	Übung	176
13.5	Zusammenfassung	177
Kapitel 14	**Indexerstellung**	**179**
14.1	Verfahrensweise bei der Indexerstellung	179
14.2	Der Befehl für Indexeinträge	180
14.3	Ausgabe des Stichwortverzeichnisses	181

14.4	Übung	182
14.5	Zusammenfassung	183

Kapitel 15 Weitere Aspekte — 185

15.1	Praxisnahe Dokumente	185
15.2	PDF-Dokumente aus LaTeX	192
15.3	Webseiten aus LaTeX-Dokumenten	193
15.4	Übung	194
15.5	Zusammenfassung	195

Anhang A Anhang — 197

A.1	Wichtige Zusatzpakete	197
A.2	Wichtige LaTeX-Umgebungen	199

Anhang B Formelanhang — 201

B.1	Griechische Buchstaben	201
B.2	Binäre Operatoren – LaTeX	201
B.3	Binäre Operatoren – Zusätze mit *amsmath*	202
B.4	Große Operatoren	202
B.5	Vergleichsoperatoren	202
B.6	Negation binärer Operationen	203
B.7	Klammern und Begrenzer	203
B.8	Pfeil-Operatoren	203
B.9	Synonyme Darstellungen	204
B.10	Mathematische Akzente	204
B.11	Zusätzliche Symbole	204

Anhang C Die beigefügte CD-ROM — 205

C.1	Die TeXLive-Installation von der CD-ROM	205
C.2	CTAN, das *Comprehensive TeX-Archive Network*	206

Literaturverzeichnis — 209

Sachregister — 211

Vorwort

Dieses Buch wendet sich an Studierende und Wissenschaftler aller Fachrichtungen, die eine wissenschaftliche Arbeit in Angriff nehmen und dabei Wert auf ein möglichst einheitliches, ansprechendes Design legen. Da eine der Hauptstärken des LaTeX-Systems im Formelsatz liegt, kommen die Anwender natürlich meistens aus den Natur- und Ingenieurwissenschaften. Aber auch in den Wirtschafts- und Planungswissenschaften wird LaTeX eingesetzt, und nicht zu vergessen die Geisteswissenschaften, wo die Verwaltung vieler Fußnoten und Zitate, insbesondere deren Referenzierung, hohe Ansprüche an ein Textsatzsystem stellt.

Wir wollen Ihnen, der Leserin – und natürlich auch dem Leser –, Mut machen, sich auf den Textsatz mit LaTeX und damit auch auf einige Grundbegriffe der Typografie einzulassen. Wir möchten Ihnen gewissermaßen das, was wir am professionellen Buch- und Formelsatz so zu schätzen wissen, näher bringen und Ihnen Werkzeuge an die Hand geben, diesem nachzueifern.

Es soll ein Buch sein, das man gerne zur Hand nimmt, weil es auf leichte Art zusammenfasst, worauf es beim Textsatz mit LaTeX ankommt. Dabei wenden wir uns bewusst an den Einsteiger, der noch das Pflichtprogramm absolviert und zunächst einmal wenig in die Kür investieren muss. Demzufolge sind auch die Beispiele eher einfach gewählt, sie sollen veranschaulichen und von Ihnen leicht nachvollziehbar sein. „Um einen Nagel in die Wand zu schlagen, braucht man auch nur einen Hammer und keine komplizierte Maschinerie."

Nach und nach werden wir Ihnen Werkzeuge vorstellen, die Sie gewinnbringend bei der Erstellung Ihrer wissenschaftlichen Arbeit einsetzen können. Als gewissermaßen roter Faden wird sich deshalb durch dieses Buch die Entstehung einer Diplomarbeit ziehen. Schrittweise werden Sie so die wesentlichen Bestandteile einer wissenschaftlichen Arbeit kennen und anzuwenden lernen.

Im Laufe der Zeit, seit Donald E. Knuth vor mehr als 25 Jahren TeX entwickelt hatte, wurden viele Zusatzfunktionalitäten entwickelt. Wir wählen in diesem Buch einen integrativen Ansatz und stellen diese Zusatzpakete an den entsprechenden Stellen vor. Gerade im Formelsatz, wo das von der American Mathematical Society entwickelte *amsmath*-Zusatzpaket viele nützliche Befehle bereitstellt, propagieren wir, diese gleichberechtigt neben den LaTeX-Befehlen einzusetzen.

Wir haben uns bemüht, unsere langjährige LaTeX-Praxis und Erfahrung in der Lehre in dieses Buch einfließen zu lassen. Wir hoffen, den „typografischen Zeigefinger" dabei nicht zu oft erhoben zu haben.

Ihnen wünschen wir viel Spaß an diesem Buch und viel Erfolg beim Einsatz des Textsatzsystems LaTeX.

Dortmund, im Januar 2005 *Petra Schlager*
Manfred Thibud

Geleitwort

Als Autor des dreibändigen LaTeX-Standardwerks im deutschsprachigen Anwendungsbereich „(1) LaTeX-Einführung", „(2) LaTeX-Ergänzungen" und „(3) LaTeX-Erweiterungen" sowie als intensiver LaTeX-Betreiber kann ich ein Buch über die LaTeX-Nutzung gut beurteilen. Als solcher möchte ich das vorliegende Buch „Wissenschaftlich mit LaTeX arbeiten" von PETRA SCHLAGER und MANFRED THIBUD uneingeschränkt empfehlen.

Es ist eine kompakte und gleichzeitig gut verständliche Darstellung von LaTeX, die die gesamten Gestaltungsmöglichkeiten dieses Programms vorstellt und zusätzlich auf eine Vielzahl von Zusatzpaketen und damit weiteren Gestaltungsmöglichkeiten verweist. Als Beispiel für eine solche Erweiterung sei hier das AmS-LaTeX-Paket genannt, das den bereits hochwertigen Standardsatz komplexer mathematischer Formeln noch einmal deutlich ausdehnt.

Neben den Gestaltungsmöglichkeiten für beliebige Eingabetexte werden die Satzmöglichkeiten für den mathematischen Formelsatz in zwei Kapiteln hervorragend dargestellt. Damit richtet sich das Buch primär an angehende Naturwissenschaftler und Ingenieure, die mit den bereitgestellten LaTeX-Kenntnissen ihre ersten wissenschaftlichen Publikationen erstellen. Die hier vorgestellte LaTeX-Nutzungsbeschreibung bleibt aber nicht auf Naturwissenschaftler beschränkt, sondern kann ebenso einfach von Geisteswissenschaftlern und Juristen übernommen werden.

Jedes Kapitel enthält Vorschläge für Anwenderübungen, mit deren Lösungen der Leser sein Verständnis sofort überprüfen kann. Sollte dem Leser eine Lösung für einzelne Übungen nicht gelingen, so kann er diese mit den Lösungsbeispielen auf der Companion Website des Verlags Pearson Studium nachvollziehen. Die beiliegende CD-ROM enthält alle in dem Buch vorgestellten Beispiele, so dass der Leser diese selbst verifizieren kann.

Zusätzlich enthält die CD-ROM auch die Installationsprogramme für ein TeX-LaTeX-System für die gängigsten Rechnerplattformen, wie Windows-, Macintosh- und Linux-Rechner, womit der Anwender nicht nur eine LaTeX-Nutzungsbeschreibung, sondern gleichzeitig auch ein LaTeX-System für seinen Rechner erhält.

Helmut Kopka

Kapitel 1

Das LaTeX-System

Die Arbeit mit dem Textsatzsystem LaTeX unterscheidet sich grundlegend von der Arbeit mit den heute weit verbreiteten Office-Produkten. Diese arbeiten nach dem so genannten *WYSIWYG*-Prinzip (*What you see is what you get*), d. h., bei der Eingabe sehen Sie auch gleich die Formatierung des Textes; bzw. Sie sollten sehen, was nachher im Druck erscheint. In der Praxis hat sich gezeigt, dass dies nicht immer so uneingeschränkt umzusetzen ist, da unterschiedliche Drucker verschiedene Seitenränder aufweisen und die Zeichensätze nicht auf allen Geräten in der gleichen Weise implementiert sind. Beide Faktoren haben Einfluss auf die endgültige Formatierung des Textes.

LaTeX vermeidet diese Unzulänglichkeiten, indem es zwischen der Texteingabe und dem Ausdruck noch einen weiteren Schritt dazwischen schiebt – die Aufbereitung oder Formatierung des Textes. Am Ende dieses Prozesses steht eine vom Ausgabegerät unabhängige Datei, die bereits alle Zeilen- und Seitenumbrüche enthält. Zur Ausgabe dieser Datei auf einem Drucker muss allerdings ein weiteres Programm benutzt werden, das diese Datei für das ausgewählte Drucksystem aufbereitet. Dabei wird jedoch nichts mehr an der Formatierung des Textes geändert, so dass das Layout unabhängig davon ist, ob Sie die Datei auf einem Drucker mit geringer Auflösung, einem hochauflösenden Laserdrucker oder gar einem professionellen Satzbelichter ausgeben. Das Layout und die Zeichen an sich sind immer gleich, nur die Qualität der Darstellung unterscheidet sich natürlich von System zu System.

Dieser Arbeitsablauf hat selbstverständlich Konsequenzen: Sie als Autor müssen diesen Prozess selber steuern. In diesem Kapitel erfahren Sie Näheres über

→ den Arbeitsablauf beim Textsatz mit LaTeX;
→ die verschiedenen Programme, deren Einsatzfelder und das Zusammenspiel;
→ die Konventionen für Dateinamen und deren Bedeutung;
→ wichtige Hinweise zur Nutzung des vorliegenden Buches.

Die dem Buch beiliegende CD-ROM enthält ein vollständiges LaTeX-System und die Eingabedateien für die im Buch aufgeführten Beispiele. Im Anhang C finden Sie weitere Hinweise zur Nutzung der CD-ROM. Die Lösungen der Übungsaufgaben finden Sie auf der Companion Web Site des Verlags Pearson Studium.

1.1 TEX/LATEX

Das Textsatzsystem TEX ($\tau\epsilon\chi$; gesprochen Tech) wurde Ende der siebziger Jahre des 20. Jahrhunderts von Donald E. Knuth [2] für den Satz mathematischer Publikationen entwickelt. Da die Nutzung dieses Programms recht komplex ist und viel typografisches Wissen benötigt wird, hat Leslie Lamport [10] in den achtziger Jahren dann eine wesentlich einfacher zu bedienende Benutzerschnittstelle erstellt: Das Makropaket LATEX (gesprochen Latech). Dieses System benutzt intern TEX-Anweisungen für die Formatierung des Textes. Deshalb können neben den LATEX-Anweisungen auch die meisten TEX-Befehle verwendet werden. Dies führt oft zu einer synonymen Nutzung der Programm- und Anweisungsnamen. Eine Zuordnung, welche Befehle zu welchem System gehören, ist meist nur schwer möglich und eigentlich auch für den Endanwender völlig bedeutungslos.

Oft lassen sich einfache LATEX-Anweisungen durch die zu Grunde liegenden TEX-Befehle ersetzen, diese kommen meist mit weniger Schreibaufwand aus, da sie sehr kompakt sind.

1.2 Arbeiten mit dem LATEX-System

Heutzutage gibt es zwei verschiedene Wege, LATEX-Dokumente zu verarbeiten: den tradionellen Weg über die vom Ausgabegerät unabhängige Datei oder über das *Portable Document Format* (PDF). Letzteres hat leichte Vorteile, wenn das Dokument sowohl gedruckt als auch im Internet bereitgestellt werden soll. Der prinzipielle Weg ist für beide Fälle in der Abbildung 1.1 veranschaulicht.

Die Arbeit beginnt mit der Erstellung der Eingabedatei für LATEX, die sowohl die textuellen Inhalte als auch die zur Steuerung der Formatierung notwendigen LATEX-Anweisungen enthält. Dazu können Sie jeden Editor verwenden, der außer Ihren Eingaben **keine** eigene Formatierung vornimmt oder zusätzliche Informationen in der Datei ablegt. Sie können die vom System bereitgestellten Editoren (beispielsweise NOTEPAD auf Windows-Systemen oder VI bzw. XEDIT auf Linux-Systemen) dazu verwenden. Hilfreich sind auch komfortablere Editoren, die gleichzeitig eine Syntaxüberprüfung zulassen. Dabei ist darauf zu achten, dass für TEX/LATEX geeignete Syntaxregeln verfügbar sind und dass die Überprüfung abschaltbar ist, da diese bei umfangreichen Dokumenten oft erhebliche Zeit beansprucht.

Es empfiehlt sich, die LATEX-Eingabedatei schrittweise aufzubauen und zwischenzeitlich schon einmal die Formatierung von LATEX vornehmen zu lassen. Meist ist es nicht zu vermeiden, dass sich Tippfehler einschleichen und so zu Fehlern bei der Formatierung führen. Je kleiner der Textbereich ist, in dem Sie die fehlerhaften Eingaben suchen müssen, umso schneller finden Sie meist auch die Fehler.

Wenn die Formatierung von LATEX ohne Fehlermeldung erfolgt, können Sie sich diese nun mit einem geeigneten Preview-Programm anzeigen lassen. Danach kann der Prozess erneut beginnen, indem Sie weitere Textpassagen in den Text einbauen, bis Ihr Dokument vollständig ist.

Im letzten Schritt können Sie die von LATEX formatierte Datei für den gewünschten Drucker aufbereiten und ausdrucken. Damit ist der Prozess dann beendet.

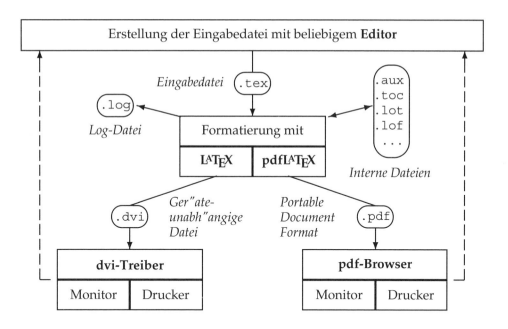

Abbildung 1.1: Arbeitsablauf beim Einsatz von LATEX/pdfLATEX

Neben diesem traditionellen Weg steht heutzutage auch der Weg über eine PDF-Datei zur Verfügung. Hierbei erfolgt die Ausgabe direkt als PDF-Datei. Ein geeigneter PDF-Browser wird sowohl für das Preview als auch für die Ausgabe auf einem Drucker verwendet. Das Programmsystem GSVIEW/GHOSTSCRIPT kann auch als PDF-Browser eingesetzt werden.

Neben diesem direkten Weg von der Eingabedatei zum endgültigen Dokument kann es – je nach Dokument – noch Zwischenstationen geben, in denen zum Beispiel Literaturzitate eingebettet oder Indexeinträge aufbereitet werden. Die hierfür notwendigen Programme sind meist in einer LATEX-Distribution enthalten.

1.3 Die Programme im LATEX-System

Nach der Installation eines LATEX-Systems (z. B. TEXLive) stehen Ihnen eine Reihe verschiedener Programme zur Verfügung. Dabei handelt es sich zum einen um die essentiellen Programme für Ihre Arbeit, deren Funktion in der folgenden Aufstellung kurz beschrieben wird. Zum anderen werden Programme bereitgestellt, die Sie in der Regel nicht selbst aufrufen, da diese nur intern durch eines der anderen Programme benutzt werden. Darüber hinaus gibt es auch Programme, die Sie nur für ganz spezielle Anwendungen benötigen (z. B. Konvertierung eines *TrueType*-Zeichensatzes in einen TEX-Zeichensatz). Für deren Nutzung sind meist fundierte Kenntnisse der Zusammenhänge erforderlich.

Dem LaTeX-System liegt eine umfangreiche, ausführliche Dokumentation bei, die Auskunft über die Anwendung der Programme gibt. An Hand von Beispielen wird dies verdeutlicht.

Die zu Anfang für Sie wichtigen Programme und ihr Verwendungszweck sind:

`latex` zur Formatierung eines LaTeX-Dokuments
: zentrales Werkzeug, erzeugt eine `.dvi`-Datei;

`pdflatex` zur Formatierung eines LaTeX-Dokuments
: zentrales Werkzeug, erzeugt eine `.pdf`-Datei;

`windvi` bzw. `xdvi` Vorschau (*Preview*)
: zeigt eine `.dvi`-Datei auf dem Monitor an (intern wird zur Darstellung externer Grafiken das Programm `ghostscript` benutzt);

`dvips` Ausgabe auf einem Drucker
: konvertiert eine `.dvi`-Datei in eine `.ps`-Datei für einen PostScript-fähigen Drucker;

`dvilj` Ausgabe auf einem Drucker
: konvertiert eine `.dvi`-Datei in eine Datei, die auf vielen Laserdruckertypen ausgegeben werden kann;

`dvipdfm` Konverter zu PDF
: konvertiert eine `.dvi`-Datei in eine PDF-Datei;

`bibtex` Literaturverwaltung
: extrahiert Literaturangaben aus einer externen Sammlung von Literaturzitaten (siehe Kapitel 13.2);

`makeindex` Indexaufbereitung
: stellt Indexeinträge zusammen, bereitet diese auf und formatiert sie (siehe dazu Kapitel 14.1);

`gsview` PostScript-/PDF-Browser
: zeigt PostScript- und PDF-Dateien auf einem Monitor an und kann zum Ausdruck dieser Dateien auf Druckern benutzt werden, die nicht PostScript-fähig sind (intern wird das Programm `ghostscript` benutzt);

Aufgerufen werden die Programme über ihren Namen. Sie erwarten den Dateinamen des Dokuments ohne die Erweiterung des Dateinamens als Parameter im Aufruf; nur das Programm `gsview` benötigt die Angabe der Erweiterung des Dateinamens, da es mit unterschiedlichen Dateitypen arbeiten kann. Die Programme können durch Verwendung so genannter Optionen beim Aufruf gesteuert werden; Beispiel: `dvips doc -p15 -n10` wandelt das Dokument `doc.dvi` in eine PostScript-Datei um; ausgegeben werden 10 Seiten ab der Seite 15.

Moderne Zusatzwerkzeuge (z. B. WinShell, TeXnicCenter) erleichtern Ihnen die Arbeit, indem sie es erlauben, den gesamten Prozess von der Eingabe, über die Formatierung bis zur Ausgabe bildschirmorientiert abzuwickeln. In der Regel gehören auch komfortable Editoren (mit Syntaxüberprüfung) mit zum Paketumfang.

Erweiterung	Funktion
.aux	Hilfsdatei für TeX/LaTeX; Verweise
.bbl	Bibliografisches Datenextrakt aus BibTeX
.bib	Bibliografische Gesamtdaten für BibTeX
.blg	BibTeX Log-Datei
.bst	BibTeX Stil-Datei
.dvi	Geräteunabhängige Datei, erzeugt von TeX/LaTeX
.idx	Von LaTeX erzeugte Eingabedatei für makeindex
.ind	Von makeindex erzeugte Datei für den Index
.ilg	makeindex Log-Datei
.ist	makeindex Stil-Datei
.lof	Einträge für das Abbildungsverzeichnis
.log	TeX/LaTeX Log-Datei
.lot	Einträge für das Tabellenverzeichnis
.pdf	PDF-Ausgabedatei
.ps	PostScript-Ausgabedatei
.tex	Eingabedatei für TeX/LaTeX
.toc	Einträge für das Inhaltsverzeichnis

Tabelle 1.1: Erweiterungen für Dateinamen

Die Ausgabe der Programme erfolgt in entsprechend benannte Dateien, wobei für die Erweiterung der Dateinamen die in der Tabelle 1.1 angegebenen Konventionen gelten. Diese Aufstellung enthält nur die wichtigsten Erweiterungen.

1.4 Typografische Konventionen

LaTeX-Befehle werden in diesem Buch in einer „monospaced" Schrift gesetzt (z. B. \newpage, \begin{document}). In einigen Befehlen muss der LaTeX-Anwender Texte oder andere Einträge einsetzen, die zugehörige erklärende Beschreibung ist dann in einer *geneigten* Schrift gesetzt (z. B. \section{*Überschrift*}), wobei für *Überschrift* ein entsprechender Titel eingesetzt werden muss.

Spezielle Zeichen oder Zeichenfolgen werden zur Verdeutlichung im Fließtext wie folgt eingefasst: das Prozentzeichen: »%«.

1.4.1 Randnoten

Auf wichtige Informationen im Text wird am Rand aufmerksam gemacht.

> ! Wichtige Hinweise oder potenzielle Fehlerquellen werden wie diese Zeilen gekennzeichnet.

Warn- bzw. Fehlermeldungen des LATEX-Systems enthalten wichtige Hinweise für die weitere Bearbeitung Ihres Eingabetextes. Meist kann man an Hand der Meldung die Stelle im Eingabetext schnell lokalisieren, da die Fehlermeldungen recht detailliert sind. In einigen Fällen wird durch einen Zeilenwechsel sogar auf eine potenzielle Fehlerquelle hingewiesen. Einige Meldungen für Fehler, die insbesondere Anfängern unterlaufen, sind in diesem Buch aufgeführt. Sie sind wie folgt gekennzeichnet:

> Warnungen – und selbst Fehler – lassen sich nicht immer vermeiden! Auch erfahrenen TEXianern passiert das hin und wieder.

In einigen Fällen ist es möglich, LATEX mit Zusatzinformationen zu versorgen, um Formatierungen in einer besonderen Art vorzunehmen.

> Die so markierten Dokumentteile beinhalten Vertiefungen und können beim ersten Lesen überschlagen werden.

1.4.2 Markierungen bei Beispielen

Kürzere Beispiele sind in diesem Buch wie folgt gekennzeichnet:

Beispiel 1.1: Markierung kleinerer Beispiele

Ausgabe	Eingabe

wobei sich im linken Teil die LATEX-Ausgabe und im rechten Teil die wesentlichen Teile des LATEX-Eingabetextes befinden. Für die Ausgabetexte wurde meist die Zeilenbreite verringert. Wie Sie das vornehmen können erfahren Sie aus den vollständigen Eingabetexten bzw. im Kapitel 15.1.3.

Bei umfangreicheren Beispielen befindet sich die Ausgabe im oberen Teil und der zugehörige Eingabetext im unteren Teil der Umklammerung.

Beispiel 1.2: Markierung größerer Beispiele

Ausgabe

Eingabe

In einigen Beispielen ist das Seitenlayout von Bedeutung. Dann wird die Seite im Ausgabebereich zusätzlich durch einen schattierten Rahmen eingefasst, der die Dimensionen der Seite darstellt.

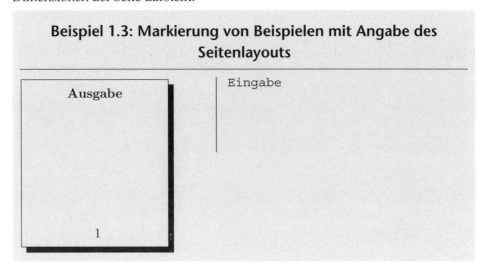

Beispiel 1.3: Markierung von Beispielen mit Angabe des Seitenlayouts

Die Eingabedaten wurden auf die zum Verständnis der Sachzusammenhänge erforderlichen Texte und Befehle reduziert, damit Sie nicht durch unwichtige Befehle abgelenkt werden. Meist fehlt die Präambel der Dokumente (mit der Einstellung der Textbreite und -höhe).

Auslassungen, die keine Bedeutung für das Verständnis des Beispiels haben, werden innerhalb der Eingabedaten durch Auslassungspunkte ». . .« angedeutet.

Damit Sie selbst die Beispiele nachvollziehen können, befinden sich die vollständigen Eingabedateien auf der dem Buch beiliegenden CD-ROM. Zur Hervorhebung sind alle Beispiele grau unterlegt. Diese Unterlegung kann nicht durch die Eingabetexte reproduziert werden.

1.4.3 Markierung der Übungen

Am Ende eines jeden Kapitels finden Sie eine Übung, mit der Sie Ihre erworbenen LaTeX-Kenntnisse überprüfen können. Die meisten Übungen bestehen aus einer Aufgabenbeschreibung und der zugehörigen Ausgabe

Ein-/Ausgabetext

Sie finden die Beschreibungen der Übungen, die Textbeispiele und die Lösungen der Übungen auf der Companion Web Site des Verlags Pearson Studium im Internet unter der Adresse: www.pearson-studium.de.

1.5 Übung

Kopieren Sie eine der Beispieldateien (.tex-Datei) von der CD-ROM auf Ihren Rechner in ein geeignetes, leeres Verzeichnis. und wenden dann das Programm latex auf diese Datei an.

Überprüfen Sie, welche Dateien dabei neu entstanden sind. Schauen Sie sich die erzeugte .dvi-Datei mit dem Preview-Programm Ihrer LaTeX-Installation an.

Bereiten Sie die .dvi-Datei mit dem DVI-Treiber für Ihren Drucker auf. Auf jeden Fall können Sie dazu dvips und gsview benutzen. Damit wird der normale Windows-Druckertreiber für die Ausgabe verwendet.

Ändern Sie mit dem Editor Ihrer Wahl kleinere Textbestandteile in der Eingabedatei (.tex-Datei) und wiederholen Sie den Gesamtprozess, um die Auswirkungen nachzuvollziehen.

1.6 Zusammenfassung

Dieses Kapitel hat Ihnen:

- ✓ den Arbeitsablauf des LaTeX-Systems näher gebracht;
- ✓ die verschiedenen Programme des LaTeX-Systems vorgestellt und deren Arbeitsfelder aufgezeigt;
- ✓ die Verwendung der verschiedenen Dateitypen erläutert.

Kapitel 2 Das LaTeX-Dokument

LaTeX ist ein Textsatzsystem. Das bedeutet, dass die Formatierung des Dokuments in einem separaten Arbeitsschritt vorgenommen wird. Dabei werden aus den Buchstaben und Zeichen Wörter, Zeilen und Absätze gebildet. LaTeX versucht dabei, die Formatierung so vorzunehmen, dass jeder Absatz eine optimale Gestaltung aufweist, also die Wortzwischenräume möglichst einheitlich sind und Worttrennungen nicht zu häufig in direkt untereinander stehenden Zeilen erfolgen.

Deshalb enthält die Eingabedatei neben den textuellen Inhalten zusätzlich noch die erforderlichen Befehle für die Formatierung des Textes. In einem ersten Befehl muss festgelegt werden, um welche Dokumentenart es sich handelt: z. B. ein Buch oder ein kurzer Artikel. Anweisungen, die für das gesamte Dokument gelten, werden im so genannten Vorspann, der Präambel, angegeben.

Andere Formatierungen sollen nur für einen größeren Textbereich gelten. Sie werden der Übersichtlichkeit halber meist in Form von Umgebungen (*environments*) benutzt. Formatierungen, die nur auf eine kurze Textpassage oder ein Zeichen wirken, werden in Form von LaTeX-Befehlen eingegeben.

In diesem Kapitel lernen Sie

→ den prinzipiellen Aufbau eines LaTeX-Dokuments kennen;
→ unterschiedliche Dokumentenklassen zu verwenden;
→ globale Eigenschaften einer Dokumentenklasse zu verändern;
→ weitere Funktionalitäten mit Hilfe von Zusatzpaketen zu nutzen;
→ globale Eigenschaften für das ganze Dokument in der Präambel festzulegen;
→ die für LaTeX-Befehle und -Umgebungen gültige Syntax kennen;
→ Unterschiede zwischen Längen und dehnbaren Längenangaben zu beachten;
→ die Wirkungsbereiche von Befehlen einzuschränken;
→ automatische Nummerierungen zu beeinflussen.

2.1 Arbeitsweise von LaTeX

Bei der Formatierung eines Dokuments geht LaTeX so vor, dass aus den im Text vorhandenen Zeichen Wörter gebildet werden, aus denen dann Zeilen und Absätze geformt werden. Aus diesen wird dann eine Seite gebildet. Die Seiten ergeben das Dokument. Dieser Prozess (siehe auch Abbildung 2.1) erfolgt weitgehend automatisch, ohne dass Sie eingreifen müssen.

> Buchstaben werden zu Wörtern zusammengefasst. Zwischen den Wörtern wird flexibler Leerraum eingefügt. Damit können die Zeilen im Blocksatz ausgerichtet werden.
>
> Am Zeilenende werden Wörter automatisch getrennt. Aus den Zeilen werden dann Absätze gebildet.
>
> Die Absätze bilden die Grundelemente einer Seite. Zwischen diesen wird flexibler Leerraum eingesetzt, damit das Seitenbild harmonisch durch LaTeX gestaltet werden kann.

Abbildung 2.1: Der Textsatz mit LaTeX

LaTeX benutzt für die interne Formatierung nur die in der Darstellung angegebenen Rechtecke um die Zeichen. Nach festgelegten Regeln werden aus diesen Zeichen-Boxen dann die Rahmen für die Wörter gebildet. Zwischen den Wort-Boxen werden Leerstellen eingefügt, die eine voreingestelle Breite (Leerzeichen) haben. Diese Leerstellen haben eine dehnbare und auch in geringem Umfang stauchbare Breite. Für den Aufbau einer Zeile ordnet LaTeX nun so viele Wort-Boxen hintereinander an, dass eine optimale Füllung erreicht wird – damit ist eine Zeilen-Box entstanden. Anschließend werden so viele Zeilen angefügt, bis der Absatz aufgebaut ist. Erst jetzt versucht LaTeX, das Layout des gesamten Absatzes durch Worttrennungen und Anpassung der dehnbaren Leerstellen zu optimieren.

Nach einem ähnlichen Verfahren optimiert LaTeX auch das Aussehen einer Seite, indem es zwischen den Absätzen dehnbare Abstände einfügt, die erst beim endgültigen Aufbau der ganzen Seite angepasst werden.

Dies hat zur Konsequenz, dass Abweichungen von diesem Automatismus LaTeX explizit mitgeteilt werden müssen. Dazu dienen die im Folgenden beschriebenen Befehle und Umgebungen. Je nach Wirkungsbereich müssen die Befehle an unterschiedlichen Stellen in einem Dokument angegeben werden. So müssen zum Beispiel globale Änderungen in der Präambel vereinbart werden.

2.2 Aufbau und Art des Dokuments

Ein LaTeX-Eingabetext gliedert sich in zwei verschiedene Bereiche: die so genannte Präambel, in der alle globalen Einstellungen für das Dokument getroffen werden müssen, und den Textkörper, in dem der Inhalt mit den Befehlen für die Formatierung angegeben wird. Die Abbildung 2.2 zeigt eine typische LaTeX-Eingabedatei. Durch die geschweiften Klammern rechts außen werden Bereiche für die Präambel und für den Textkörper markiert.

Die Präambel beginnt mit dem \documentclass-Befehl und endet mit dem letzten Befehl vor dem \begin{document}-Befehl, der den Textkörper einleitet. Der Textkörper wird mit dem \end{document}-Befehl abgeschlossen. Befinden sich mehrere – meist irrtümlich – \end{document}-Befehle in einem Dokument,

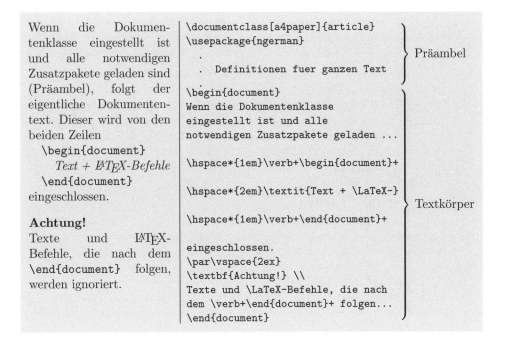

Abbildung 2.2: Prinzipieller Aufbau eines LaTeX-Dokuments

so wird die Formatierung nach dem ersten Auftreten des Befehls beendet. Dies kann man sich im Fehlerfalle zu Nutze machen, indem man an einigen Stellen einen \end{document}-Befehl einfügt und diesen so lange verschiebt, bis der Fehler nicht mehr auftritt. Damit kann dann der Bereich eingegrenzt werden, in dem der fehlerhafte Befehl eingegeben wurde.

2.2.1 Die Dokumentenklasse

Der \documentclass-Befehl ist der erste Befehl in einem LaTeX-Dokument. Er legt fest, um welche Art von Dokument es sich handelt und welche möglichen Varianten benutzt werden sollen. Die Syntax des Befehls lautet:

\documentclass[*Klassenoptionen*]{*Dokumentklasse*} wobei im obligatorischen Parameter *Dokumentklasse* die Art des Dokuments angegeben wird. Im optionalen Parameter *Klassenoptionen* können ein oder, durch Kommata getrennt, mehrere Modifikationen für die Dokumentklasse vereinbart werden.

Für *Dokumentklasse* können folgende Angaben für die Standard-LaTeX-Dokumentklassen eingesetzt werden:

article für Artikel und andere weniger strukturierte Dokumente.
Hauptgliederungsstufen werden direkt im Anschluss an den vorhergehen-

den Text gesetzt. Automatische Nummerierungen erfolgen einstufig, fortlaufend für das ganze Dokument. Im unteren Seitenbereich wird die Seitennummer zentriert ausgegeben. Das Seitenlayout ist auf einseitige Ausgabe ausgelegt (z. B. Seitenränder, Randnotizen).

`report` für längere, strukturierte Dokumente.
Hauptgliederungsstufen beginnen auf einer neuen Seite. Die automatischen Nummerierungen erfolgen zweistufig: Zum einen wird die Kapitelnummer und zum anderen eine innerhalb des Kapitels fortlaufende Nummerierung verwendet. Im unteren Seitenbereich wird die Seitennummer zentriert ausgegeben. Das Seitenlayout ist auf einseitige Ausgabe ausgelegt (z. B. Seitenränder, Randnotizen).

`book` für lange, durchstrukturierte Dokumente.
Hauptgliederungsstufen beginnen auf einer neuen rechten (ungeraden) Seite. Automatische Nummerierungen erfolgen zweistufig: Zum einen wird die Kapitelnummer und zum anderen eine innerhalb des Kapitels fortlaufende Nummerierung verwendet. Die Seitennummer wird im oberen Seitenbereich mit der Kapitel- bzw. Abschnittsüberschrift ausgegeben (lebender Kolumnentitel). Das Seitenlayout ist für doppelseitigen Druck ausgelegt (Ränder für linke und rechte Seiten sind spiegelsymmetrisch). Randnotizen erscheinen immer im Außenrand.

`slides` für Folien und ähnliche Anwendungen.
Benutzt wird eine größere Schrift und eine plakative Schriftfamilie. Es sind nicht alle LaTeX-Befehle in dieser Dokumentklasse anwendbar. Diese Dokumentenklasse wird in diesem Buch nicht weiter behandelt.

`letter` für englischsprachige Briefe entwickelte Dokumentenklasse.
Für deutschsprachige Briefe ist diese Dokumentenklasse nur mit vielen Anpassungen zu verwenden. Besser ist es, das *dinbrief*-Paket zu verwenden.

Die weiterführende Literatur [6, 10, 11] gibt zusätzliche Auskünfte zu Einschränkungen und Anwendungen dieser Dokumentenklassen.

2.2.2 Die Klassenoptionen

Für die drei ersten Dokumentklassen können die folgenden `Klassenoptionen` gewählt werden:

`10pt` die Basisschriftgröße für das Dokument wird auf 10 Punkte (ca. 3,5 mm) festgelegt(*Voreinstellung*);

`11pt` die Basisschriftgröße wird auf 11 Punkte festgelegt;

`12pt` die Basisschriftgröße wird auf 12 Punkte festgelegt;

`a4paper` benutzt die Papiergröße DIN A4 (21 cm × 29,7 cm);

`draft` für den „Probedruck"; Grafiken werden nur als Rechtecke dargestellt, zu lange Zeilen werden mit einem schwarzen Balken am äußeren Rand gekennzeichnet;

`twoside` stellt das Seitenlayout auf doppelseitige Ausgabe um (Voreinstellung in der Dokumentenklasse *book*);

`twocolumn` benutzt zweispaltigen Satz für das Dokumentenlayout;

`titlepage` gibt eine eigene Titelseite in der Dokumentenklasse *article* aus, ansonsten wird die Titelinformation nicht auf eine eigene Seite gesetzt, sondern es folgt direkt der Text im Anschluss (siehe Kapitel 4.5).

Die drei Klassenoptionen für die Größe der Basisschrift können nur alternativ angegeben werden, die übrigen können wahlweise mit hinzugefügt werden. Weitere Klassenoptionen finden Sie im Kapitel 12.4.2 bzw. in der weiterführenden Literatur [6, 7, 10, 11].

Neben den Standard-LaTeX Dokumentklassen haben sich auch spezielle Dokumentklassen für deutschsprachige Texte entwickelt. Insbesondere haben die so genannten KOMA-Script Dokumentklassen Verbreitung gefunden. Näheres können Sie der Paket-Dokumentation und der weiterführenden Literatur [12] entnehmen.

2.2.3 Zusatzpakete

Für viele spezielle Anwendungen sind Erweiterungen bzw. Anpassungen für die Dokumentenklassen entwickelt worden, die Zusatzpakete. Diese müssen **vor** dem eigentlichen Textkörper in der Präambel geladen werden. Dafür können Sie den folgenden Befehl verwenden:

`\usepackage[Paketoption]{Paketname}` wobei der *Paketname* obligatorisch anzugeben ist. Für einige Zusatzpakete können weitere Zusatzfunktionen mit Hilfe der optionalen *Paketoption* aktiviert werden.

Die wichtigsten Zusatzpakete sind:

`ngerman` für die einfache Nutzung deutscher Umlaute und die Verwendung der deutschen Silbentrennung;

`geometry` für Einstellungen z. B. von Textbreite, Ränder, Satzspiegelhöhe;

`amsmath` für die Nutzung zusätzlicher mathematischer Symbole und Erweiterungen des Formelsatzes;

`graphicx` erforderlich für die Einbindung externer Grafiken.

Im Anhang A.1 werden weitere wichtige Zusatzpakete kurz vorgestellt. Ausführlichere Dokumentation gehört in der Regel mit zum Umfang der Zusatzpakete. Darüber hinaus gibt die weiterführende Literatur [6, 7, 5] Hinweise zur Nutzung der Pakete. Einen sehr guten Überblick über häufig genutzte Pakete gibt [8, 11].

Wenn in diesem Buch auf Zusatzpakete zurückgegriffen wird, werden diese in den Beispielen auch explizit ausgewiesen.

2.3 LaTeX-Befehle

Neben dem Text beinhaltet die Eingabedatei auch Anweisungen an LaTeX, wie der Text zu formatieren ist. Diese Anweisungen werden in Form von LaTeX-Befehlen angegeben. Sie sind unterschiedlich komplex und unterscheiden sich bezüglich ihrer Syntax.

2.3.1 Einfache LaTeX-Befehle

Die zur Formatierung eingesetzten LaTeX-Befehle können einer der beiden folgenden Kategorien zugeordnet werden:

1. Sie beginnen mit einem Backslash »\«, gefolgt von einem nur aus Buchstaben bestehenden Namen. Leerzeichen, Ziffern und Sonderzeichen sind für die Namensgebung nicht erlaubt, sie beenden den Befehlsnamen. Die Groß- bzw. Kleinschreibung des Namens ist relevant!
Beispiele: So erzeugt der Befehl \AA den Großbuchstaben »Å« und \aa den Kleinbuchstaben »å«. Eine gemischte Groß-/Kleinschreibung wird in diesem Fall nicht als LaTeX-Befehl erkannt und führt zu einer Fehlermeldung. Auch das LaTeX-Emblem lässt sich nur mit der korrekten Schreibweise \LaTeX erzeugen.
2. Sie beginnen mit einem Backslash »\« gefolgt von genau einem Sonderzeichen.
Beispiel: Das Prozentzeichen »%« hat in LaTeX eine Sonderbedeutung; wenn Sie es im Text als Zeichen benutzen wollen, müssen Sie den LaTeX-Befehl \% verwenden! Ansonsten ignoriert LaTeX alle Textbestandteile, die sich hinter dem Prozentzeichen in der Zeile befinden, da das Zeichen als Kommentarzeichen erkannt wird.

2.3.2 Komplexere LaTeX-Befehle

Für einige Formatierungsanweisungen muss eine kompliziertere Syntax verwendet werden. Den Befehlen können in Form von maximal neun Argumenten zusätzliche Informationen mitgegeben werden bzw. die Befehle wirken nur auf ein Argument des Befehls. Dabei wird zwischen verpflichtenden (obligatorischen) Argumenten, die angegeben werden müssen, und optionalen Parametern, die nur im Bedarfsfall angegeben werden, unterschieden. Dieser Unterschied wird auch in der Syntax deutlich: obligatorische Argumente werden in geschweifte Klammern »{ }« und optionale Argumente in eckige Klammern »[ ]« eingeschlossen.

Darüber hinaus können einige Befehle auch noch in einer Variante angegeben werden, die sich nur durch marginale Formatierungsänderung vom Originalbefehl unterscheidet. Varianten werden durch einen direkt an den Befehl angehängten Stern »*« kenntlich gemacht.

Beispiel 2.1 zeigt einige komplexere Befehle auf. Die Arbeitsweise der Befehle wird in den folgenden Kapiteln des Buches näher erklärt. Hier seien sie nur als exemplarische Beispiele für die Syntax anzusehen.

Beispiel 2.1: Einige komplexere LaTeX-Befehle

Dies ist *kursiver* Text.	`Dies ist \textit{kursiver} Text.`
Eine ──── 1cm lange Linie.	`Eine \rule{1cm}{0.5mm} 1cm lange Linie.`
Dies ist │ gerahmter │ Text.	

0 1 2 3 4 5␣6␣7␣8␣9	`Dies ist \framebox[2cm][c]%`
	`{gerahmter} Text.`
	
	`\verb+0 1 2 3 4 +\verb*+5 6 7 8 9+`

In dem Beispiel wurde das Kommentarzeichen dazu benutzt, den \framebox-Befehl in zwei Zeilen schreiben zu können. Diese Schreibweise ist zwar nicht unbedingt erforderlich, kann aber hilfreich sein, um anzudeuten, dass der Befehl in der nächsten Zeile weiter fortgeführt wird.

2.3.3 Sonderfunktion des Leerzeichens

> Ziffern und Sonderzeichen schließen einen Befehlsnamen ab und werden von LaTeX auch ausgegeben. Anders verhält es sich beim Leerzeichen. Dieses schließt zwar auch einen Befehlsnamen ab, wird aber dabei **nicht** ausgegeben! Dies ist auch in vielen Fällen sinnvoll, da Sie ja nach einem Befehl eventuell direkt Text anfügen müssen.

Beispiel: Ångström (Eingabe: `\AA ngstr\"om`).
Hier dient das Leerzeichen als Abschluss des Befehls \AA. Nach einem Sonderzeichenbefehl \" – er erzeugt einen Doppelpunktakzent auf dem nächsten Zeichen, siehe Kapitel 3.1.2 – darf kein Leerzeichen eingefügt werden, da der Text ja ohne Leerstelle weitergehen soll!

Diese Sonderstellung beruht darauf, dass LaTeX alle Leerzeichen auf eine Leerstelle reduziert. Daher können in LaTeX horizontale Abstände **nicht** durch eine entsprechende Anzahl von Leerzeichen erhalten werden. Stattdessen muss ein entsprechender LaTeX-Befehl benutzt werden. Gleiches gilt auch für mehrere Zeilenschaltungen, die auch keinen zusätzlichen vertikalen Abstand erzeugen.

2.4 Wirkungsbereich der Befehle

Wirkt ein LaTeX-Befehl nur auf ein obligatorisches Argument, so ist sein Wirkungsbereich nur auf diesen Parameter begrenzt. Viele einfache Befehle (ohne Argument) wirken ab der Stelle im Dokument an der sie auftreten. Ihre Wirkung wird erst durch einen ähnlich wirkenden Befehl geändert. Sie wirken also wie ein Schalter.

Muss der Wirkungsbereich eines Befehls eingegrenzt werden, so können Sie dazu so genannte Gruppenklammern verwenden. Dazu wird der Bereich, in dem ein Befehl wirken soll, in geschweifte Klammern »{ ... }« eingeschlossen. Der für diesen so definierten Bereich geltende Befehl wird direkt nach der öffnenden Klammer angegeben. Er wirkt nur innerhalb der Gruppe, also bis zur schließenden Klammer.

Beispiel 2.2 zeigt die Einschränkung des Wirkungsbereichs eines LaTeX-Befehls zur Änderung der Schriftstärke auf eine Textpassage.

Beispiel 2.2: Einschränkung des Wirkungsbereichs von LaTeX-Befehlen

Die **folgende Textpassage ist in einer fetten Schrift** gesetzt.	```Die {\bfseries folgende Textpassage ist in einer fetten Schrift} gesetzt.```

Alternativ zu den Gruppenklammern können Sie auch die äquivalenten TeX-Befehle \bgroup bzw. \egroup für die öffnende bzw. schließende Gruppenklammer verwenden.

2.5 LaTeX-Umgebungen

Sollen größere Textpassagen in einer anderen Satzart dargestellt werden, so sind LaTeX-Befehle nicht gut geeignet, da sie in der Regel nur auf das in geschweifte Klammern eingeschlossene Argument wirken. Bei längeren Textteilen geht meist die Übersicht verloren, welche schließende Klammer welcher öffnenden Klammer zuzuordnen ist. Ähnliches gilt für „Umschalt"-Befehle und Gruppenklammern, die so lange wirken, bis eine neue Definition vorgenommen oder die Gruppe beendet wird. Dieses Verfahren ist gegen Fehler anfällig und führt häufig zu ungewollten Ergebnissen oder Fehlermeldungen.

Um dieses zu vermeiden, wurden in LaTeX Umgebungen (Environments) definiert. Diese sind optisch auffälliger und können verschiedene Eigenschaften des eingeschlossenen Textbereichs gleichzeitig beeinflussen (z. B. Ausrichtung, Zeichensatz und Schriftgröße). So werden Ansammlungen von öffnenden und schließenden Klammern vermieden und die Übersichtlichkeit bleibt erhalten.

Die Syntax der Umgebungen gehorcht in der Regel der folgenden Notation:

```
\begin{Name}[Optionen]{Parameter}
   Einträge, die anders gesetzt werden sollen
\end{Name}
```

Der *Name* der Umgebung muss immer angegeben werden. Einige Umgebungen besitzen darüber hinaus auch noch *Parameter*, die angegeben werden müssen, bzw. *Optionen*, die nur im Bedarfsfall angegeben werden.

Umgebungen können auch ineinander geschachtelt werden, dabei muss auf die richtige Reihenfolge der öffnenden und schließenden Befehle für die unterschiedlichen Umgebungen geachtet werden (was zuletzt geöffnet wurde, muss zuerst wieder geschlossen werden; Überkreuzungen sind **nicht** gestattet):

$$\underbrace{\texttt{\textbackslash begin\{aaa\}} \ldots \underbrace{\texttt{\textbackslash begin\{bbb\}} \ldots \texttt{\textbackslash end\{bbb\}}} \ldots \texttt{\textbackslash end\{aaa\}}}$$

Für einige Umgebungen existieren – wie bei den LATEX-Befehlen – Varianten. Sie werden durch die Ergänzung des Namens mit einem »*« als solche kenntlich gemacht (\begin{*Name*∗} bzw. \end{*Name*∗}).

Innerhalb einer Variante gelten andere Einstellungen als in der regulären Umgebung. Einzelheiten dazu werden bei den Umgebungen, für die es Varianten gibt, beschrieben.

Das Kapitel 5 stellt häufig benötigte Umgebungen vor und gibt Hinweise für deren Nutzung. Eine Zusammenstellung wichtiger LATEX-Umgebungen befindet sich im Anhang A.2.

2.6 Längenangaben

Viele LATEX-Befehle haben Argumente, in denen Längenangaben spezifiziert werden müssen. Zwei unterschiedliche Längenangaben werden unterschieden:

1. Vom Autor fest vorgegebene Längen, die LATEX nicht mehr verändert. Diese Längenangaben bestehen aus einer Zahl (gegebenenfalls mit Dezimal**punkt**) und einer Maßangabe (siehe Tabelle 2.1 auf Seite 30).
2. Dehnbare Längen, für die der Autor einen Bereich angeben kann, in dem LATEX die Länge variieren kann, um ein möglichst harmonisches Aussehen zu erreichen. Diese Längenangaben bestehen aus drei Teilen:

    (a) der Grundlängenangabe, bestehend aus einer Zahl und einer Maßangabe.
    (b) der Angabe, um wie viel die Grundlänge maximal aufgeweitet werden darf. Nach der Grundlängenangabe und einem Leerzeichen als Separator folgt das Schlüsselwort `plus` und eine Zahl mit Maßangabe.
    (c) der Angabe, um wie viel die Grundlänge minimal vermindert werden kann. Nach einem Leerzeichen als Separator folgt das Schlüsselwort `minus` und eine Zahl mit Maßangabe.

Maßangabe	Name / Umrechnung
mm	Millimeter
cm	Zentimeter (1 Zentimeter = 10 Millimeter)
in	Inch (1 Inch = 2,54 cm)
pt	Punkt (1 Punkt $\approx \frac{1}{72}$ in $\approx \frac{1}{3}$ mm)
em	Breite des Buchstabens »M«; proportional zum Zeichensatz
ex	Höhe des Buchstabens »x«; proportional zum Zeichensatz

Tabelle 2.1: Wichtige Maßangaben für LaTeX-Längen

Neben den absoluten Angaben (mm, cm, in oder pt) werden häufig auch Längenangaben proportional zum verwendeten Zeichensatz benutzt. Horizontale Längenangaben werden meist in der Einheit »em« und vertikale in der Einheit »ex« angegeben, insbesondere dehnbare Längenangaben zwischen Absätzen.

Bei einigen LaTeX-Befehlen wird eine Längenangabe direkt als Argument benutzt. In anderen Fällen wird eine Längenangabe in einer LaTeX-Variablen abgelegt. Diese Zuweisung erfolgt sowohl für fest vorgegebene als auch für dehnbare Längen mit dem gleichen Befehl:

\setlength{Variablenname}{Längenangabe} wobei Variablenname die LaTeX-Variable (mit vorangestelltem \) angibt und Längenangabe aus einer Zahl und der Maßangabe besteht.

Typische Längenangaben für fest vorgegebene Längen sind z. B. 1em, 0.5mm oder 10.6pt. Für dehnbare Längen müssen die Angaben für Grundlänge, Aufweitung und Stauchung gemacht werden: 1.5ex plus 0.5ex minus 0.3ex. Diese Angabe bedeutet, dass zunächst eine Längenangabe von 1,5 ex eingesetzt wird. Falls notwendig, kann diese um bis zu 0,5 ex aufgeweitet werden (also auf maximal 2,0 ex) oder um bis zu 0,3 ex gestaucht werden (also auf minimal 1,2 ex).

Die Einstellung von Textbreite und Satzspiegelhöhe kann mit Hilfe des oben angegebenen Befehls erfolgen. Dies ist von Hand relativ aufwändig, da viele von einander abhängige LaTeX-Variablen umdefiniert werden müssen. Die weiterführende Literatur [5, 7, 10, 11, 12] beschreibt anschaulich, welche Variablen das sind und welche Einstellungen diese repräsentieren. Meist ist es einfacher, das *geometry*-Zusatzpaket zu verwenden, das mit wenigen Angaben alle erforderlichen Parameter korrekt berechnet und definiert. Eine ausführliche Dokumentation liegt dem Zusatzpaket bei.

2.7 Zähler

LaTeX verwaltet Nummerierungen selber. Dafür verwendet es intern so genannte Zähler. Dabei handelt es sich um LaTeX-Variablen, die nur ganzzahlige Werte annehmen können.

Nur in Ausnahmefällen kann es notwendig sein, Zählerstände zu verändern (siehe Kapitel 11.1.3). Dazu gibt es die folgenden Befehle:

\setcounter{Zählername}{Zahl} wobei Zählername den Zähler referenziert, dem der Wert Zahl zugewiesen wird;

\addtocounter{Zählername}{Zahl} wobei Zählername den Zähler angibt, auf dessen Zählerstand der Wert Zahl hinzuaddiert wird (negative Angaben für Zahl bewirken die Subtraktion);

\stepcounter{Zählername} wobei Zählername den Zähler angibt, zu dessen Zählerstand der Wert Eins hinzuaddiert wird (abkürzende Schreibweise für: \addtocounter{Zählername}{1}).

Die weiterführende Literatur [5, 6, 10, 11] stellt weitere Befehle für den Umgang mit Zählern vor.

2.8 Übung

In der ersten Übung haben Sie ein bereits existierendes Dokument verwendet. In dieser Übung sollen Sie ein neues LaTeX-Dokument erstellen. Dazu benutzen Sie bitte folgende Angaben: Dokumentenklasse *article*, Klassenoption *a4paper*. Zusätzlich müssen Sie auch das *ngerman*-Zusatzpaket laden, damit Sie die Umlaute eingeben können. Verwenden Sie für das Dokument den nachfolgenden Text (durch die gepunkteten Linien eingerahmt), der auch noch Hinweise zur Eingabe enthält. Das Minuszeichen verwenden Sie als Bindestrich bei zusammengesetzten Wörtern. Trennstriche geben Sie generell nicht ein, da die Wörter gegebenenfalls automatisch von LaTeX getrennt werden.

Verwenden Sie anschließend auch die Klassenoptionen 10pt, 11pt bzw. 12pt, um zu sehen, welche Auswirkungen diese auf die Gestaltung Ihres Textes haben.

> Wenn Sie das ngerman-Paket benutzen, können Sie die Umlautzeichen in der Form schreiben, dass Sie ein Quote-Zeichen (Doppel-Hochkomma) direkt vor den zugehörigen Vokal schreiben. Diese Schreibweise ist plattformübergreifend, so dass Sie damit auf einem Windows-Rechner, auf einem Macintosh und auch auf Linux/Unix-Rechnern arbeiten können.
>
> Einen neuen Absatz können Sie dadurch erzeugen, indem Sie im Eingabetext eine Leerzeile eingeben. Allerdings können Sie mit mehreren Leerzeilen keinen zusätzlichen Abstand zwischen zwei Absätzen erzielen. Die dazu notwendigen Befehle lernen Sie in einem der folgenden Kapitel kennen.
>
> Gekennzeichnet werden Absätze in der Ausgabe durch einen Einzug der ersten Zeile des Absatzes. Diese Verhalten können Sie beeinflussen. Wie das geht, lernen Sie in einem späteren Kapitel des Buches.

2.9 Zusammenfassung

In diesem Kapitel haben Sie die Arbeitsweise von LaTeX gesehen sowie grundlegende Einstellungen für ein Dokument nachvollziehen können. Darüber hinaus haben Sie gelernt:

- ✓ verschiedene Dokumentenklassen anzuwenden;
- ✓ die verschiedenen Klassenoptionen zu verwenden;
- ✓ die Zusatzpakete zu nutzen;
- ✓ globale Einstellungen für das Dokument zu treffen;
- ✓ die Syntax einfacher und komplexer LaTeX-Befehle zu beachten;
- ✓ die Wirkung der Befehle, falls erforderlich, einzuschränken;
- ✓ Längenangaben korrekt anzugeben;
- ✓ Zählerstände zu beeinflussen.

Kapitel 3
Grundelemente für den Textsatz mit LaTeX

Der Satz eines LaTeX-Dokuments erfordert das Befolgen einiger Regeln, da die Formatierung des Dokuments meist nicht direkt bei der Eingabe überprüft werden kann. Auch lassen sich nicht alle Zeichen direkt in den Eingabetext eintippen, sondern müssen durch LaTeX-Befehle bei der Formatierung des Dokuments erzeugt werden.

Insbesondere lernen Sie in diesem Kapitel

→ die Besonderheiten bei der Zeicheneingabe zu berücksichtigen;
→ deutsche Umlaute einzugeben;
→ Zeilenumbrüche, falls erforderlich, manuell vorzunehmen;
→ Absätze zu verwenden und deren Aussehen zu modifizieren;
→ Seitenumbrüche zu beeinflussen;
→ im Bedarfsfall die Silbentrennung anzugeben;
→ eine dokumentenspezifische Trenntabelle anzulegen;
→ horizontale und vertikale Abstände einzufügen.

3.1 Zeichen

3.1.1 Buchstaben, Ziffern und Satzzeichen

Wesentlichstes Element eines Dokuments sind die einzelnen Zeichen. Die meisten (Buchstaben, Ziffern, das Leerzeichen und die Satzzeichen) können Sie direkt in Ihrem Eingabetext verwenden. Die Sonderzeichen: + - * / = ( ) [ ] ' @ lassen sich im Eingabetext benutzen. Alle weiteren Zeichen müssen Sie über Ersatzdarstellungen eingeben. Die Sonderzeichen: & % # _ $ { } können Sie im Text benutzen, indem Sie einen Backslash »\« dem Zeichen voranstellen, zum Beispiel \% für das Prozentzeichen »%«. Diese sieben Zeichen haben im LaTeX-Eingabetext eine Sonderbedeutung, die durch Voranstellen des Backslash-Zeichens aufgehoben wird:

&   dient als Tabulatorzeichen in Tabellen;

%   kann zum Einfügen von Kommentaren benutzt werden. Alles, was hinter einem %-Zeichen in einer Zeile steht, wird von LaTeX ignoriert;

wird von LaTeX intern als Platzhalter für Argumente benutzt;

_ bewirkt im Formelsatz das Tiefstellen eines Zeichens;

$ wird von TeX für die Umschaltung in den Formelsatz verwendet;

{ } dienen zur Angabe von Parametern in Befehlen und werden als Gruppenklammer benutzt.

Mit Hilfe des Kommentarzeichens »%« ist es möglich, sich selbst *Notizen* im Text zu hinterlegen, damit man zu einem späteren Zeitpunkt nachvollziehen kann, warum der dort angegebene Weg beschritten wurde.

3.1.2 Eingabe von Akzentzeichen

Buchstaben mit Akzenten und andere Sonderzeichen können Sie normalerweise nicht direkt über die Tastatur eingeben. Sie erhalten sie über die in der Tabelle 3.1 angegebenen LaTeX-Befehle, beispielhaft wurde das »o« benutzt.

	Befehl		Befehl		Befehl		Befehl		Befehl
ò	\`{o}	ó	\'{o}	ô	\^{o}	õ	\~{o}	ō	\={o}
ȯ	\.{o}	ŏ	\u{o}	ǒ	\v{o}	ő	\H{o}	ö	\"o
o̧	\c{o}	ọ	\d{o}	o̱	\b{o}	o͡o	\t{oo}	o̊	\r{o}

Tabelle 3.1: Befehle für Akzente

Für Akzente über einem »i« oder »j« müssen diese Buchstaben besonders gesetzt werden, da dabei der Punkt oberhalb des Buchstabens entfernt werden muss. Dies erfolgt mit dem Befehl \i bzw. \j.

Beispiel 3.1 zeigt die Wirkungsweise einiger Befehle für Akzentzeichen.

Beispiel 3.1: Akzentzeichen in einem LaTeX-Dokument

Acute: é; Grave: à; Tilde: ñ; Diaeresis: ë; Cedilla: ç; Háček: ǐ.	`Acute: \'{e}; Grave: \`{a};` `Tilde: \~{n};`  `Diaeresis: \"e; Cedilla: \c{c};` `H\'a\v{c}ek: \v{\i}.`

3.1.3 Eingabe anderer Sonderzeichen

Neben Akzentzeichen werden häufig auch noch andere internationale Sonderzeichen benötigt. Die Befehle für wichtige Zeichen sind in der Tabelle 3.2 angegeben.

Andere Sonderzeichen können mit Hilfe spezieller Zusatzpakete verwendet werden. Für die Verwendung des €-Zeichens muss das *eurosym*-Zusatzpaket geladen werden, das den Befehl \euro definiert!

	Befehl		Befehl		Befehl		Befehl		Befehl
œ	\oe{}	æ	\ae{}	å	\aa{}	ø	\o{}	ł	\l{}
Œ	\OE{}	Æ	\AE{}	Å	\AA{}	Ø	\O{}	Ł	\L{}
§	\S	†	\dag	‡	\ddag	¡	!`	¿	?`

Tabelle 3.2: Befehle für andere wichtige Sonderzeichen

Das *textcomp*-Zusatzpaket stellt eine Reihe weiterer Sonderzeichen für den Fließtext zur Verfügung. Die weiterführende Literatur [12] und die dem Paket beiliegende Dokumentation beschreiben die Symbole und die dafür erforderlichen Befehle.

3.1.4 Besondere Zeichen im Buchdruck

Der Buchdruck verwendet einige zusätzliche Zeichen, die auf einer normalen Tastatur nicht zu finden sind. Dabei handelt es sich zum Beispiel um Fortsetzungspunkte und unterschiedlich lange Striche. Darüber hinaus wird in einigen Fällen der Abstand zwischen bestimmten Buchstabenkombinationen verändert, um ein ausgewogenes Schriftbild zu erhalten.

Trenn- und Gedankenstrich
Der Buchsatz unterscheidet drei verschieden lange Striche:

- Eine kurze Linie stellt einen Trennstrich dar. Dieser wird auch als Bindestrich bei zusammengesetzten Wörtern benutzt. Diesen Strich erhalten Sie im Dokument durch Eingabe eines Minuszeichens (-).

– Eine etwas längere Linie (Breite des Kleinbuchstabens n, *endash*) dient zur Hervorhebung von erklärenden oder ausschmückenden Satzteilen (Gedankenstrich) und kann bei von-bis-Angaben (Streckenstrich) benutzt werden. In diesem Fall entfallen die Leerräume vor und nach dem Streckenstrich. Diesen Strich erhalten Sie in LATEX-Texten durch die Eingabe zweier Minuszeichen (--).

— Die noch längere Linie (Breite des Kleinbuchstabens m, *emdash*) findet im deutschsprachigen Raum nur in Tabellen als Auslassungszeichen Verwendung, da durch diese Linie das Satzbild im Fließtext zu sehr aufgerissen wird. Sie erhalten diese Linie durch Eingabe dreier Minuszeichen (---).

Fortsetzungs- oder Auslassungspunkte
Für fehlende Textstellen werden häufig drei Auslassungspunkte verwendet. Diese können auch mit LATEX gesetzt werden. Dazu verwenden Sie den Befehl:

\dots   der an der Stelle Fortsetzungs- bzw. Auslassungspunkte »... « einfügt.

Die Auslassungspunkte werden mit anderen Abständen als drei direkt aufeinander folgende (»...«) oder durch Leerzeichen gesperrte (». . .«) Punkte gesetzt.

Beispiel 3.2: Befehle für einige spezielle Zeichen

Å – Zeichen für eine sehr kleine Längeneinheit, die in LaTeX nicht verwendet werden kann.
§1 ... §5 stellen Begriffe klar.
Ein Buch kostet 15,75 €.
	`\usepackage{ngerman}`
	`\usepackage{eurosym}`
	`...`
	`\AA{} -- Zeichen f"ur eine sehr`
	`kleine L"angeneinheit, die in`
	`\LaTeX{} nicht verwendet werden`
	`kann.\\`
	`\S 1 \dots \S 5 stellen Begriffe`
	`klar.\\`
	`Ein Buch kostet 15,75 \euro.\\`

Beispiel 3.2 stellt einige Sonderzeichen in einem LaTeX-Dokument dar.

Kerning und Ligaturen
Im Buchdruck werden einige Buchstabenkombinationen mit geringerem Buchstabenabstand gesetzt als die natürlichen Breiten der Einzelbuchstaben eigentlich erfordern. Durch dieses *Unterschneiden* oder *Kerning* bei einigen Buchstabenkombinationen werden zu große optische Abstände zwischen diesen Buchstaben vermieden, um den Lesefluss nicht durch zu viel Weißraum zu stören. Beispielhaft seien hier erwähnt: VA statt V A.

Bei manchen Buchstabenkombinationen geht diese Unterschneidung so weit, dass die Buchstaben miteinander verschmelzen und so ein neues Zeichen bilden, eine so genannte Ligatur. Diese Ligaturbildung ist nur bei traditionellen Schriften ausgebildet. Modernere Schriften zeigen dieses Verhalten nur sehr selten oder gar nicht.

Ist das Kerning oder die Ligaturbildung nicht erwünscht, muss die Trennung der Ligatur erfolgen. Die weiterführende Literatur [6] zeigt die dafür einsetzbaren Befehle und deren Wirkung.

3.1.5 Spezifika deutschsprachiger Texte

Umlaute und das ß
Deutsche Umlaute könnten Sie nach Tabelle 3.1 als Vokal mit einem Doppelpunktakzent eingeben. Wesentlich komfortabler ist die Eingabe der Umlaute, wenn Sie das *ngerman*-Zusatzpaket in der Präambel laden. Dann können Sie die deutschen Umlaute und das »ß« wie in Tabelle 3.3 beschrieben eingeben. Weiterer Vorteil ist, dass Wortteile nach dem Umlaut auch noch für die Silbentrennung herangezogen werden können.

Zeichen	ä	ö	ü	Ä	Ö	Ü	ß
Befehl	ä	ö	ü	Ä	Ö	Ü	ß

Tabelle 3.3: Befehle im *ngerman*-Zusatzpaket für deutsche Umlaute und ß

Die mit dem *ngerman*-Zusatzpaket erzeugten Umlautzeichen sehen harmonischer aus, da sich der Umlautakzent näher am Vokal befindet als beim Doppelpunktakzent.

Manche Editoren erlauben die direkte Eingabe der Umlautzeichen und wandeln diese automatisch in die oben angegebene Ersatzdarstellung um.

Noch einfacher ist es, wenn Sie zusätzlich noch das *inputenc*-Zusatzpaket benutzen. Dann können Sie die Umlautzeichen direkt eintippen, ohne dass diese in eine Ersatzdarstellung umgewandelt werden. Dafür müssen Sie allerdings wissen, nach welchem Schema die Umlautzeichen auf dem benutzten Rechner kodiert werden, da beim Laden des Pakets das korrekte Kodierschema im optionalen Parameter angegeben werden muss:

`\usepackage[`*Schema*`]{inputenc}`

Für *Schema* können folgende wichtige Kodierungen eingesetzt werden:

`ansinew` für Windows-Rechner

`latin1` für Unix- und Linux-Rechner

`applemac` für ältere Macintosh-Rechner

Vorsicht ist geboten, wenn Sie ein Dokument mit mehreren Autoren gemeinsam erstellen, die über unterschiedliche Rechnerplattformen – mit verschiedenen Kodierschemata – verfügen. Dann sind Fehler bei der Eingabe der Umlautzeichen nicht zu vermeiden, da auf einer anderen Rechnerplattform statt der Umlautzeichen andere Sonderzeichen erscheinen. In solchen Fällen hilft nur die Nutzung der standardisierten Ersatzdarstellung mit dem vorangestellten Quote-Zeichen.

An- und Abführungszeichen
In deutschsprachigen Texten werden auch die deutschen An- und Abführungszeichen (*Gänsefüßchen*) benutzt. Damit Sie diese verwenden können, müssen Sie das *ngerman*-Paket in der Präambel laden. Dann können Sie einen der folgenden LaTeX-Befehle verwenden:

- `\glqq{}` dieser Befehl erzeugt ein Anführungszeichen »„«;

- `"`` die Kombination aus Quote-Zeichen und Grave-Akzent erzeugt auch das Anführungszeichen;

- `\glq{}` dieser Befehl erzeugt ein einfaches Anführungszeichen »‚«;

- `\grqq{}` dieser Befehl erzeugt ein Abführungszeichen »"«;

- `"'` die Kombination aus Quote-Zeichen und Apostroph erzeugt ebenfalls das Abführungszeichen;

- `\grq{}` dieser Befehl erzeugt ein einfaches Abführungszeichen »'«.

In fremdsprachigen Texten sollten Sie die zugehörigen An- und Abführungszeichen verwenden. Im englischsprachigen Raum können Sie für die Anführungszeichen »"« zwei Grave-Akzentzeichen (` `) und für Abführungszeichen »"« zwei Apostroph-Zeichen (' ') benutzen.

Französische An- und Abführungszeichen lassen sich mit dem *ngerman*-Zusatzpaket gleichfalls erzeugen. Näheres finden Sie in der dem Paket beiliegenden Dokumentation und in der weiterführenden Literatur [6, 11].

Das Beispiel 3.3 zeigt die Anwendung der Befehle für deutsche Umlaute und Sonderzeichen.

Beispiel 3.3: Deutsche Sonderzeichen mit Hilfe des *ngerman*-Pakets

---

| In diesem Text werden die deutschen Umlaute ä, ö ü, ß, Ä, Ö, Ü verwendet. Auch die deutschen „Gänsefüßchen" werden benutzt. | `\usepackage{ngerman}`
`...`
`In diesem Text werden die`
`deutschen Umlaute "a, "o`
`"u, "s, "A, "O, "U verwendet.`
`Auch die deutschen`
`\glqq{}G"ansef"u"schen\grqq{}`
`werden benutzt.` |

3.2 Silbentrennung

Wörter werden am Ende einer Zeile automatisch getrennt. Der von LATEX verwendete Trennalgorithmus ist sehr effektiv. Bei deutschsprachigen Texten gibt es manchmal Schwierigkeiten, die korrekten Trennstellen zu finden, insbesondere sind davon zusammengesetzte Wörter betroffen. Akzentzeichen verhindern das Auffinden potenzieller Trennstellen hinter dem Akzentzeichen. Wenn Sie das *ngerman*-Zusatzpaket benutzen, lassen sich Wörter auch nach dem Umlautzeichen noch trennen.

Falls die Worttrennung dennoch fehlerhaft ist, können Sie LATEX mit den folgenden Befehlen Hilfestellung geben:

\- in diesem Fall wird das Wort nur an den so gekennzeichneten Stellen getrennt. Trennstellen, die sich aus dem Trennalgorithmus ergeben, werden ignoriert. Beispiel: `Uni\-ver\-si\-täts\-ver\-wal\-tung`.

"- stellt eine zusätzliche Trennstelle zu denen aus dem Trennalgorithmus zur Verfügung. Beispiel: `Universitäts"-verwaltung`; die Nahtstelle beider Wörter wird nicht als Trennstelle gefunden, daher wird diese hier zusätzlich angegeben. Das *ngerman*-Zusatzpaket ist für diesen Befehl erforderlich!

"" definiert einen potenziellen Zeilenwechsel, wobei kein zusätzlicher Trennstrich eingefügt wird. Dies ist häufig bei Abkürzungen und zusammengesetzten Wörtern erforderlich. Beispiel: `Di-""Methyl-""Aceton`.
Das *ngerman*-Zusatzpaket ist für diesen Befehl erforderlich!

Alle hier aufgezeigten Befehle wirken nur an dieser einen Stelle im Text. Wenn Sie Worttrennungen global für ein Wort im ganzen Dokument definieren wollen, können Sie diese in der Präambel des Dokuments mit folgendem Befehl angeben:

\hyphenation{*Trennliste*} wobei *Trennliste* eine durch Leerzeichen getrennte Aufzählung von Wörtern mit vordefinierten Trennstellen enthält. Die Trennstellen werden in der *Trennliste* durch ein Minuszeichen dargestellt. Beispiel: \hyphenation{Ver-wal-tung Stau-becken}

Es gibt Einschränkungen für die Anwendung des \hyphenation-Befehls. So dürfen **keine** Umlaute oder ß im Wort enthalten sein. Ebenfalls können keine zusammengesetzten Wörter angegeben werden, die selbst einen Trennstrich beinhalten. Die Liste kann auch nicht beliebig umfangreich werden; meist sind nur 300 Einträge zulässig.

Eine Trennliste sollte in jedem Dokument neu erstellt werden und nur die Fachbegriffe und speziellen Wörter enthalten, auf die Sie in Ihrer Ausarbeitung (z. B. Diplomarbeit) Bezug nehmen.

3.3 Zeilenumbruch

LaTeX führt den Zeilenumbruch automatisch durch, wenn die Zeile ausreichend mit Text gefüllt ist. Das Wort am Zeilenende wird von LaTeX gegebenenfalls mit Hilfe einer relativ guten Silbentrennung selbsttätig getrennt. Für den automatischen Zeilenumbruch wird nicht nur die gerade bearbeitete Zeile berücksichtigt, sondern das Aussehen des gesamten Absatzes.

Wenn Sie manuell den Zeilenumbruch beeinflussen wollen, können Sie die folgenden Befehle verwenden:

\\[*Höhe*] bzw. *[*Höhe*] diese Befehle führen unmittelbar einen Zeilenumbruch ohne Randausgleich durch. Der optionale Parameter *Höhe* gibt an, wie viel **zusätzlicher** vertikaler Leerraum eingefügt werden soll. Für *Höhe* ist eine Zahl mit Maßangabe einzusetzen. Tabelle 2.1 gibt Auskunft über verwendbare Höheneinheiten.

  Die Variante * verhindert einen gleichzeitigen Seitenumbruch an dieser Stelle.

\newline dieser Befehl hat im Fließtext die gleiche Wirkung wie der \\-Befehl ohne das optionale Argument.

\linebreak[*n*] bzw. \nolinebreak[*n*] ermöglicht bzw. verhindert den Zeilenumbruch am Ende der aktuellen Zeile. Mit Hilfe des optionalen Arguments *n* ist eine Gewichtung möglich. Für *n* können Sie Werte zwischen 0 (möglich) und 4 (zwingend) einsetzen.

  Im Gegensatz zu den beiden oben erwähnten Befehlen erfolgt hierbei ein Randausgleich!

An einigen Stellen im Text kann ein Zeilenumbruch unerwünscht sein: z. B. zwischen einer Zahl und der zugehörigen Maßangabe oder zwischen Titel und Name. Auch für solche Fälle stellt LaTeX einen Befehl zur Verfügung:

~ dieses *geschützte* Leerzeichen (Tilde) an Stelle eines normalen Leerzeichens verhindert den Zeilenumbruch zwischen den beiden Textteilen.
Beispiel: `5~mm, Dr.~Schiwago` erzeugen 5 mm, Dr. Schiwago, ohne dass diese beiden Textbestandteile getrennt werden können.

Beispiel 3.4 zeigt die Wirkung der Befehle für den manuellen Zeilenumbruch.

Beispiel 3.4: Befehle für manuellen Zeilenumbruch

Automatisch von LaTeX umbrochener Fließtext; manueller Zeilenumbruch mit zusätzlichem vertikalen Leerraum.	`Automatisch von \LaTeX{}`
	`umbrochener Flie"stext;`
	`manueller Zeilenumbruch`
	`mit zus"atzlichem vertikalen`
	`Leerraum.\\[1ex]`

Umbruch mit Randausgleich. Zeilenumbruch ohne Angabe einer zusätzlichen Höhe.	`Umbruch mit Randausgleich.`
	`\linebreak[4]`
	`Zeilenumbruch ohne Angabe`
	`einer zus"atzlichen H"ohe.\\`

3.4 Absätze

Absätze werden in LaTeX durch eine oder mehrere Leerzeilen im Eingabetext kenntlich gemacht. Alternativ dazu können Sie auch den TeX-Befehl `\par` verwenden. Die Zeilen in einem Absatz werden automatisch mit beidseitigem Randausgleich im so genannten Blocksatz gesetzt, wobei das bestmögliche Aussehen des gesamten Absatzes angestrebt wird.

Die oben genannten Befehle bewirken den Beginn eines neuen Absatzes. Wenn Sie keine anderen Einstellungen getroffen haben, markiert LaTeX die erste Zeile eines neuen Absatzes durch einen Einzug am linken Rand. Dabei bleibt der Zeilenabstand zwischen den Absätzen gleich. Der Einzug der ersten Zeile unterbleibt beim ersten Absatz einer Hauptgliederungsstufe (siehe Kapitel 4.1).

3.4.1 Absatzmarkierung

Sie können die Markierung der Absätze ändern. Mit den folgenden zwei Befehlen nehmen Sie Einfluss auf den Leerraum zwischen den beiden Absätzen und auf die Länge des Einzugs.

`\setlength{\parindent}{Länge}` wobei *Länge* die Tiefe des Einzugs angibt. In der Regel wird hier eine Längenangabe eingesetzt, die sich auf den aktuellen Zeichensatz bezieht (z. B. 2em);

`\setlength{\parskip}{DehnbareLänge}` wobei *DehnbareLänge* zusätzlichen vertikalen Leerraum zum normalen Zeilenabstand angibt. In der Regel wird hier eine Längenangabe eingesetzt, die sich auf die aktuelle

Zeichenhöhe bezieht (z. B. 2ex). Darüber hinaus sollten auch Stauch- und Dehnmaße angegeben werden, damit LaTeX ausreichend Spielraum für die Seitengestaltung erhält (siehe Kapitel 2.6).

Werden die beiden Befehle in der Präambel des Dokuments angegeben, so gelten sie global für das ganze Dokument, ansonsten gelten sie ab der Stelle im Dokument, wo diese Befehle angegeben werden.

Für das Layout eines Absatzes kann auch der folgende Befehl hilfreich sein:

\noindent   der Einzug am Anfang der ersten Zeile wird in diesem Absatz unterdrückt.

Im Beispiel 3.5 sind die Auswirkungen der Befehle dargestellt.

Beispiel 3.5: Absatzmarkierung mit Einzug oder Leerraum

| Das voreingestellte Aussehen für einen Absatz.
    Der zweite Absatz wird mit Einzug der ersten Zeile gesetzt.
Dieser Absatz wird durch einen vertikalen Abstand gekennzeichnet. Kein Einzug der ersten Zeile.
    Dieser Absatz wird mit einem horizontalen Einzug (3em) gesetzt. | ```\noindent Das voreingestellte```
```Aussehen f"ur einen Absatz.```

```Der zweite Absatz wird mit```
```Einzug der ersten Zeile```
```gesetzt.```
```\par\setlength{\parindent}{0cm}```
```\setlength{\parskip}```
``` {0.75ex plus0.3ex minus0.1ex}```
```Dieser Absatz wird ... Zeile.```

```\setlength{\parindent}{3em}```
```Dieser Absatz ... (3em)```
```gesetzt.``` |

3.4.2 Absatzausrichtung

Manchmal ist der Blocksatz nicht die zweckmäßigste Form. Briefe sollten besser linksbündig, Gedichte zentriert ausgegeben werden. Für diese Anwendungen stellt LaTeX die folgenden Befehle zur Verfügung:

\raggedright   der nachfolgende Text wird linksbündig (der rechte Rand flattert) gesetzt;

\raggedleft   der nachfolgende Text wird rechtsbündig (der linke Rand flattert) gesetzt;

\centering   der nachfolgende Text wird zentriert ausgegeben.

In allen Fällen versucht LaTeX die Zeilen optimal aufzufüllen. Eine Worttrennung am Ende der Zeile unterbleibt dabei allerdings. Mit den Befehlen für den manuellen Zeilenwechsel (siehe Kapitel 3.3) können Sie einen Zeilenumbruch einfügen.

> **Beispiel 3.6: Verschiedene Absatzausrichtungen**
>
> | | |
> |---|---|
> | Dieser Absatz ist im Blocksatz gesetzt. Wörter werden automatisch getrennt. | `\setlength{\parskip}{0.75ex}`
`...`
`Dieser Absatz ist im ...`
`automatisch getrennt.` |
> | Dieser Absatz ist links ausgerichtet, eine Worttrennung unterbleibt. | `\raggedright`
`Dieser Absatz ... unterbleibt.` |
> | Dieser Absatz wird zentriert dargestellt. Auch hier unterbleibt die Silbentrennung. | `\centering`
`Dieser Absatz wird zentriert ...`
`unterbleibt die Silbentrennung.` |

Beispiel 3.6 zeigt unterschiedlich ausgerichtete Absätze in einem LaTeX-Dokument. Falls diese Ausrichtungsart nur für einen begrenzten Bereich gelten soll, muss dieser Bereich mit einer Gruppenklammer umschlossen werden. Der entsprechende Befehl steht dann **innerhalb** der Gruppenklammer. Alternativ können auch die entsprechenden LaTeX-Umgebungen verwendet werden (siehe Kapitel 5.1). Sie fügen aber zusätzlichen vertikalen Abstand vor und nach den Absätzen ein.

3.4.3 Absatzeigenschaften

Neben der Absatzausrichtung und der Absatzmarkierung können Sie noch weitere Eigenschaften eines Absatzes verändern.

Zeilenabstand
In der Regel benutzt LaTeX den von der Schrift vorgegebenen Zeilenabstand (einzeilig). Gerade für wissenschaftliche Arbeiten wird meist ein größerer Zeilenabstand verlangt, damit Korrekturen besser von Hand eingetragen werden können. Die Änderung des Zeilenabstands können Sie mit dem folgenden Befehl veranlassen:

`\linespread{Faktor}\selectfont` wobei *Faktor* den Zahlenwert angibt, mit dem der aktuelle Zeilenabstand multipliziert wird.

Der `\selectfont`-Befehl muss angehängt werden, um den neuen Zeilenabstand zu aktivieren. Meist wird diese Befehlskombination in der Präambel des Dokuments verwendet, um den Zeilenabstand global zu ändern. Wenn die Wirkung eingeschränkt werden soll, können Sie dazu Gruppenklammern benutzen, der Befehl steht dann **innerhalb** der Gruppe und in der Gruppe muss ein neuer Absatz beginnen (`\par` oder eine Leerzeile noch in der Gruppe).

Zeilengestaltung
LaTeX versucht das Aussehen eines Absatzes möglichst optimal zu gestalten. Gerade bei umfangreichen Dokumenten bedeutet das einen relativ hohen Zeitauf-

wand. Wenn Sie nicht so großen Wert auf die gute Durchgestaltung legen, können Sie LaTeX anweisen, etwas großzügiger zu formatieren.

Die beiden folgenden Befehle erlauben die Umschaltung zwischen großzügiger und exakter Formatierung:

\sloppy damit wird die großzügige Formatierungsart benutzt. Dabei entstehen größere Wortzwischenräume und Trennungen werden sparsamer verwendet. Für sehr kleine Zeilenbreiten kann dieser Modus sehr hilfreich sein, daher sind auch viele Beispiele in diesem Buch so gesetzt worden.

\fussy hier kommt die exakte Formatierung zum Einsatz (*Voreinstellung*). LaTeX versucht die Zeilen möglichst optimal zu füllen.

Beispiel 3.7 demonstriert die Wirkung der Befehle.

Beispiel 3.7: Veränderung von Zeilengestaltung und Zeilenabstand

Dieser Absatz ist mit einzeiligem Zeilenabstand gesetzt und wird exakt umbrochen.	`\setlength{\parskip}{0.75ex}`
	`...`
	`Dieser Absatz ist mit`
	`einzeiligem Zeilenabstand`
	`gesetzt und wird`
	`exakt umbrochen.`

Dieser Absatz ist mit anderthalbzeiligem Zeilenabstand gesetzt und wird großzügig umbrochen.	`{\linespread{1.5}\selectfont`
	`\sloppy`
	`Dieser Absatz ist mit`
	`anderthalbzeiligem`
	`Zeilenabstand gesetzt und`
	`wird gro"sz"ugig umbrochen.\par}`

3.5 Seitenumbruch

Der Seitenumbruch wird von LaTeX automatisch vorgenommen. Dabei werden die Absätze so angeordnet, dass die Seite optimal gefüllt werden kann. Wichtig dafür ist, dass die Abstände zwischen den Absätzen mit dehnbaren Längen angegeben werden. Damit kommt es dann selten zu „Hurenkindern" (die letzte Zeile eines Absatzes steht auf einer neuen Seite) bzw. „Schusterjungen" (Seitenumbruch nach der ersten Zeile eines neuen Absatzes).

Manchmal kann es notwendig sein, den Seitenumbruch von Hand zu steuern. Dazu können Sie einen der folgenden Befehle verwenden:

\newpage mit diesem Befehl wird eine neue Seite (bzw. im Mehrspaltensatz eine neue Spalte) begonnen.

\clearpage bzw. \cleardoublepage mit diesen Befehlen wird eine neue Seite bzw. eine neue rechte Seite begonnen. Alle bis dahin noch nicht platzierten Gleitobjekte (siehe Kapitel 10) werden damit ausgegeben.

\pagebreak{n} bzw. \nopagebreak{n} diese Befehle ermöglichen oder verhindern einen Seitenumbruch. Mit Hilfe des optionalen Arguments n ist eine Gewichtung möglich. Für n können Werte zwischen 0 (möglich) und 4 (zwingend) eingesetzt werden. Fehlt die Angabe des optionalen Parameters, so wird der Wert 4 (zwingend) benutzt.

\samepage verhindert einen Seitenumbruch innerhalb des Absatzes.

> Wichtig ist, dass Sie diese Befehle nur in der Schlussphase der Dokumentenerstellung einfügen, da die Entfernung dieser Befehle bei Textänderungen häufig vergessen wird.

3.6 Boxen

LaTeX geht bei der Formatierung des Textes so vor, dass aus Zeichen Wörter gebildet werden. Intern wird jedes dieser Objekte als Rechteck (*box*) dargestellt, siehe auch Abbildung 2.1. Manchmal lässt sich die Arbeit von LaTeX sinnvoll unterstützen, indem Sie selbst eine solche untrennbare Einheit (Box) definieren. Dafür stellt LaTeX verschiedene Befehle zur Verfügung:

\mbox{Inhalt} wobei der obligatorische Parameter Inhalt den Text angibt, der als Einheit (in einer Box) gesetzt werden soll. Die erforderliche Breite der Box wird dabei von LaTeX automatisch bestimmt. Mit diesem Befehl kann zum Beispiel ein Wort vor der Silbentrennung geschützt werden.

\makebox[Breite][Ausrichtung]{Inhalt} mit dem Befehl kann die Breite der verwendeten Box durch den optionalen Parameter Breite vorher bestimmt werden. Mit dem optionalen Parameter Ausrichtung wird angegeben, wie der Inhalt in dieser Box ausgerichtet werden soll.

\fbox{Inhalt} dieser Befehl kann wie der \mbox-Befehl verwendet werden, er zeichnet zusätzlich einen Rahmen um die verwendete Box.

\framebox[Breite][Ausrichtung]{Inhalt} dieser Befehl ist analog zum \makebox-Befehl, nur zeichnet er einen Rahmen um die verwendete Box.

Für Ausrichtung können die folgenden Angaben eingesetzt werden:

l   der Inhalt wird linksbündig (*left*) ausgegeben;
r   die Ausgabe erfolgt rechtsbündig (*right*);
c   der Inhalt wird in der Box zentriert (*center*);
s   die Ausgabe erfolgt im Blocksatz (*spread*).

Beispiel 3.8 zeigt die Nutzung der Befehle für gerahmte Boxen. Ebenso veranschaulicht es, dass auch unvernünftige Angaben des optionalen Parameters Breite verarbeitet werden. Wird dieser zu klein gewählt, erfolgt **keine** Fehlermeldung!

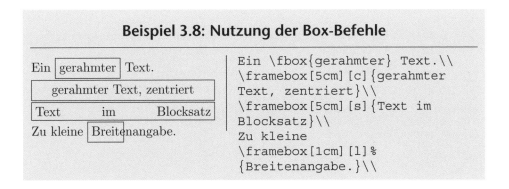

Folgender Befehl beeinflusst die Gestaltung des Rahmens:

\setlength{\fboxsep}{Länge}   wobei Länge den Abstand zwischen dem Rahmen und der Box angibt.

Neben diesen genannten Befehlen für den Satz von Texten in Boxen gibt es noch eine Reihe weiterer Befehle, die Texte in einer separaten Box setzen:

\underline{Inhalt}   der Inhalt wird unterstrichen. Dazu wird die Unterkante der Box benutzt. Dies hat zur Folge, dass die Position der Unterstreichung davon abhängt, ob in der Box Zeichen mit oder ohne Unterlänge vorhanden sind. Beispiel: ohne und mit Unterlänge.

\verb+Inhalt+   der Inhalt wird in einer Schreibmaschinenschrift ausgegeben. Innerhalb dieser Box werden LaTeX-Befehle **nicht** interpretiert, d. h. so ausgedruckt, wie sie eingegeben wurden.
Beispiel: \dots wurde mit \verb+\dots+ ausgegeben.

Inhalt wird von zwei paarweise auftretenden Begrenzungszeichen (hier das Pluszeichen) eingerahmt, diese werden nicht mit ausgedruckt. Statt der Pluszeichen können beliebige andere Sonderzeichen verwendet werden, sie dürfen nur nicht im auszugebenden Text vorhanden sein.

Die Variante \verb*+Inhalt+ gibt einen „kleinen Haken" (»␣«) anstelle eines Leerzeichens aus; Beispiel: \verb*/A B C/ erzeugt A␣B␣C.

\rule[Lift]{Breite}{Höhe}   es wird ein schwarz gefülltes Rechteck mit den Dimensionen Höhe und Breite auf der Grundlinie der Zeile erzeugt. Für die Parameter ist auch ein Wert von 0 cm zulässig. Damit entsteht dann ein unsichtbarer Strich, der aber Wirkung innerhalb von anderen Box-Befehlen hat. Mit dem optionalen Parameter Lift kann die gefüllte Box vertikal verschoben werden.

Beispiel 3.9 zeigt Anwendungen des \rule-Befehls. Weitere Beispiele und Box-Befehle sind in der weiterführenden Literatur [6, 5, 10] zu finden.

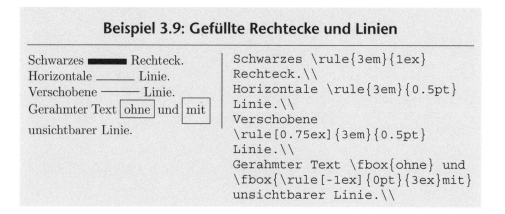

3.7 Abstände

Die Breite der Wortzwischenräume werden beim Absatzumbruch von LATEX selbst festgelegt. Die Eingabe von zusätzlichen Leerzeichen bzw. Leerzeilen hat keine Auswirkung auf die horizontalen bzw. vertikalen Abstände. Wenn Sie mehr oder weniger Platz benötigen, müssen Sie dafür spezielle LATEX-Befehle einsetzen.

3.7.1 Horizontale Abstände

LATEX unterscheidet zwei Typen horizontaler Abstände: Leerräume mit vorgegebener fester Länge und Abstände, die sich von 0 bis ∞ ausdehnen können.

Abstände mit fester Länge
Dafür können Sie folgende Befehle benutzen:

\, dieser fügt einen sehr kleinen Abstand ‖ (1/6 der Breite eines »m«) ein;

\enspace ein Leerraum | | mit der Breite des »n« wird eingefügt;

\quad ein Leerraum | | mit der Breite des »M« wird eingefügt;

\qquad ein Leerraum mit der doppelten Breite | | eines \quad wird erzeugt;

 wobei der eingefügte Leerraum der Breite des Arguments Inhalt entspricht;

\hspace{Länge} fügt einen Leerraum ein, dessen Dimension dem Argument Länge entnommen wird. Für Länge muss eine Zahl mit einer Maßeinheit eingesetzt werden. Dieser Befehl hat am Anfang und am Ende einer Zeile keine Wirkung;

\hspace*{Länge} diese Variante fügt den Leerraum auch am Anfang und am Ende einer Zeile ein.

Beispiel 3.10: Feste horizontale Abstände

Das A B C   D.
Zeile mit   2 em Leerraum.
      Eingezogen um: |Zeile |.
Kein Leerraum am Anfang.
  1 em Leerraum am Anfang.
	`Das A\enspace B\quad C\qquad`
	`D.\\`
	`Zeile mit \hspace{2em} 2\,em`
	`Leerraum.\\`
	`\phantom{Zeile }Eingezogen um:`
	`\verb+|+Zeile \verb+|+.\\`
	`\hspace{1em} Kein Leerraum am`
	`Anfang.\\`
	`\hspace*{1em}1\,em Leerraum`
	`am Anfang.\\`

Beispiel 3.10 zeigt die Wirkungsweise der Befehle für vorgegebene feste horizontale Abstände.

Der kleine Abstand (\,) kann dazu benutzt werden, etwas Platz zwischen einer Zahl und der zugehörigen Maßangabe zu schaffen.

Dehnbare horizontale Abstände
Neben den festen Abständen können Sie auch variable Leerräume einfügen, für die LaTeX dann die Länge selbstständig berechnet. Für dehnbare horizontale Abstände stehen die folgenden Befehle zur Verfügung:

\hfill   fügt einen von 0 bis ∞ dehnbaren horizontalen Leerraum ein. Dieser Befehl hat am Anfang und am Ende einer Zeile keine Wirkung;

\hspace*{\fill}   diese Variante fügt einen dehnbaren Leerraum auch am Anfang und am Ende einer Zeile ein;

\hrulefill   fügt eine von 0 bis ∞ dehnbare Linie ein. Dieser Befehl hat am Anfang einer Zeile keine Wirkung;

\dotfill   fügt eine von 0 bis ∞ dehnbare gepunktete Linie ein. Dieser Befehl hat am Anfang einer Zeile keine Wirkung.

Beispiel 3.11 zeigt die Wirkung der Befehle für dehnbare horizontale Abstände.

Beispiel 3.11: Dehnbare horizontale Abstände

Beginn   Ende
                 zentriert
Beginn_____Ende
Beginn........................
	`Beginn\hfill Ende\\`
	`\hspace*{\fill}zentriert%`
	`\hspace*{\fill}\\`
	`Beginn\hrulefill Ende\\`
	`Beginn\dotfill\\`

3.7.2 Vertikale Abstände

LaTeX unterscheidet zwei unterschiedliche Typen vertikaler Abstände: Leerräume mit vorgegebener fester Länge und Abstände, die sich von 0 bis ∞ ausdehnen können.

Abstände mit fester Länge
Die Abstände zwischen Absätzen werden von LaTeX automatisch gesetzt. Abstände mit vorgegebener vertikaler Länge können Sie mit den folgenden Befehlen erzeugen:

`\smallskip` fügt zusätzlich 1/4 Zeile Leerraum zwischen zwei Absätzen ein;

`\medskip` fügt zusätzlich 1/2 Zeile Leerraum zwischen zwei Absätzen ein;

`\bigskip` fügt zusätzlich 1 Zeile Leerraum zwischen zwei Absätzen ein;

`\vspace{Länge}` fügt einen vertikalen Leerraum ein, dessen Dimension dem Argument *Länge* entnommen wird. Für *Länge* muss eine Zahl mit einer Maßeinheit eingesetzt werden. Dieser Befehl wirkt erst am Ende einer Zeile und nicht am Anfang oder Ende einer Seite;

`\vspace*{Länge}` diese Variante fügt den Leerraum auch am Anfang und Ende einer Seite ein.

Meist werden die Befehle zwischen Absätzen verwendet.

Beispiel 3.12: Feste vertikale Abstände

Ein Absatz.	`Ein Absatz. \par\medskip`
Der Abstand zum vorhergehenden Absatz wurde um 1/2 Zeile aufgeweitet.	`Der Abstand zum vorhergehenden Absatz wurde um 1/2 Zeile aufgeweitet.\par`
Dieses ist der normale Absatzabstand. Es folgt hier ein vertikaler	`Dieses ist der normale Absatzabstand.`
Abstand von 2 ex. Er wirkt erst am Zeilenende.	`Es folgt hier\vspace{2ex} ein vertikaler Abstand von 2\,ex. Er wirkt erst am Zeilenende.`

Beispiel 3.12 zeigt die Wirkungsweise der Befehle für fest vorgegebene vertikale Abstände. Es veranschaulicht auch, dass der `\vspace`-Befehl seine Wirkung erst am Zeilenende entfaltet.

Dehnbare vertikale Abstände
Neben festen Abständen können Sie auch variable vertikale Leerräume einfügen, für die LaTeX dann die Länge selbstständig berechnet. Die folgenden Befehle stehen dafür zur Verfügung:

`\vfill` fügt einen von 0 bis ∞ dehnbaren vertikalen Leerraum ein. Dieser Befehl hat am Anfang und am Ende einer Zeile keine Wirkung;

`\vspace{\fill}` fügt einen dehnbaren Leerraum ein. Er wirkt nicht am Anfang oder Ende einer Seite;

\vspace*{\fill}   die Variante fügt einen dehnbaren vertikalen Leerraum auch am Anfang und am Ende einer Seite ein.

Der \vfill-Befehl fügt den dehnbaren vertikalen Leerraum direkt an der Stelle ein, an der er sich befindet. Der \vspace*{\fill}-Befehl wirkt dagegen erst am Ende der Zeile.

3.8 Übung

Setzen Sie den nachfolgenden Text in der Dokumentenklasse *article* mit den Ihnen bis jetzt bekannten LaTeX-Befehlen. Beachten Sie auch, dass Sie für die Nutzung der deutschen Umlaute ein geeignetes Zusatzpaket benötigen.

Bei der Formatierung des Dokuments sollten Sie die folgende LaTeX-Fehlermeldung „Overfull \hbox ..." erhalten. Diese deutet auf eine zu lange Zeile hin, in der LaTeX keine geeignete Trennstelle finden konnte. Suchen Sie diese Stelle im Eingabetext und fügen Sie an einer passenden Position eine potenzielle zusätzliche Trennstelle ein.

Versuchen Sie zum Schluss noch, einen Seitenumbruch vor dem letzten Absatz einzufügen.

Zeichen

Deutsche Spezifika
Die deutschen Umlaute ä, ö, ü, Ä, Ö, Ü und das ß sind in den deutschsprachigen Texten natürlich überall zu finden. Auch die „Gänsefüßchen" sollten Sie in dieser korrekten Weise setzen.

Andere Sonderzeichen
Häufiger benötigen Sie einige Akzentzeichen, z.B. Acute-Akzent é und der Grave-Akzent à. Bei rechtlichen Fragestellungen werden Sie auch das §-Zeichen benötigen. Fortsetzungspunkte (...) und Gedankenstriche (–) werden mit speziellen LaTeX-Befehlen gesetzt.

Absätze
Dieser Text enthält sowohl Absätze als auch einfache Zeilenumbrüche. Für das gesamte Dokument wurde vereinbart, dass für die erste Zeile eines Absatzes kein Einzug verwendet wird. Der Abstand zwischen den Absätzen soll 1.5 ex betragen, der um maximal 0.5 ex aufgeweitet und um höchsten 0.2 ex gestaucht werden kann. Dieser und der folgende Absatz sollen linksbündig ausgerichtet werden.

Sonstiges
Hier wurde 1 cm ⎢zusätzlicher⎥ Platz vor dem Absatz eingesetzt. Es folgt noch ein schwarzes Rechteck (3 cm breit, 2 ex hoch) in der Mitte der Zeile.

3.9 Zusammenfassung

In diesem Kapitel haben Sie grundlegende Befehle für den Textsatz mit LaTeX kennen gelernt. Insbesondere haben Sie gelernt, wie Sie

- ✓ Buchstaben, Ziffern und Sonderzeichen eingeben;
- ✓ deutsche Umlaute und das ß verwenden können;
- ✓ manuelle Zeilenumbrüche vornehmen;
- ✓ Absätze verwenden und formatieren können;
- ✓ manuelle Seitenumbrüche einfügen;
- ✓ gezielt horizontale und vertikale Abstände einfügen können.

Darüber hinaus haben Sie erfahren, wie LaTeX bei der Formatierung eines Dokuments vorgeht.

Kapitel 4

Dokumentenstruktur

Jedes umfangreichere Dokument (z. B. Studien- oder Diplomarbeit, Dissertation) besitzt eine Gliederung in verschiedene Teilbereiche (z. B. Vorwort, Einführung, Hauptteil, Zusammenfassung, Ausblick). Diese Gliederung kann dem Leser durch optische Hilfen verdeutlicht werden. Darüber hinaus sollten die einzelnen Gliederungsteile mit beschreibenden Überschriften versehen werden, die sich vom umgebenden Text deutlich abheben (z. B. durch Schriftart, -auszeichnung und -größe, Abstand zum vorhergehenden und nachfolgenden Text).

Die logische Strukturierung eines Dokuments wird von LaTeX durch spezielle Befehle unterstützt. Diese sorgen gleichzeitig für eine einheitliche und klare optische Strukturierung des Dokuments. Damit ist gewährleistet, dass alle optischen Strukturen einer Ebene in gleicher Art und Weise dargestellt werden. Wird dagegen die optische Strukturierung von Hand vorgenommen (was in LaTeX auch möglich ist), besteht die Gefahr, dass die Einheitlichkeit bei gleichen Strukturen nicht immer gewährleistet ist. Insbesondere bei Änderungen umfangreicher Dokumente können schnell Gliederungsbefehle übersehen werden. Deshalb ist dringend anzuraten, die Gliederungsbefehle, die LaTeX zur Verfügung stellt, zu benutzen.

In diesem Kapitel lernen Sie

→ die Befehle zur Dokumentenstrukturierung kennen;
→ auf die automatische Nummerierung der Überschriften zurückzugreifen;
→ das automatisch erstellte Inhaltsverzeichnis auszugeben;
→ eine Titelseite zu erstellen;
→ Anhänge zu verwenden.

4.1 Gliederungsbefehle

Die Gliederungsbefehle, die LaTeX zur Verfügung stellt, sind stets hierarchisch anzuwenden. Sie erleichtern dem Autor die logische Strukturierung des Dokuments und nehmen gleichzeitig auch die optische Strukturierung vor. Dazu wird Folgendes automatisch bewirkt:

1. Das Argument des Gliederungsbefehls wird für den folgenden Textteil als Überschrift verwendet und hervorgehoben (fettere und größere Schrift).
2. Die Überschriften erhalten dabei automatisch eine der Hierarchie entsprechende Nummerierung.

3. Der Abstand der Überschrift zum vorhergehenden und zum nachfolgenden Text wird entsprechend der Strukturebene angepasst.
4. Der Text der Überschrift, die Nummerierung und die Seitenzahl werden in das Inhaltsverzeichnis übernommen (und dieses wird mit jedem LaTeX-Lauf automatisch aktualisiert).

Mit dieser Vorgehensweise ist gewährleistet, dass die optische Strukturierung für alle Strukturebenen einheitlich und in sich konsistent erfolgt. Durch den Automatismus bei der Nummerierung und der Übernahme in das Inhaltsverzeichnis können Dokumentteile problemlos im Nachhinein noch verschoben werden; das Inhaltsverzeichnis und die Verweise auf Strukturelemente werden von LaTeX automatisch aktualisiert.

Alle Gliederungsbefehle haben eine einheitliche Syntax:

\Strukturebene[Kurzform]{Titel} wobei *Strukturebene* die Gliederungsebene angibt (s. Tabelle 4.1). *Titel* enthält die Überschrift; soll diese nicht in voller Länge im Inhaltsverzeichnis erscheinen, wird die *Kurzform* aus dem optionalen Parameter im Inhaltsverzeichnis ausgewiesen.

Je nach Dokumentenklasse können nicht alle Strukturebenen verwendet werden. Die Tabelle 4.1 gibt Auskunft über die in LaTeX definierten Gliederungsbefehle und deren Hierarchie.

LaTeX-Befehl	Gliederungsebene	book	report	article
\part	Teil	[•]	[•]	[•]
\chapter	Kapitel	•	•	—
\section	Abschnitt	•	•	•
\subsection	Unterabschnitt	•	•	•
\subsubsection	Unterunterabschnitt	(•)	(•)	•
\paragraph	Paragraph	(•)	(•)	(•)
\subparagraph	Unterparagraph	(•)	(•)	(•)

Tabelle 4.1: Befehle zur Dokumentenstrukturierung

Die Gliederungsebene *Teil* ist in allen hier vorgestellten Dokumentenklassen optional (Markierungen in der Tabelle in »[]«-Klammern). Sie erhält eine separate Zählung mit römischen Zahlzeichen. Die Gliederungsebene *Kapitel* ist nur in den Dokumentenklassen *book* und *report* anwendbar. Beide Gliederungsbefehle bewirken darüber hinaus, dass diese Strukturen auf einer neuen Seite beginnen – im Falle von *book* sogar auf einer neuen, rechten (ungeraden) Seite. Gleichzeitig wird dem *Titel* ein entsprechender Zusatztext mit der Nummerierung vorangestellt (z. B. Kapitel 1, Teil I).

Die in »()«-Klammern stehenden Markierungen in der Tabelle zeigen an, dass diese Strukturen im Regelfall **nicht mehr** mit einer Nummerierung versehen werden. Es werden jeweils nur die drei höchsten Gliederungsebenen nummeriert und ins Inhaltsverzeichnis übernommen.

Das Beispiel 4.1 zeigt eine Dokumentenstruktur für eine kürzere wissenschaftliche Arbeit (z. B. Studien- oder Diplomarbeit) in der Dokumentenklasse *article*.

> **Beispiel 4.1: Strukturierungsbefehle in der Dokumentenklasse *article***
>
> # 1 Einleitung
>
> Dies ist die Einleitung …
>
> # 2 Hauptteil
>
> ## 2.1 Theorie
>
> Allgemeines zur Theorie …
>
> ### 2.1.1 These A
>
> Spezielles zu These A …
>
> ### 2.1.2 These B
>
> Spezielles zu These B …
>
> ## 2.2 Praxis
>
> Versuchsergebnisse …
>
> ```
> \section{Einleitung}
> Dies ist die Einleitung \dots
> %=========================
> \section{Hauptteil}
> \subsection{Theorie}
> Allgemeines zur Theorie \dots
> %-------------------------
> \subsubsection{These A}
> Spezielles zu These A \dots
> %-------------------------
> \subsubsection{These B}
> Spezielles zu These B \dots
> %-------------------------
> \subsection{Praxis}
> Versuchsergebnisse \dots
> %=========================
> ```
>
> Alle in Tabelle 4.1 genannten Strukturierungsbefehle existieren noch als Variante (mit »*« nach dem Strukturnamen). Die optische Strukturierung (Schriften, Leerräume) erfolgt in gleicher Weise wie beim vollständigen Gliederungsbefehl, nur erfolgt **keine** Nummerierung und der *Titel* wird auch **nicht** in das Inhaltsverzeichnis aufgenommen. Der optionale Parameter *Kurzform* entfällt.
>
> Diese Befehle können für solche Dokumentteile benutzt werden, die sich in die optische Struktur einfügen sollen, aber nicht zur logischen Gliederung gehören (z. B. Verzeichnisse, Zusatzinformationen, …).
>
> Im CWS und in der weiterführenden Literatur (z. B. [6, 10]) finden sich dazu Beispiele und Anwendungsszenarien.

Für weitere Dokumentteile (z. B. Titelseite, Verzeichnisse, …) existieren ebenfalls LaTeX-Befehle. Diese unterscheiden sich aber von den Gliederungsbefehlen, so dass sie erst später behandelt werden.

4.2 Anhang

Umfangreiche Tabellen und größere erklärende Dokumentteile werden häufig in einem separaten Teil des Dokuments gesammelt, um den Leser nicht von den wichtigen Inhalten abzulenken. Dieser Dokumentteil wird als Anhang bezeichnet.

LaTeX gestattet es auch, einen Anhang zu erstellen. Der Anhang wird wie die höchste Gliederungsebene nummeriert und formatiert (\section für die Dokumentenklasse *article* und \chapter für die Klassen *report* und *book*). Allerdings erfolgt die Nummerierung auf der höchsten Ebene nicht mit Zahlen, sondern mit großen Buchstaben, beginnend mit **A**, die folgenden Ebenen werden mit arabischen Zahlen nummeriert.

Um einen Anhang zu erzeugen, verwenden Sie den Befehl

\appendix

Dieser schaltet den Nummerierungsstil auf Großbuchstaben um. Für die innere Struktur des Anhangs kann auf die bereits bekannten Gliederungsbefehle (siehe Tabelle 4.1) zurückgegriffen werden.

Beispiel 4.2: Struktur eines Anhangs

A	**Messdaten**	`\appendix`
		`\section{Messdaten}`
A.1	Versuch A	`\subsection{Versuch A}`
		`\subsection{Versuch B}`
A.2	Versuch B	`\section{Programme}`
		`\subsection{sinus.c}`
B	**Programme**	`\subsection{cosinus.c}`
B.1	sinus.c	
B.2	cosinus.c	

Beispiel 4.2 zeigt die Wirkung des Befehls \appendix. Soll die Wirkung des oben genannten Befehls für die Ausgabe eines Anhangs begrenzt werden, so kann die in Kapitel 5.7 beschriebene Umgebung benutzt werden.

4.3 Querverweise

Auf die von LaTeX automatisch vergebene Nummerierung – z. B. bei Gliederungsbefehlen, Formeln, Tabellen, Abbildungen, Aufzählungen und Fußnoten – kann im Text zurückgegriffen werden.

Dazu muss die zu referenzierende Stelle mit einem Anker (Label) versehen werden. Diese Anker sind im Text nicht sichtbar, werden aber von LaTeX dazu benutzt, auf die Nummerierung und/oder Seitenzahl der Referenz zurückgreifen zu können.

Folgende Befehle sind im Zusammenhang mit Querverweisen wichtig:

\label{Marke} definiert einen Ankerpunkt, von dem aus auf eine Nummerierung oder Seitenzahl zurückgegriffen werden kann. Dieser Ankerpunkt muss direkt an dem zu referenzierenden Objekt angebracht werden, sonst besteht die Gefahr, dass eine falsche Nummerierung oder Seitenzahl verwendet wird.

\ref{Marke} referenziert die Nummerierung des durch *Marke* angegebenen Ankerpunkts.

\pageref{Marke} referenziert die Seitenzahl des durch *Marke* angegebenen Ankerpunkts.

Die *Marke* ist eine selbst gewählte, im gesamten Text eindeutige Kombination aus Buchstaben (A–Z, a–z), Ziffern (0–9) und einigen Sonderzeichen (z. B. . , : ; -), die Groß-/Kleinschreibung ist relevant. Sie wird sowohl für die Definition des Ankerpunkts als auch für die Referenzierung verwendet. Verweise können auch auf Ankerpunkte erfolgen, die erst im nachfolgenden Text definiert werden.

Als *Marke* sollten sinnvolle Begriffe gewählt werden, die Rückschlüsse auf das Objekt zulassen. Da sich die Nummerierung bzw. Seitenzahl des Objekts durch Modifikation des Textes ändern kann, sollten diese nie Bestandteil der *Marke* sein, um nicht später Verwirrung zu stiften.

Beispiel 4.3 zeigt die Referenzierung von Nummerierungen und Seitenzahlen in einem umfangreicheren Dokument, das in der Dokumentenklasse *article* gesetzt wurde.

> Die Referenzen werden in der LaTeX-Hilfsdatei (.aux) abgelegt. Die Auflösung erfolgt erst beim zweiten LaTeX-Lauf. Solange noch die Warnung:
>
>> LaTeX Warning: Label(s) may have changed.
>> Rerun to get cross-references right.
>
> auf dem Monitor und in der Log-Datei erscheint, muss der LaTeX-Lauf noch einmal vorgenommen werden, damit die Referenzen aufgelöst werden können.

Werden Referenzen verwendet, ohne dass der zugehörige Ankerpunkt definiert wurde, schreibt LaTeX folgende Fehlermeldungen auf den Monitor und in die Log-Datei:

> LaTeX Warning: Reference '...' on page ... undefined
> LaTeX Warning: There were undefined references.

wobei für ... entsprechende Angaben erfolgen. Meist handelt es sich in diesen Fällen um Tippfehler in den Argumenten der Befehle für die Querverweise.

Beispiel 4.3: Zusammenspiel der Befehle für Querverweise

1 Einleitung

Im Hauptteil ab Seite 8 wird die Theorie (Abschnitt 2.1) und die Praxis (Abschnitt 2.2) beschrieben. Die Interpretation der Ergebnisse folgt im Kapitel 3 auf Seite 68 ...

1

3 Interpretation

Die Ergebnisse der Praxis (Abschnitt 2.2) lassen sich mit den Theorien (Abschnitt 2.1.1 bzw. 2.1.2) erklären ...

68

```
\section{Einleitung}
\label{sec:einleit}
Im Hauptteil ab Seite
\pageref{sec:haupt} wird die
Theorie (Abschnitt
\ref{theorie}) und
die Praxis (Abschnitt
\ref{praxis}) beschrieben.
Die Interpretation der
Ergebnisse folgt im Kapitel
\ref{sec:interpret} auf Seite
\pageref{sec:interpret} \dots
...
\section{Hauptteil}
\label{sec:haupt}
\subsection{Theorie}
\label{theorie}
...
\subsubsection{These B}
\label{these-b}
...
\subsection{Praxis}
\label{praxis}
...
\section{Interpretation}
\label{sec:interpret}
Die Ergebnisse der Praxis
(Abschnitt \ref{praxis})
lassen sich mit den Theorien
(Abschnitt \ref{these-a}
bzw. \ref{these-b})
erkl"aren \dots
```

4.4 Inhaltsverzeichnis

LaTeX erstellt aus den Informationen, die es aus den Gliederungsbefehlen erhält, automatisch ein Inhaltsverzeichnis. In dieses werden die automatisch vergebene Nummerierung, der Überschriftentext bzw. dessen Kurzform sowie die Seitennummer aufgenommen. Die Einträge werden entsprechend ihrer Hierarchie im Inhaltsverzeichnis eingerückt und erhalten – bis auf die höchste Gliederungsebene – eine gepunktete Linie bis zur Seitennummer.

Die Ausgabe des Inhaltsverzeichnisses erfolgt mit dem Befehl

`\tableofcontents`

> **Beispiel 4.4: Ausdruck eines Inhaltsverzeichnisses**
>
>
>
> **Inhaltsverzeichnis**
>
> 1 Einleitung   1
>
> 2 Hauptteil   8
>   2.1 Theorie 8
>   2.1.1 These A 8
>   2.1.2 These B 9
>   2.2 Praxis 42
>
> 3 Interpretation   68
>
> Anhang   78
>
> A Messdaten   78
>   A.1 Versuch A 78
>   A.2 Versuch B 78
>
>
>
> ```
> \section{Einleitung}
> ...
> \section{Hauptteil}
> \subsection{Theorie}
> \subsubsection{These A}
> ...
> \section{Interpretation}
> ...
> \addtocontents{toc}{%
>     \vspace{2mm}}
> \addcontentsline{toc}{%
>     section}{Anhang}
> \addtocontents{toc}{%
>     \vspace{-2mm}}
> \appendix
> \section{Messdaten}
> \subsection{Versuch A}
> \subsection{Versuch B}
> ...
> \tableofcontents
> ```

an der Stelle im Dokument, an der dieser Befehl in der Eingabedatei steht. Dem Verzeichnis selbst wird ein entsprechender Titeltext (im deutschsprachigen Raum: Inhaltsverzeichnis) mit einem nicht nummerierten Gliederungsbefehl auf höchster Ebene vorangestellt.

Falls erforderlich, kann der Autor auch noch weitere Informationen in das Inhaltsverzeichnis eintragen bzw. Formatierangaben in das Inhaltsverzeichnis einfügen. Dazu dienen die beiden folgenden Befehle:

\addcontentsline{*Verzeichnis*}{*Ebene*}{*Text*}   bewirkt einen zusätzlichen *Text*-Eintrag in das entsprechende *Verzeichnis*. Die Einrückung erfolgt analog den Einträgen für die Gliederungsebene *Ebene* (Gliederungsbefehl ohne Backslash (\)). Für *Verzeichnis* kann eingesetzt werden:

toc   Inhaltsverzeichnis (*table of contents*),

lot   Tabellenverzeichnis (*list of tables*),

lof   Abbildungsverzeichnis (*list of figures*).

Der zusätzliche Eintrag »Anhang« im Beispiel 4.4 wurde so erzeugt.

\addtocontents{*Verzeichnis*}{*Eintrag*}   der *Eintrag* kann auch Formatierungsbefehle für das angegebene *Verzeichnis* (siehe oben) enthalten.

Im Beispiel 4.4 wurden mit diesem Befehl der zusätzliche Leerraum vor dem Eintrag »Anhang« und der verminderte Leerraum hinter diesem Eintrag erzeugt.

4.5 Titel

Jedem wissenschaftlichen Artikel sollten ein Titel, Informationen zum Autor (zu den Autoren) und zum Erscheinungsdatum vorangestellt werden. Für die Dokumentenklasse *report* kann eine eigene Titelseite mit den unten beschriebenen Kommandos erzeugt werden. In der Dokumentenklasse *article* erfolgt die Ausgabe dieser Informationen aus Platzgründen nicht auf einer eigenen Seite, sondern direkt vor dem eigentlichen Text.

Folgende Befehle sind bei der Generierung von Titelinformationen wichtig:

\title{*Titel*} Definiert die eigentliche Titelinformation. Diese wird in einer größeren Schrift gesetzt. Zeilenumbrüche (\\) sind erlaubt.

\date{*Datum*} Angabe des Erscheinungsdatums. Für *Datum* kann das aktuelle Datum (\today) eingesetzt werden.

\author{*Autor*} *Autor* enthält die Angaben zum Autor. Zeilenumbrüche (\\) sind erlaubt. Sind mehrere Autoren an dem Werk beteiligt, so werden die jeweiligen Informationen durch den Befehl \and miteinander verknüpft.

\thanks{*Zusatz*} Dieser Befehl erlaubt es, innerhalb des \author-Befehls die *Zusatz*-Information als Fußnote beim Autor anzubringen.

\maketitle Angabe der mit den obigen Befehlen erstellten Titelinformation an der Stelle, wo sich das Kommando in der Eingabe befindet.

Beispiel 4.5 zeigt die Verwendung und das Zusammenspiel der Kommandos.

Beispiel 4.5: Eigene Titelseite in der Dokumentenklasse *article*

LaTeX-Kurs

Schlager[1]   Thibud[2]
Raum 229   Raum 227

Februar 2004

```
\documentclass[titlepage]{article}
...
\title{\LaTeX-Kurs}
\date{Februar 2004}
\author{Schlager\thanks{Tel: 2080}
  \\Raum 229
  \and
  Thibud\thanks{Tel: 2733}
  \\Raum 227}
\maketitle
```

[1]Tel: 2080
[2]Tel: 2733

Soll auch bei der Dokumentenklasse *article* eine eigene Titelseite erzeugt werden, so kann beim \documentclass-Befehl die Option titlepage gesetzt werden.

> In der Dokumentenklasse *book* sind die oben genannten Befehle **nicht** definiert, da die Generierung der Titelinformationen in der Regel anders erfolgt.

4.6 Seitenlayout

Je nach Dokumentenklasse erfolgt die Seitennummerierung in unterschiedlicher Art und Weise. In den Dokumentenklassen *article* und *report* wird die Seitennummer zentriert ausgegeben.

In der Dokumentenklasse *book* wird ein lebender Kolumnentitel erzeugt. Das bedeutet, dass in der Kopfzeile einer linken Seite die Seitennummer links außen steht und zum Bundsteg hin die Kapitelüberschrift bzw. deren Kurzform; die Kopfzeile einer rechten Seite enthält am Bundsteg die Überschrift des aktuellen Abschnitts bzw. dessen Kurzform und am Außensteg die Seitennummer[1]. Die Kopfzeile auf der Seite, an der eine neue Hauptgliederungsstufe beginnt, bleibt leer, die Seitennummer wird im Seitenfuß ausgegeben. Wird eine neue rechte Seite mit einer Gliederungsüberschrift begonnen, ohne dass sich auf der vorhergehenden linken Seite Dokumentteile befinden, so wird auf dieser linken Seite auch kein Kolumnentitel erzeugt.

Das Verhalten der Seitennummerierung lässt sich mit den folgenden Befehle verändern:

\pagestyle{*Stil*} wobei *Stil* die folgenden Angaben enthalten kann:

> plain es wird nur die Seitennummer im Seitenfuß ausgegeben, der Seitenkopf bleibt leer;
>
> empty Seitenkopf und -fuß bleiben leer;
>
> headings es wird ein lebender Kolumnentitel (siehe oben) im Seitenkopf erzeugt, der Seitenfuß bleibt leer;
>
> myheadings es wird ein lebender Kolumnentitel im Seitenkopf erzeugt, der Seitenfuß bleibt leer. Die Angaben für die linke und rechte Seite muss der Autor mit den Befehlen \markright bzw. \markboth selber angeben. Die weiterführende Literatur [6, 10] erklärt die Syntax dieser beiden Befehle.

\thispagestyle{*Stil*} für die aktuelle Seite wird der abweichende *Stil* (siehe oben) verwendet.

Die Darstellung der Seitenzahl erfolgt normalerweise mit arabischen Zahlzeichen. Für einige Textteile (z. B. Vorwort, Anhang) kann es sinnvoll sein, diese Darstellung zu modifizieren, dazu dient der Befehl:

---

[1] Dieses Buch wurde nicht mit dem voreingestellten Layout für die Kopfzeile gesetzt.

`\pagenumbering{Art}` wobei *Art* die Darstellungsart der Seitennummer angibt. Für *Art* kann eine der folgenden Angaben benutzt werden:

`arabic` arabische Zahlzeichen (*Voreinstellung*);

`roman` kleine römische Zahlzeichen;

`Roman` große römische Zahlzeichen;

`alph` Kleinbuchstaben;

`Alph` Großbuchstaben.

> Der Befehl `\pagenumbering` setzt den Seitenzähler automatisch zurück, so dass die Nummerierung der folgenden Seiten wieder bei »1« beginnt.

4.7 Hilfreiche Zusatzpakete

Die Handhabung von Querverweisen lässt sich durch einige Zusatzpakete noch verbessern. Zu nennen sind zum Beispiel die Pakete *showkeys*, *varioref*, *xr*, deren Handhabung und Wirkungsweise in der Literatur [1, 7, 11, 12] ausführlich beschrieben wird. Auch hilft die den Paketen beigefügte Dokumentation weiter.

4.8 Übung

Verwenden Sie die Dokumentenklasse *article* für dieses Dokument und den Text aus der letzten Übung. Ersetzen Sie die unterstrichenen Textpassagen durch entsprechende Gliederungsbefehle, wobei „Zeichen" und „Absätze" als Hauptgliederungsstufen zu setzen sind und die anderen Überschriften eine Stufe darunter anzusiedeln sind. Verwenden Sie die Befehle für Querverweise, um auf die Gliederungsnummer und auf die Seitenzahl zu verweisen.

Ergänzen Sie das Dokument mit einem vorangestellten Titel: „Meine Übungen zu LaTeX", Ihrem Namen und dem aktuellen Datum (dafür kann der Befehl `\today` benutzt werden).

Am Ende des Dokuments drucken Sie auch das Inhaltsverzeichnis aus (im Beispieltext ist es – wie auch das gesamte Dokument – nur verkürzt dargestellt!).

Meine Übungen zu LaTeX

Ihr Name

Aktuelles Datum

1 Zeichen

1.1 Deutsche Spezifika

Die deutschen Umlaute ä, ö, ü, Ä, Ö, Ü und das ß sind in den deutschsprachigen Texten natürlich überall zu finden. Auch die „Gänsefüßchen" sollten Sie in dieser korrekten Weise setzen (andere Sonderzeichen im Abschnitt 1.2).

1.2 Andere Sonderzeichen

Häufiger benötigen Sie einige Akzentzeichen, z.B. Acute-Akzent é und der Grave-Akzent à. Bei rechtlichen Fragestellungen werden Sie auch das §-Zeichen benötigen. Fortsetzungspunkte (...) und Gedankenstriche (–) werden mit speziellen LaTeX-Befehlen gesetzt (deutsche Umlaute auf Seite 1).

...

Inhaltsverzeichnis

1	**Zeichen**	**1**
	1.1 Deutsche Spezifika	1
	1.2 Andere Sonderzeichen	1

4.9 Zusammenfassung

In diesem Kapitel haben Sie die Befehle für die Strukturierung eines Dokuments kennen gelernt. Insbesondere für:

✓ Teile, Kapitel, Abschnitte, Unterabschnitte, . . . ;
✓ einen Anhang und die Titelgenerierung;
✓ Referenzierung der automatisch vergebenen Nummerierung und der Seitennummer;
✓ automatische und manuelle Einträge in das Inhaltsverzeichnis;
✓ die Ausgabe des Inhaltsverzeichnisses.

Kapitel 5
Umgebungen

Eine optisch klare und einheitliche Darstellung einer schriftlichen Ausarbeitung ist notwendig, um dem Leser eine Orientierungshilfe zu geben. Bei den meist knappen Darstellungen für wissenschaftliche Texte ist dies besonders wichtig, da diese oft nicht Wort für Wort, sondern *quergelesen* oder überflogen werden. Fehlende optische Klarheit kann dazu führen, dass wesentliche Teile des Dokuments beim Lesen nicht erfasst werden.

Zur einheitlichen Darstellung von Textpassagen stellt LaTeX so genannte Umgebungen bereit. Die beim Einsatz von Umgebungen zu beachtenden Regeln haben Sie bereits auf Seite 28 kennen gelernt. In diesem Kapitel lernen Sie, LaTeX-Umgebungen gewinnbringend für Ihre Texte einzusetzen. Für folgende Anwendungen werden die zugehörigen Umgebungen besprochen:

→ Ausrichtung und Gestaltung von Absätzen,
→ Listen und Aufzählungen,
→ Mehrspaltensatz auf einer Seite,
→ nummerierte Textpassagen, wie zum Beispiel Theoreme,
→ spaltengenaue Ausgabe von Daten und Programmen,
→ Erweiterungen zur Dokumentenstrukturierung: Zusammenfassung (Abstract) und Anhänge

Komplexere LaTeX-Umgebungen (zum Beispiel für Tabellen, Abbildungen oder das Literaturverzeichnis) werden in eigenen Kapiteln erklärt.

5.1 Absatzausrichtung

LaTeX setzt Absätze automatisch im so genannten Blocksatz, d. h., die Leerzeichen in der Zeile werden so weit gedehnt, dass auch der rechte Rand (Satzspiegelbreite) bündig ist (Randausgleich). Hervorhebungen von Absätzen können durch beidseitige Einrückungen oder Aufhebung des Blocksatzes erreicht werden.

5.1.1 Einrückungen

Beidseitige Einrückungen (am linken und rechten Rand) werden mit der *quote*- bzw. *quotation*-Umgebung erzielt. Die Syntax für die *quote*-Umgebung lautet:

```
\begin{quote}
   Beidseitig eingerückter Textteil
\end{quote}
```

Das Beispiel 5.1 verdeutlicht die Wirkung der *quote*-Umgebung.

Beispiel 5.1: Eingerückte Absätze in der *quote*-Umgebung

... letzte Textzeile vor der Umgebung.
 	
    Text, der sich in der quote-Umgebung befindet.
 	
    Er wird sowohl links wie rechts eingerückt.
 	
Erste Textzeile nach der Umgebung ...
	`\dots~letzte Textzeile vor der`
	`Umgebung.`
	`\begin{quote}`
	`Text, der sich in der`
	`quote-Umgebung befindet.`
	
	`Er wird sowohl links`
	`wie rechts einger"uckt.`
	`\end{quote}`
	`Erste Textzeile nach`
	`der Umgebung \dots`

Die Syntax der *quotation*-Umgebung ist analog zur *quote*-Umgebung:

`\begin{quotation}` ... `\end{quotation}`.

Beide Umgebungen unterscheiden sich durch folgende Merkmale: In der *quote*-Umgebung werden Absätze durch einen zusätzlichen Abstand kenntlich gemacht, der Einzug der ersten Zeile unterbleibt. In der *quotation*-Umgebung wird dagegen die erste Zeile aller Absätze eingezogen, zwischen den Absätzen erfolgt kein zusätzlicher Abstand.

5.1.2 Aufhebung des Blocksatzes

Oft ist der Blocksatz **nicht** die optimale Gestaltungsform. Linksbündiger Satz ist für kurze Dokumente (z. B. Briefe, Notizen) sinnvoll, Blocksatz würde hier eher störend wirken. Rechtsbündiger Satz ist für hervorgehobene kurze Textpassagen möglich. Längere Zeilen im rechtsbündigen Satz sind meist schwerer lesbar, da sich der Zeilenanfang ständig verschiebt. Zentrierte Passagen lassen sich zur deutlichen Abgrenzung vom Fließtext benutzen.

LaTeX stellt geeignete Umgebungen zur Verfügung, mit denen Absätze nur am linken (*flushleft*-Umgebung) bzw. rechten Rand (*flushright*-Umgebung) bündig gesetzt werden, während der Text am anderen Rand *flattert*, d. h. nicht ausgerichtet wird. Auch kann der Text zentriert (*center*-Umgebung) gesetzt werden, d. h., sowohl der linke wie auch der rechte Rand *flattern*.

Innerhalb der Umgebungen werden die Zeilen so weit mit Wörtern aufgefüllt, dass eine optimale Füllung der Zeilen erfolgt; eine Worttrennung am Ende der Zeile wird von LaTeX nicht vorgenommen (Rauhsatz). Für den Flattersatz (mit Worttrennungen am Ende) stellt LaTeX keine Umgebung zur Verfügung. Vom Autor vorgegebene Zeilenumbrüche (`\\`) und Absatzbefehle (Leerzeile, `\par`) werden beachtet.

Beispielhaft für die drei Umgebungen wird hier die *flushleft*-Umgebung vorgestellt:

```
\begin{flushleft}
   Linksbündig ausgerichtete Textteile
\end{flushleft}
```

Das Beispiel 5.2 verdeutlicht die Auswirkung der *flushleft*-Umgebung.

Beispiel 5.2: Absatzausrichtung: linksbündig

Einige Zeilen vor der Umgebung, die im Blocksatz gesetzt werden.	`Einige Zeilen vor der Umgebung,`
	`die im Blocksatz gesetzt werden.`
	`\begin{flushleft}`

Dieser Absatz – ohne Worttrennungen – wird linksbündig ausgerichtet dargestellt.	`Dieser Absatz -- ohne`
	`Worttrennungen -- wird`
	`linksb"undig ausgerichtet`
	`dargestellt.`

Anwendungsfeld: z.B. kurze Dokumente	`Anwendungsfeld: z.B.` `kurze Dokumente`

Textzeilen nach der Umgebung, die im Blocksatz gesetzt werden.	`\end{flushleft}`
	`Textzeilen nach der Umgebung,`
	`die im Blocksatz gesetzt`
	`werden.`

Syntax und Wirkungsweise der beiden anderen Umgebungen:

\begin{flushright} ... \end{flushright} bzw.
\begin{center} ... \end{center}

entsprechen der hier vorgestellten *flushleft*-Umgebung. Beispiele dazu befinden sich im CWS (ausr-r.tex bzw. ausr-c.tex).

Die im Kapitel 3.4.2 erwähnten „Umschalt"-Befehle \raggedright (linksbündig, rechts flatternd), \centering (zentriert) und \raggedleft (rechtsbündig, links flatternd) haben eine ähnliche Wirkung, erzeugen aber keinen neuen Absatz.

Die einschlägige weiterführende Literatur [6, 10] gibt Auskunft über weitere Umgebungen zur Absatzausrichtung (z. B. *verse*).

5.2 Listen

Häufig vorkommende Textbestandteile sind Spiegelstrichlisten (ungeordnete Listen, *itemize*-Umgebung) oder Aufzählungen (nummerierte Listen, *enumerate*-Umgebung). Beide werden mit Hilfe der entsprechenden LaTeX-Umgebungen gesetzt.

Jedem Eintrag in der Liste wird dabei eine dem Listentyp zugeordnete Markierung vorangestellt. Für diese Markierung (rechtsbündig ausgerichtet) wird ein entsprechender Platz am linken Rand reserviert. Um diese Breite verschiebt sich der linke Rand (Einzug) für alle Zeilen des Eintragstextes.

Diese Listen können ineinander – und auch untereinander – verschachtelt werden. Maximal vier Listenumgebungen können so ineinander gesetzt werden. Mit jeder Schachtelung ändert sich der Markierungsstil und der Einzug für die Listeneinträge, so dass eine gute Übersicht über die Listenstruktur gewahrt bleibt.

Die Syntax der Listenumgebungen wird beispielhaft für die *itemize*-Umgebung angegeben:

```
\begin{itemize}
   \item Listeneintrag 1
   \item Weitere Listeneinträge ...
\end{itemize}
```

Jeder Listeneintrag muss mit einem \item-Befehl eingeleitet werden:

\item[Alternativ] Eintragstext   Je nach Listenart wird die entsprechende Markierung angebracht und der nachfolgende Eintragstext ausgegeben. Wird das optionale Argument benutzt, so kommt nicht die voreingestellte Marke, sondern der Alternativ-Eintrag für die Listenmarkierung zum Einsatz.

Eine ausführliche Beschreibung der für das Listenlayout (zum Beispiel horizontale und vertikale Abstände, Leerräume) zuständigen Parameter kann der einschlägigen weiterführenden LaTeX-Literatur (z. B. [6, 5]) entnommen werden.

Darüber hinaus können auch beschreibende Listen (*description*-Umgebung) benutzt werden, in denen zu einem Schlüsselwort eine Erklärung gegeben wird. Auf die von LaTeX noch zur Verfügung gestellten – nur selten benötigten – Listenumgebungen *list* und *trivlist* kann im Rahmen dieses Buches nicht eingegangen werden. Die weiterführende Literatur [6, 10] hält entsprechende Beispiele bereit.

5.2.1   Spiegelstrichlisten

Das Listensymbol in einer Spiegelstrichliste (*itemize*-Umgebung) bleibt für die Listeneinträge immer gleich. Wird die Spiegelstrichliste in eine andere Liste eingeschachtelt, so ändert sich die Art des Listensymbols. Für die erste Schachtelungsstufe wird »•«, für die zweite Stufe »–«, für die dritte »∗« und für die vierte Stufe »·« benutzt.

> Wenn global andere Symbole für die Markierung der Listeneinträge verwendet werden sollen, müssen die voreingestellten Angaben modifiziert werden:
>
> \renewcommand{\labelitemi}{+}   für die Markierung der ersten Stufe wird ein Pluszeichen »+« benutzt.
>
> Diese Änderung muss vor Aufruf der Liste erfolgen! Sie wirkt bis zu einer erneuten Änderung.

Beispiel 5.3: Spiegelstrichliste

Dies ist Text vor der Liste ...
 	
• Erster Punkt der Spiegelstrichliste,
 	
• Zweiter Punkt,
 	
    – Erster Listenpunkt in der zweiten Stufe
 	
! Alternative Markierung
 	
Dies ist Text nach der Liste ...
	`Dies ist Text vor der Liste`
	`\dots`
	`\begin{itemize}`
	`\item Erster Punkt der`
	`     Spiegelstrichliste,`
	`\item Zweiter Punkt,`
	`\begin{itemize}`
	`\item Erster Listenpunkt`
	`     in der zweiten Stufe`
	`\end{itemize}`
	`\item[!] Alternative Markierung`
	`\end{itemize}`
	`Dies ist Text nach der Liste`
	`\dots`

5.2.2 Aufzählungen

Bei Aufzählungen (nummerierten Listen, *enumerate*-Umgebung) wird als Listenmarkierung ein LaTeX-Zähler (z. B. *enumi, enumii, ...*) benutzt, der mit jedem neuen Listeneintrag um 1 erhöht wird, so dass die Einträge automatisch durchnummeriert werden.

Beispiel 5.4: Aufzählung

Dies ist Text vor der Liste ...
 	
1. Erster Punkt der nummerierten Liste,
 	
2. Zweiter Punkt,
 	
    (a) Erster Listenpunkt in der zweiten Stufe
 	
! Alternative Markierung
 	
Dies ist Text nach der Liste ...
	`Dies ist Text vor der Liste`
	`\dots`
	`\begin{enumerate}`
	`\item Erster Punkt der`
	`     nummerierten Liste,`
	`\item Zweiter Punkt,`
	`\begin{enumerate}`
	`\item Erster Listenpunkt in`
	`     der zweiten Stufe`
	`\end{enumerate}`
	`\item[!] Alternative Markierung`
	`\end{enumerate}`
	`Dies ist Text nach der Liste`
	`\dots`

Je nach Schachtelungstiefe unterscheidet sich die Art der Darstellung des jeweiligen Zählers: Für die erste Stufe werden Zahlen mit Punkt (»1.«), für die zweite Stufe in Klammern eingefasste Kleinbuchstaben (»(a)«), für die dritte kleine römische Ziffern mit Punkt (»i.«) und für die vierte Stufe Großbuchstaben mit Punkt (»A.«) benutzt.

> Wenn global von dieser Darstellungsart abgewichen werden soll, müssen die Voreinstellungen modifiziert werden:
>
> \renewcommand{\labelenumi}{\Alph{enumi}:} modifiziert die Darstellungsart des Labels für die entsprechende Schachtelungstiefe.
>
> Diese Änderung muss vor Aufruf der Liste erfolgen! Sie wirkt bis zu einer erneuten Änderung.
> In der obigen Definition wird der Zähler der ersten Stufe als Großbuchstabe ausgegeben und mit einem Doppelpunkt abgeschlossen (z. B. »A:«, »B:«, ...).

Auf die Nummerierung der ersten beiden Schachtelungstiefen kann problemlos im Text Bezug genommen werden. Dazu muss an den \item-Einträgen ein Befehl \label{Marke} angegeben werden (siehe Kapitel 4.3).

> Die Referenzierung der dritten und vierten Stufe wird **nicht** konsistent mit den vorhergehenden Zählerstufen dargestellt!

5.2.3 Verschachtelung der Listen

Die *itemize*- und *enumerate*-Umgebungen können ineinander und untereinander verschachtelt werden. Dazu wird in einem Listeneintrag (\item-Befehl) eine weitere Listenumgebung geöffnet. Darin erfolgen dann die Einträge für diese

---

Beispiel 5.5: Verschachtelung von Listen

| Dies ist Text vor der Liste ...
• Stufe 1; itemize; Ebene 1
    1. Stufe 2; enumerate; Ebene 1
        – Stufe 3; itemize; Ebene 2
    2. Stufe 2; enumerate; Ebene 1
• Stufe 1; itemize; Ebene 1 | `Dies ist Text vor der Liste`
`\dots`
`\begin{itemize}`
`\item Stufe 1; itemize; Ebene 1`
`\begin{enumerate}`
`\item Stufe 2; enumerate;\\`
`Ebene 1`
`\begin{itemize}`
`\item Stufe 3; itemize;\\`
`Ebene 2`
`\end{itemize}`
`\item Stufe 2; enumerate;\\`
`Ebene 1`
`\end{enumerate}`
`\item Stufe 1; itemize; Ebene 1`
`\end{itemize}` |

Unterpunkte. Die maximale Schachtelungstiefe ist – auch bei der Verschachtelung unterschiedlicher Listenarten – auf vier begrenzt.

Alle Listeneinträge erhalten die für die jeweilige Listenart gültigen Listensymbole. Ausschlaggebend für das Symbol bzw. für die Zählerdarstellung ist die Schachtelungstiefe innerhalb der Listenart und nicht die Schachtelungstiefe innerhalb der gesamten Listenstruktur! Dies bedeutet, dass der erste Listeneintrag der ersten Aufzählung immer mit »1.« beginnt, unabhängig davon, ob die Aufzählung an zweiter, dritter oder gar der vierten Stelle in der gesamten Listenstruktur steht. Analoges gilt auch für die Listensymbole der Spiegelstrichlisten.

5.2.4 Beschreibende Listen

Listeneinträge für beschreibende Listen beginnen jeweils mit dem fett gedruckten Schlüsselwort und dem nachfolgenden erklärenden Text für dieses Schlüsselwort. Im Gegensatz zu Spiegelstrichlisten und Aufzählungen wird das Schlüsselwort hier linksbündig gesetzt. Die erste Zeile des Listentextes ist davon abgesetzt, erst die Folgezeilen werden am linken Rand um einen gleichbleibenden Abstand eingezogen (siehe Beispiel 5.6).

Beispiel 5.6: Beschreibende Liste

Dies ist Text vor der Liste ...	`Dies ist Text vor der Liste`
	`\dots`
	`\begin{description}`
! Dies ist eine sehr, sehr schmale Marke	`\item[!] Dies ist eine sehr,`
	`    sehr schmale Marke`
*** Dies ist eine erheblich breitere Marke	`\item[***] Dies ist eine`
	`    erheblich breitere Marke`
LaTeX-Befehl Dies ist eine sehr breite Marke	`\item[\LaTeX-Befehl] Dies ist`
	`    eine sehr breite Marke`
	`\end{description}`
Dies ist Text nach der Liste ...	`Dies ist Text nach der Liste`
	`\dots`

Hervorgehoben wird das optionale Argument des \item[*Alternativ*]-Befehls. Daher **muss** in der *description*-Umgebung für jeden Listeneintrag ein optionales Argument angegeben werden!

5.3 Die *minipage*-Umgebung

Häufig wird in einem Dokument ein Bereich benötigt, in dem zwei oder mehr Textteile nebeneinander angeordnet werden können (z. B. Ein- und Ausgabe, Vergleiche). Dabei ist eine unterschiedliche Breite dieser Teilbereiche wünschenswert. Für solche Anforderungen kann die *minipage*-Umgebung eingesetzt werden:

```
\begin{minipage}[Aussen]{Breite}
   Text
\end{minipage}
```

Der *Text* wird dabei in diesem Teilbereich der Seite ausgegeben. Der obligatorische Parameter *Breite* gibt die Breite (Zahl mit Dimensionsangabe) des Teilbereichs an. Der Inhalt der *minipage*-Umgebung wird wie ein Zeichen behandelt, das in der aktuellen Zeile angeordnet wird (**keine** neue Zeile oder neuer Absatz!). Der optionale Parameter *Aussen* gibt an, wie dieses „Zeichen" (Inhalt der *minipage*-Umgebung) vertikal zur aktuellen Textzeile ausgerichtet werden soll; dafür können eingesetzt werden: t für *top*; c für *center* oder b für *bottom*.

Beispiel 5.7: Mehrspaltensatz mit der *minipage*-Umgebung

Dieser Bereich ist .... | Dieser Bereich ist an der unteren Zeile ausgerichtet. .... | Dieser Bereich ist vertikal zentriert.
an der oberen Zeile ausgerichtet.

```
\begin{minipage}[t]{3cm}
Dieser Bereich ist an der oberen Zeile ausgerichtet.
\end{minipage}\dotfill
\begin{minipage}[b]{4cm}
Dieser Bereich ist an der unteren Zeile ausgerichtet.
\end{minipage}\dotfill
\begin{minipage}[c]{3cm}
Dieser Bereich ist vertikal zentriert.
\end{minipage}
```

Das Beispiel 5.7 zeigt drei nebeneinander stehende Teilbereiche, die die Ausrichtungen *top, bottom* bzw. *center* aufweisen. Zwischen den Teilbereichen wurden zur Verdeutlichung punktierte Linien eingefügt.

Für die Darstellung der meisten Beispiele in diesem Buch kam ein Konstrukt aus drei nebeneinander angeordneten *minipage*-Umgebungen zum Einsatz. Die linke Spalte enthält die Druckausgabe, die mittlere Spalte die vertikale Linie und die rechte Spalte die LaTeX-Eingabe.

Die *minipage*-Umgebung kann auch mit erweiterter Syntax verwendet werden:

```
\begin{minipage}[Aussen][Höhe][Innen]{Breite}
   Text
\end{minipage}
```

wobei *Höhe* die Höhe (Zahl mit Dimensionsangabe) des Textbereichs angibt und *Innen* die vertikale Anordnung des Textes innerhalb des Textbereichs beschreibt: t für *top*; c für *center* oder b für *bottom*, s für *spread*.

Analog zur *minipage*-Umgebung gibt es auch den ähnlich wirkenden LaTeX-Befehl:

```
\parbox[Aussen][Höhe][Innen]{Breite}{Text}
```

Allerdings steht hier der Text im obligatorischen Argument des Befehls! Für umfangreichere Textpassagen ist der Befehl eher ungeeignet (Gefahr der *verlorenen* schließenden Klammer).

5.4 Nummerierte Textpassagen (Theoreme)

In wissenschaftlichen Texten finden sich häufig Textpassagen, die ein einheitliches Erscheinungsbild und eine fortlaufende Nummerierung erhalten sollen. Sie zeichnen sich meist durch ein in fetter Schrift hervorgehobenes Schlüsselwort aus, dem die zugehörige Testpassage in kursiver Schrift folgt. Für solche Anforderungen bietet LaTeX die Möglichkeit, eine selbst definierte Umgebung aufzubauen.

Im ersten Schritt muss eine neue Umgebung definiert werden:

\newtheorem{*Name*}[*Zähler*]{*Schlüsselwort*}[*Gliederung*]

wobei für den obligatorischen Parameter *Name* ein geeigneter Umgebungsname einzusetzen ist. Bei der Wahl des Namens ist zu beachten, dass keine Konflikte mit bereits existierenden Befehls- oder Umgebungnamen auftreten!

Der zweite obligatorische Parameter *Schlüsselwort* gibt den hervorzuhebenden Text an. Die beiden optionalen Parameter dienen der fortgeschrittenen Nutzung: *Zähler* – mehrere Umgebung benutzen einen gemeinsamen Zähler; *Gliederung* – die Nummerierung erfolgt mittels vorangestellter Kapitel- (chapter) bzw. Abschnittsnummer (section). Die weiterführende Literatur, z. B. [5], gibt hierüber Auskunft.

Im zweiten Schritt kann die so definierte Umgebung dann im Dokument wie folgt verwendet werden:

\begin{*Name*}
    Textpassage
\end{*Name*}

Wobei für *Name* der entsprechend definierte Umgebungsname eingesetzt werden muss. Das Beispiel 5.8 zeigt die Anwendung des \newtheorem-Befehls zum Aufbau der Umgebung *satz* mit dem Schlüsselwort »Satz« sowie die Nutzung dieser Umgebung.

Auf die Nummerierung der Textpassage kann mit dem bekannten Mechanismus (\label und \ref bzw. \pageref; siehe auch Kapitel 4.3) zurückgegriffen werden.

Der \newtheorem-Befehl darf mehrfach benutzt werden, um unterschiedliche Umgebungen zu definieren.

Weitergehende Nutzung und mehr Gestaltungsmöglichkeiten bietet das Zusatzpaket *theorem*. Eine Beschreibung dazu findet sich in [11]. Hinweise zur Nutzung können auch der im Paket enthaltenen Dokumentation entnommen werden.

> **Beispiel 5.8: Nummerierte Textpassagen**

… vorhergehender Text
 	
Satz 1 *In jedem rechtwinkligen Dreieck ist die Summe der Quadrate über den Katheten flächengleich mit dem Quadrat über der Hypothenuse.*
 	
Weitere Textpassagen …
 	
Satz 2 *In jedem rechtwinkligen Dreieck ist das Quadrat über der Hypothenuse flächengleich mit der Summe der Quadrate über den Katheten.*
 	
Der Satz 2 ist eine andere Formulierung des Satzes 1.
	`\newtheorem{satz}{Satz}`
	`\dots~vorhergehender Text`
	`\begin{satz}\label{Pyth}`
	`In jedem rechtwinkligen Dreieck`
	`...`
	`Hypothenuse.`
	`\end{satz}`
	`Weitere Textpassagen \dots`
	`\begin{satz}\label{Alt}`
	`In jedem rechtwinkligen Dreieck`
	`ist das Quadrat`
	`...`
	`"uber den Katheten.`
	`\end{satz}`
	`Der Satz \ref{Alt} ist eine`
	`andere Formulierung des`
	`Satzes \ref{Pyth}.`

5.5 Die *verbatim*-Umgebung

Oft müssen Daten oder Programmbeispiele spaltengenau wiedergegeben werden. Dazu ist die Verwendung eines *monospaced*-Zeichensatzes, bei dem alle Zeichen gleich breit sind, erforderlich. Dies hat den Vorteil, dass Einrückungen, die durch Leerzeichen hervorgerufen werden, korrekt wiedergegeben werden. Oft müssen auch solche Zeichen dargestellt werden können, die in LaTeX eine Sonderbedeutung haben (z. B. \, { }, #, $). All diese Anforderungen werden durch die *verbatim*-Umgebung erfüllt:

```
\begin{verbatim}
    Unverändert auszugebender Text
\end{verbatim}
```

Das Beispiel 5.9 zeigt die Auflistung eines C-Programms mit den typischen Sonderzeichen in Programmiersprachen.

Der Inhalt der *verbatim*-Umgebung wird in einem eigenen Absatz dargestellt. Ein automatischer Zeilenumbruch findet innerhalb der Umgebung **nicht** statt, d. h., die Zeilen werden so ausgegeben, wie sie in der Eingabe stehen. Falls die auszugebenden Zeilen zu lang sind, werden diese über den rechten Rand hinausgehend ausgegeben. Dabei erfolgt eine Fehlermeldung

> **F** Overfull \hbox (…pt too wide) in alignment at lines …–…

mit den entsprechenden Angaben für die Überschreitung der Zeilenbreite und der Zeilennummern im Eingabetext, die hier durch … angedeutet wurden.

Beispiel 5.9: Auflistung eines C-Programms in der *verbatim*-Umgebung

... Vorhergehende Textteile
 	
/* Kubische Zahlen */
main()
{
   int i,i3;
   for(i=-5; i<=10; i++) {
     i3=i*i*i;
     printf ("%d & ", i);
     printf ("%d", i3);
     printf ("\\\\ \n");
   }
}
Nachfolgende Textteile ...
	\dots~Vorhergehende Textteile
	\begin{verbatim}
	/* Kubische Zahlen */
	main()
	{
	   int i,i3;
	   for(i=-5; i<=10; i++) {
	     i3=i*i*i;
	     printf ("%d & ", i);
	     printf ("%d", i3);
	     printf ("\\\\ \n");
	   }
	}
	\end{verbatim}
	Nachfolgende Textteile \dots

> Die zur *verbatim*-Umgebung existierende Variante *verbatim*∗ unterscheidet sich von dieser nur insofern, dass Leerzeichen durch ein besonderes Zeichen (»␣«) ersetzt werden.

Für kurze Textpassagen, die spaltengenau wiedergegeben werden müssen, können Sie auch den \verb-Befehl aus Kapitel 3.6 verwenden.

5.6 Die *abstract*-Umgebung (Zusammenfassung)

In den meisten wissenschaftlichen Dokumenten befindet sich am Anfang eine kurze Inhaltsangabe (Zusammenfassung, Abstract). Oft wird diese auch in einer anderen Sprache (z. B. in Englisch) verfasst.

Die Zusammenfassung sollte sich deutlich vom eigentlichen Dokumententext absetzen. LaTeX stellt dafür eine eigene Umgebung bereit:

```
\begin{abstract}
   Text der Zusammenfassung
\end{abstract}
```

Je nach benutzter Dokumentenklasse (nur in den Klassen *article* und *report* ist die Umgebung definiert) unterscheidet sich die Hervorhebung der Zusammenfassung.

Beispiel 5.10: Zusammenfassung für einen Artikel

... letzte Zeilen vor der Zusammenfassung
 	
Zusammenfassung
Dies ist eine kurze Inhaltsangabe des Dokuments.
Oft wird auch eine englischsprachige Version benötigt.
 	
Textzeilen nach der Zusammenfassung
	`\dots~letzte Zeilen vor der Zusammenfassung`
	`\begin{abstract}`
	`Dies ist eine kurze Inhaltsangabe des Dokuments.`
	
	`Oft wird auch eine englischsprachige Version ben"otigt.`
	`\end{abstract}`
	`Textzeilen nach der Zusammenfassung`

In der Dokumentenklasse *article* wird der Text der Zusammenfassung eingerückt und in einer kleineren Schrift dargestellt; automatisch stellt LaTeX die Überschrift „Zusammenfassung" dem Text voran. Die erste Zeile eines jeden Absatzes wird eingezogen. Zwischen den Absätzen wird kein zusätzlicher Leerraum eingefügt.

Beispiel 5.10 zeigt die Anwendung der *abstract*-Umgebung in der Dokumentenklasse *article*.

In der Dokumentenklasse *report* wird die Zusammenfassung mit der Überschrift auf einer separaten Seite ohne beidseitige Einrückung vertikal zentriert ausgegeben. Es kommt die gleiche Schriftgröße wie im Dokument zum Einsatz. Die erste Zeile des ersten Absatzes der Zusammenfassung wird nicht eingezogen, in allen folgenden Absätzen wird dagegen die erste Zeile eingezogen.

Soll die Zusammenfassung auch in einer anderen Sprache ausgegeben werden, so kann der übersetzte Text in einer zweiten *abstract*-Umgebung eingeschlossen werden. Damit die Silbentrennung korrekt erfolgt, ist vorher der entsprechende Trennalgorithmus (`\selectlanguage{english}` für Englisch) zu aktivieren. Dabei wird gleichzeitig auch die Überschrift in der gewählten Sprache ausgegeben (»Abstract«). Nach dem fremdsprachigen Teil darf nicht vergessen werden, wieder auf den deutschen Trennalgorithmus zurückzuschalten (`\selectlanguage{ngerman}`)!

5.7 Die *appendix*-Umgebung (Anhang)

Neben dem `\appendix`-Befehl zur Erzeugung eines Anhangs (siehe Kapitel 4.2) kann auch die *appendix*-Umgebung benutzt werden:

```
\begin{appendix}
    Einträge für den Anhang
\end{appendix}
```

> Die Umgebung hat die gleichen Auswirkungen wie der \appendix-Befehl, z. B. Nummerierung der Hauptgliederungsstufe mit großen Buchstaben. Da die mehrfache Anwendung dieser Umgebung in einem Dokument **nicht** korrekt funktioniert, sollte besser der \appendix-Befehl eingesetzt werden!

5.8 Übung

Setzen Sie bitte das nachfolgend angegebene Dokument. Dazu verwenden Sie „zwei Spalten", wobei die linke Spalte 5,5 cm und die rechte 6,0 cm breit ist. Zwischen diesen – an der oberen Zeile ausgerichteten – Spalten befindet sich ein dehnbarer horizontaler Leerraum.

Die linke Spalte enthält eine Spiegelstrichliste. In der rechten Spalte vermerken Sie die wichtigen Befehle, die Sie für den zweispaltigen Satz und die Liste benutzt haben.

Verwenden Sie geeignete Umgebungen und Befehle, um das Dokument in dieser Form zu erstellen!

Zum Schluss verändern Sie Ihre Eingabe so, dass statt der Spiegelstrichliste eine Aufzählung verwendet wird. Beobachten Sie dabei die Veränderungen in der Ausgabe.

---

1 Umgebungen

Ein LaTeX-Dokument besteht aus

- Präambel, mit den Befehlen
    - \documentclass, für die Dokumentenklasse;
    - \usepackage, für Zusatzpakete;
    - mit globaler Wirkung;
- \begin{document}, als Startmarke für den Textkörper, die Strukturierung erfolgt mit:
    - \chapter für ein Kapitel (nur book und report);
    - \section für einen Abschnitt;

    ...

- \end{document}, als Endmarke für den Textkörper.

Hinter dem \end{document}-Befehl stehende Eingaben ignoriert LaTeX!

Ihren Eingabetext dazu stellen Sie bitte in dieser Spalte dar (bitte ergänzen):

```
\documentclass[a4paper]{article}
\usepackage{ngerman}
\begin{document}
...
\end{document}
```

5.9 Zusammenfassung

In diesem Kapitel haben Sie gelernt:

✓ Absätze durch Einrückungen oder besondere Formatierungen hervorzuheben;
✓ Absätze nicht nur im Blocksatz zu setzen;
✓ Spiegelstrichlisten, Aufzählungen und beschreibende Listen zu erstellen;
✓ Mehrspaltensatz auf einer Seite einzurichten und zu nutzen;
✓ eigene, nummerierte Umgebungen (Theoreme) zu erstellen;
✓ Texte mit Sonderzeichen spaltengerecht auszugeben;
✓ eine Zusammenfassung für ein Dokument zu formatieren;
✓ einen Anhang in einer Umgebung zu setzen.

Kapitel 6

Schriftarten und -größen

Ein wichtiges Kriterium für die Lesbarkeit eines Textes ist die Darstellung der Buchstaben. Wenn die Art der Buchstaben, die Zeilenabstände und die Länge der Zeilen nicht miteinander harmonieren, kann der – noch so interessante – Text oft schwer lesbar erscheinen. Donald E. Knuth hat neben dem Satzsystem TeX gleich auch die erforderlichen Schriften (Fonts) entworfen. Großen Wert legte er insbesondere auf gut gestaltete Zeichensätze mit mathematischen Sonderzeichen. Diese Zeichensätze gehören zur Grundausstattung einer LaTeX-Implementation und werden als Basisschriften in LaTeX benutzt.

Mit der Verbreitung der Personalcomputer setzte auch die Entwicklung anderer, für den Computereinsatz bestimmter Zeichensätze ein. Geschaffen wurden unter anderem die verschiedensten *PostScript*- und die *TrueType*-Schriften. Beide Schriftarten sind für Fließtexte entwickelt worden, entsprechend fehlen die mathematischen Sonderzeichen. Die *PostScript*-Schriften können von LaTeX nur mit Hilfe besonderer Zusatzpakete (siehe Kapitel 6.2) auf PostScript-fähigen Druckern genutzt werden. Die *TrueType*-Fonts lassen sich erst nach einer speziellen Aufbereitung (siehe Kapitel 6.3) in LaTeX-Dokumenten einsetzen.

In diesem Kapitel lernen Sie:

→ die Standardzeichensätze von LaTeX zu nutzen;
→ LaTeX-Befehle und -Umgebungen für Texthervorhebungen anzuwenden;
→ unterschiedlich große Schriften auszuwählen;
→ wichtige Zuatzpakete für *PostScript*-Schriften einzusetzen.

6.1 LaTeX-Zeichensätze

In den von Donald E. Knuth entworfenen Schriften stimmen die Proportionen der Buchstaben und Zeichen untereinander und die verschiedenen Zeichensätze harmonieren miteinander. Die von den so genannten *Computer Modern*-Zeichensätzen (*cm*-Fonts) abgeleiteten Zeichensätze für mathematische Ausdrücke gehören ebenfalls mit zum Lieferumfang einer TeX/LaTeX-Implementation.

Mit der Verbreitung von TeX/LaTeX wurden die *cm*-Zeichensätze um zusätzliche international benötigte Zeichen ergänzt (z. B. deutsche Umlautzeichen) und für jedes Zeichen wurde eine eindeutige Position im Zeichensatz definiert. Diese Zeichensätze firmieren heute unter dem Namen *ec*-Fonts (siehe auch [7]).

6.1.1 Auswahl der Schriftparameter bei Standardschriften

LaTeX setzt Fließtext in einer aufrechten Schrift mit Serifen (*Computer Modern Roman*, cmr). Hervorgehobene Texte (z. B. Überschriften) werden automatisch in der richtigen Schriftgröße und Schriftform gesetzt. Sie als LaTeX-Nutzer müssen sich nur in einigen wenigen Fällen um die Formatierung von Texthervorhebungen kümmern. Dazu stellt Ihnen LaTeX eine Reihe von Befehlen zur Verfügung, mit denen Sie verschiedene Schriftparameter ändern können.

Eine Schrift wird durch die folgenden drei Parameter beschrieben:

1. Schriftfamilie (*family*)
   (a) Serifenschriften (*roman*): proportionale Schriften mit kleinen *Hilfslinien* an jedem Buchstaben auf Höhe der Schriftlinie (Serifen);
   (b) serifenlose Schriften (*sans serif*): proportionale Schrift ohne *Hilfslinien* auf der Schriftlinie;
   (c) `Typewriter Schriften` (`teletype`): `Alle Zeichen haben die gleiche Breite (diktengleich)`;
2. Schriftstärke (*series*)
   (a) normale Schriftstärke (*medium*);
   (b) **fette bzw. halbfette Schriften** (*boldface*);
3. Schriftform (*shape*)
   (a) aufrechte Schriften (*up*);
   (b) *geneigte Schriften, aufrechte Schrift geneigt* (*slanted*);
   (c) *kursive Schriften, ein eigener Schriftstil* (*italic*);
   (d) Kapitälchen Schriften, Kleinbuchstaben werden wie Grossbuchstaben mit kleinerer Schriftgrösse gesetzt (*small caps*).

Je nachdem, ob nur ein kurzer Textbereich oder eine längere Textpassage mit einer der oben genannten Schriftauszeichnungen versehen werden soll, kommen unterschiedliche LaTeX-Befehle zur Anwendung.

> Die Befehle für die Angabe der verschiedenen Schriftparameter für Schriftfamilie, -stärke und -form können miteinander kombiniert werden. Zu beachten ist dabei, dass nicht für alle möglichen Kombinationen auch passende Zeichensätze in LaTeX existieren!

Überschaubare Textbereiche
Für kurze Textbereiche kommen Befehle zum Einsatz, in denen der hervorzuhebende Text als Argument angegeben wird. Die Tabelle 6.1 fasst die zur Verfügung stehenden Befehle zusammen.

Bitte denken Sie daran, dass in der Schriftform Kapitälchen das Zeichen »ß« nicht verfügbar ist und durch »ss« ersetzt werden muss!

LaTeX-Befehl	Wirkung
\textrm{Schrift mit Serifen}	Schrift mit Serifen
\textbf{fette Schrift}	**fette Schrift**
\textsf{serifenlose Schrift}	serifenlose Schrift
\textit{kursive Schrift}	*kursive Schrift*
\textsl{geneigte Schrift}	*geneigte Schrift*
\texttt{Typewriter}	Typewriter
\textsc{Kapitälchen}	KAPITÄLCHEN

Tabelle 6.1: Schriftauswahlbefehle in LaTeX

Die Schriftumschaltbefehle können auch ineinander verschachtelt werden, wobei zu beachten ist, dass für die so entstehenden Kombinationen auch passende Schriften verfügbar sind. Das Beispiel 6.1 zeigt die Hervorhebung von Textbereichen mit den oben genannten Befehlen, wobei für den Fall der serifenlosen, geneigten Schrift von der Schachtelung der Befehle Gebrauch gemacht wird.

Beispiel 6.1: Texthervorhebungen mit den Schriftauswahlbefehlen

Text in normaler, **fetter**, *kursiver* und *geneigter* Schrift. Nun folgt noch Text in serifenloser und *geneigter Schrift* gesetzt. Hier sind KAPITÄLCHEN zu sehen.

```
Text in normaler,
\textbf{fetter},
\textit{kursiver} und
\textsl{geneigter} Schrift. Nun
folgt noch Text in
\textsf{serifenloser und
\textsl{geneigter Schrift}}
gesetzt. Hier sind
\textsc{Kapit"alchen} zu sehen.
```

Längere Textpassagen. Für längere und damit unübersichtlichere Textpassagen kommen entsprechende Umschaltbefehle zum Einsatz. Die Tabelle 6.2 stellt die zur Verfügung stehenden Befehle dafür zusammen. Der Wirkungsbereich kann auch durch Nutzung einer Gruppenklammer (siehe Kapitel 2.4) eingeschränkt werden. Die erforderlichen Befehle stehen dann **innerhalb** der Gruppenklammer.

Im Beispiel 6.2 wird gezeigt, wie die Hervorhebungen aus dem vorherigen Beispiel durch die Anwendung der Umschaltbefehle erzielt werden können.

Schriftfamilie		Schriftstärke		Schriftform	
\rmfamily	Roman	\mdseries	Normal	\upshape	Aufrecht
\ttfamily	Typewriter	\bfseries	Fett	\itshape	Kursiv
\sffamily	Serifenlos			\slshape	Geneigt
				\scshape	Kapitälchen

Tabelle 6.2: Schriftumschaltbefehle in LaTeX

> **Beispiel 6.2: Texthervorhebungen
> mit den Schriftumschaltbefehlen**
>
> | | |
> |---|---|
> | Text in normaler, **fetter**, *kursiver* und *geneigter* Schrift. Nun folgt noch Text in serifenloser und *geneigter Schrift* gesetzt. Hier sind Kapitälchen zu sehen. | `Text in normaler, {\bfseries fetter}, {\itshape kursiver} und {\slshape geneigter} Schrift. Nun folgt noch Text in \sffamily serifenloser und \slshape geneigter Schrift \rmfamily\upshape gesetzt. Hier sind {\scshape Kapit"alchen} zu sehen.` |

6.1.2 Auswahl der Schriftgröße

Fließtexte werden von LaTeX in der Basisschriftgröße des Dokuments gesetzt. Für die Überschriften passt LaTeX automatisch die Schriftgröße und -stärke an. Als Autor haben Sie nur in Ausnahmefällen Bedarf, die Schriftgröße selbst zu beeinflussen. Dafür stellt LaTeX die in Tabelle 6.3 angegebenen Befehle zur Verfügung. Sie erzeugen keine kontinuierlich einstellbaren, sondern diskrete, aufeinander abgestimmte Schriftgrößen. In der Tabelle sind die durch die Befehle erzeugten Schriftgrößen (abhängig von der Basisschriftgröße) angegeben.

Diese Befehle wirken als Umschaltbefehle. Wenn Sie deren Wirkungsbereich einschränken wollen, müssen Sie die Befehle innerhalb von Gruppenklammern (siehe Kapitel 2.4) verwenden.

Wird die Schriftgröße für einen ganzen Absatz geändert, so wird innerhalb dieses Absatzes automatisch auch der Zeilenabstand angepasst. Wird dagegen nur ein Wort in einer größeren Schrift ausgegeben, so wird nur in der betroffenen Zeile entsprechender Leerraum bereitgestellt. Dadurch kann das Schriftbild stark aufgerissen wirken.

Beispiel 6.3 zeigt die Nutzung der Befehle für die Schriftgrößenänderung.

LaTeX-Befehl	Basisschriftgröße			LaTeX-Befehl	Basisschriftgröße		
	10pt	11pt	12pt		10pt	11pt	12pt
`\tiny`	5pt	6pt	6pt	`\large`	12pt	12pt	14pt
`\scriptsize`	7pt	8pt	8pt	`\Large`	14pt	14pt	17pt
`\footnotesize`	8pt	9pt	10pt	`\LARGE`	17pt	17pt	20pt
`\small`	9pt	10pt	11pt	`\huge`	20pt	20pt	25pt
`\normalsize`	10pt	11pt	12pt	`\Huge`	25pt	25pt	25pt

Tabelle 6.3: Schriftgrößenbefehle und benutzte Schriftgrößen

> **Beispiel 6.3: Änderung der Schriftgröße**
>
> | | |
> |---|---|
> | Text in normaler, kleiner, Fußnotengröße und sehr kleiner Schrift. Es folgt noch Text in normaler, größerer und sehr großer Schrift. Dieser Text ist wieder in normaler Schrift gesetzt. | `Text in normaler, {\small kleiner}, {\footnotesize Fu"snotengr"o"se und} {\tiny sehr kleiner} Schrift. Es folgt noch Text in normaler, \Large gr"o"serer und \huge sehr gro"ser Schrift. \normalsize Dieser Text ist wieder in normaler Schrift gesetzt.` |

6.1.3 LaTeX-Sonderschriften

Neben den *Computer Modern*-Schriften hat Donald E. Knuth auch einige Sonder- bzw. Zierschriften entwickelt. Diese eignen sich nicht für längere Fließtexte, sondern nur für kurze Hervorhebungen oder für Texte zu besonderen Anlässen.

> **Beispiel 6.4: Auswahl einer Zierschrift mit LaTeX-Befehlen**
>
> | | |
> |---|---|
> | Dieser Text wurde in der Schriftart Dunhill gesetzt. Die Schriftgröße wurde auf 10 pt und der Zeilenabstand auf 14 pt gesetzt. | `\fontsize{10pt}{14pt}`
`\usefont{OT1}{cmdh}{m}{n}`
`Dieser Text wurde in der Schriftart Dunhill gesetzt. Die Schriftgr"o"se wurde auf 10\,pt und der Zeilenabstand auf 14\,pt gesetzt.` |

Für die Nutzung dieser Schriften existieren keine vorgefertigten LaTeX-Befehle, sondern Sie selbst müssen diese LaTeX bekannt machen. Dazu sind folgende zwei Schritte notwendig: Festlegung der Schriftgröße und des Zeilenabstands sowie Auswahl und Aktivierung des Zeichensatzes für den nachfolgenden Text. Beispiel 6.4 zeigt die Nutzung des LaTeX-Zeichensatzes *dunhill* aus der *Computer Modern*-Zeichensatzfamilie in der Schriftgröße 10 pt. Die dazu erforderlichen Kommandos finden Sie im Quelltext des Beispiels. Die weiterführende Literatur [5, 6, 7, 11] beschreibt ausführlich die Vorgehensweise, wie es im Rahmen dieses Buches nicht möglich ist.

6.2 PostScript-Zeichensätze

Für die weiter verbreiteten *PostScript*-Zeichensätze, wie zum Beispiel *Times*, *Helvetica*, *Palatino*, wurden Zusatzpakete entwickelt, um diese Schriften im Fließtext nutzen zu können. Beispiele für einige Schriftfamilien können Sie der Abbildung 6.1 entnehmen.

> Times: aufrecht **fett** *kursiv*
> Palatino: aufrecht **fett** *kursiv*
> Helvetica: aufrecht **fett** *geneigt*
> `Courier: aufrecht` **`fett`** *`geneigt`*

Abbildung 6.1: Einige wichtige PostScript-Schriften

Für den Formelsatz werden bei den meisten Zusatzpaketen weiterhin die *Computer Modern*-Fonts benutzt, da nur darin die erforderlichen mathematischen Sonderzeichen enthalten sind. Dies fällt bei Formeln im Fließtext oftmals deutlich auf, da beide Zeichensatzwelten dann direkt aufeinander treffen. In abgesetzten Formeln sind diese Effekte meist nicht so deutlich zu erkennen.

Zur Nutzung der *PostScript*-Schriften in einem Dokument ist im Allgemeinen nur die Einbindung des entsprechenden Pakets in der Präambel erforderlich. Die Tabelle 6.4 stellt wichtige Pakete aus dem *psnfss*-Zusatzpaket mit den benutzten *PostScript*-Schriften vor.

Zusatzpaket	Serifen	Serifenlos	Typewriter	Formeln
`mathptmx`	Times	—	—	Times
`mathpazo`	Palatino	—	—	Palatino
`helvet`	—	Helvetica	—	—
`avant`	—	Avant Garde	—	—
`courier`	—	—	Courier	—
`bookman`	Bookman	Avant Garde	Courier	—

Tabelle 6.4: PostScript-Schriften aus dem psnfss-Zusatzpaket

Die *PostScript*-Schriften umfassen meist nur eine Schriftart (z. B. nur Serifenschriften) in den verschiedenen Schriftformen und Schriftstärken. Für andere Schriftfamilien werden von den Zusatzpaketen meist keine anderen *PostScript*-Schriften eingesetzt, da es eine Vielzahl verschiedener Schriftarten gibt. Sie entscheiden selbst, welche Schriftfamilien Sie verwenden wollen und laden selbst die zugehörigen Pakete. Denken Sie daran, dass die Schriften miteinander harmonieren sollten.

> ! Die Schrifthöhe der *PostScript*-Schriften ist nicht genormt, so kann es bei gleichzeitiger Verwendung verschiedener Schriften zu unterschiedlich hohen Zeichen kommen.

Abbildung 6.2 zeigt Text in verschiedenen Schriftstärken und -formen sowie eine mathematische Formel. Benutzt wurden die LaTeX-Voreinstellungen für das linke Beispiel in der *Computer Modern*-Schrift und das Zusatzpaket *mathptmx* für das mittlere Beispiel in der *Times*-Schrift bzw. *mathpazo* für das rechte Beispiel in der *Palatino*-Schrift.

cm-Fonts	**mathptmx.sty**	**mathpazo.sty**
Normal: cmr	Normal: Times-Roman	Normal: Palatino-Roman
fett: cmbx	**fett: Times-Bold**	**fett: Palatino-Bold**
Kursiv: cmti	*Kursiv: Times-Italic*	*Kursiv: Palatino-Italic*
Formeln: $c^2 = a^2 + b^2$	Formeln: $c^2 = a^2 + b^2$	Formeln: $c^2 = a^2 + b^2$

Abbildung 6.2: Einige PostScript-Schriften im Vergleich mit Computer Modern

Die Abbildung zeigt die unterschiedliche Gestaltung der Buchstaben in den verschiedenen Schriftstärken und -formen sowie die unterschiedliche Breite der Zeichen (Laufweite der Schrift).

Der mathematische Formelsatz erfolgt beim linken Beispiel mit den Mathematik-Zeichensätzen der *Computer Modern*-Schrift. Bei den gezeigten *PostScript*-Schriften wird jeweils die Kursivschrift für den Formelsatz benutzt.

Die Fließtexte in diesem Buch wurden übrigens in der *Palatino*-Schrift gesetzt. Nur für die Beispiele kamen die *Computer Modern*-Schriften zum Einsatz.

6.3 TrueType-Zeichensätze

Aufwändiger gestaltet sich die Verwendung von *TrueType*-Zeichensätzen in LaTeX-Dokumenten. Bekannte *TrueType*-Zeichensätze sind *Times New Roman*, *Arial* und *Courier New*, die auf Windows-Rechnern häufig benutzt werden.

Bevor diese Zeichensätze in LaTeX verwendet werden können, müssen sie entsprechend aufbereitet werden. Die Beschreibung des recht komplizierten Weges würde den Rahmen dieses Buches sprengen; deshalb sei hier nur auf die weiterführende Literatur [11] verwiesen.

6.4 Übung

Bitte setzen Sie das nachfolgende kurze Beispiel. Benutzen Sie für den ersten Absatz die Schriftauswahlbefehle, für den zweiten Absatz die Schriftumschaltbefehle! Achten Sie darauf, dass der klein gedruckte Text mit dem korrekten Zeilenabstand gesetzt wird (eigener Absatz)!

1 Schriftarten und -größen

Umfangreichere Texte sollten Sie in einer Serifenschrift setzen. Dieser Text wurde in der LaTeX-Standardschrift gesetzt (cmr). Hervorhebungen in einem Text können Sie durch *geneigte Schriften* oder durch *kursive Schriften* vornehmen. *Kursive* Schriften sind durch ihre andere Gestaltung meist etwas auffälliger als die *geneigten* Schriften. **Fette Schriften** betonen dagegen sehr stark.

KAPITÄLCHEN werden gerne für Autoren- oder Programmnamen benutzt. Serifenlose Schriften sind für Überschriften und plakative Texte gut geeignet. Auch diese können Sie in der Schriftstärke **fett** und in der Schriftform *geneigt* benutzen. Die kursive Schriftform existiert oft nicht.

Setzen Sie Ihre Texte in einer geeigneten Schriftgröße. Für ein Buch sind 10 pt angemessen. Briefe und kürzere Dokumente können Sie auch in 12 pt setzen. Wenn Sie ein Dokument im Nachhinein verkleinern müssen (z.B. von DIN-A4 auf DIN-A5), wählen Sie dann auch für das Buch 12 pt als Basisschriftgröße aus.

Bitte schreiben Sie Ihre Texte in einer gut lesbaren Schriftgröße, damit das Lesen des Textes das Auge nicht zu sehr ermüdet.

6.5 Zusammenfassung

In diesem Kapitel haben Sie an Hand von Beispielen verschiedene Hervorhebungsarten kennen gelernt. Zu nennen ist hier die Auszeichnung von Textpassagen durch eine andere Schriftstärke oder -form. Darüber hinaus kann Text auch durch eine größere Schrift hervorgehoben oder mit einer kleineren Schrift in den Hintergrund gesetzt werden.

In diesem Kapitel haben Sie gelernt:

✓ kürzere Textstellen hervorzuheben;
✓ umfangreichere Textpassagen auszuzeichnen;
✓ die Schriftgröße zu ändern;
✓ *PostScript*-Schriften zu nutzen.

Kapitel 7

Grundelemente des Formelsatzes

Wissenschaftliche Arbeiten mit vielen Formeln stellen hohe Ansprüche an das Textsystem, denn mathematische Ausdrücke und Formeln werden anders behandelt als der normale Fließtext. Ein Schwerpunkt bei der Entwicklung von TeX und LaTeX lag auf einem hochwertigen, den wissenschaftlichen und mathematischen Konventionen entsprechenden Formelsatz. Demzufolge bietet LaTeX standardmäßig viele Möglichkeiten, mathematische Formeln zu setzen.

Es mag zunächst verwundern, was LaTeX alles unter die Rubrik Formelsatz stellt. Hierzu gehören u. a.

→ Zahlen, Variablen, Operatoren;
→ mathematische Symbole;
→ Namen von Funktionen;
→ griechische Buchstaben;
→ das Hoch- und Tiefstellen von Zeichen und Texten;
→ komplette mathematische Formeln;
→ diverse Sonderzeichen.

Dabei werden Zahlen und Operatoren in einer aufrechten Schrift, Variablennamen meist in einer kursiven Schrift ohne Kerning gesetzt.

Wenn die LaTeX-Standardschrift ComputerModernRoman benutzt wird, steht ein umfangreicher Satz an Schriften zur Verfügung – auch für den Mathematik-Satz. Bei der Benutzung einer anderen Schriftfamilie kann es jedoch vorkommen, dass die mathematischen Symbole fehlen.

Ein wichtiges Zusatzpaket für den Formelsatz ist das von der American Mathematical Society (AMS) entwickelte Paket *amsmath*, das neben weiteren Operatoren und Symbolen auch zusätzliche Strukturelemente und Gestaltungsmöglichkeiten beinhaltet. Es empfiehlt sich, dieses Zusatzpaket standardmäßig mit einzubinden. Dazu muss es mittels \usepackage{amsmath} in der Präambel des LaTeX-Dokuments geladen werden.

Im Folgenden wird vorausgesetzt, dass das Zusatzpaket *amsmath* geladen ist, und nicht konsequent darauf hingewiesen, falls es benötigt wird.

Weitere Extras können durch sonstige Zusatzpakete verfügbar gemacht werden, Tabelle 7.1 zeigt eine Auswahl.

Die Pakete müssen in der Präambel des LaTeX-Dokuments eingebunden werden (\usepackage{amsmath}; siehe Kapitel 2.2.3). In der Regel sind in der jeweiligen Paketdokumentation die vom Paket zur Verfügung gestellten Befehle und deren

Name	Funktion
amsbsy*	Fette Schriften (\boldsymbol und \pmb)
amscd	Erzeugung kommutativer Diagramme
amsfonts*	Fonts für zusätzliche Symbole
amssymb	Namensdefinition zusätzlicher Symbole
amstext*	Text im Mathe-Modus (\text)
amsthm	Weitere Theoremumgebungen
amsxtra	Weitere, selten benutzte Funktionalitäten

* im Zusatzpaket *amsmath* enthalten

Tabelle 7.1: Wichtige Zusatzpakete für den Formelsatz

Wirkungsweise erklärt und mit Beispielen verdeutlicht. Eventuelle *Paketoptionen* werden dort ebenfalls erläutert.

7.1 Formelsatz in LaTeX

In wissenschaftlichen Arbeiten, meist aus den Natur- oder Ingenieurwissenschaften, können mathematische Formeln und Ausdrücke vorkommen, die im Fließtext eingebettet sind. Diese werden im Formelsatz anders gehandhabt als mathematische Formeln und Gleichungen, die auf Grund ihrer Größe, Komplexität oder Bedeutung hervorgehoben dargestellt werden.

7.1.1 Formeln im Fließtext

Beim Formelsatz muss man beachten, dass es einige Unterschiede zum Textsatz gibt: Alles, was für LaTeX unter die Rubrik Mathematik fällt, wird im so genannten Mathe-Modus gesetzt. Hier gelten die Regeln des mathematischen Textsatzes, die sich teilweise von denen des Fließtextes stark unterscheiden. So sind beispielsweise die Größe der mathematischen Zeichen und ihre Ausrichtung zueinander festgelegt. Man kann sich darauf verlassen, dass LaTeX diese Vorgaben korrekt umsetzt. Außerdem werden im Mathe-Modus alle Abstände nach der Logik der mathematischen Ausdrücke festgelegt. Leerstellen und Zeilenwechsel haben keine Auswirkungen, auch der automatische Zeilenumbruch steht nur bedingt zur Verfügung.

Beispiel 7.1: Mathematische Abstände

Es gelte für alle
$x \leq 0 x^2 \geq 0$
Oder deutlicher
$x \leq 0 \quad x^2 \geq 0$

```
Es gelte f"ur alle \\
\( x \leq 0     x^{2} \geq 0 \) \\
Oder deutlicher \\
\( x \leq 0 \quad x^{2} \geq 0 \)
```

Sollte, wie in Beispiel 7.1, zusätzlicher Leerraum notwendig sein, kann dieser durch spezielle Befehle, wie in 3.7.1 beschrieben, eingefügt werden:

\\, oder \\quad oder \\qquad   für positive Abstände

\\!   für negative Abstände

Damit LaTeX Formelsatz und umgebenden Text voneinander unterscheiden kann, werden Umschaltbefehle benötigt. Im Fließtext werden mathematische Ausdrücke und Formeln deshalb von speziellen Klammerungen eingeschlossen. Dafür stehen folgende Möglichkeiten zur Verfügung, die in den Beispielen 7.2 und 7.3 veranschaulicht werden:

\\(*mathematischer Ausdruck* \\)

$ *mathematischer Ausdruck* $

\\begin{math} *mathematischer Ausdruck* \\end{math}

> ! Das Zeichen »$« wird hier nur der Vollständigkeit halber erwähnt. Bei kurzen mathematischen Einschüben im Fließtext wie in Beispiel 7.2 mag es vertretbar sein. Außerdem ist es immer noch in den Köpfen und Texten vieler LaTeX-Anwender vorhanden. Jedoch erschwert es die Fehlersuche und die mit Syntaxhervorhebung arbeitenden Editoren bieten bei den anderen Varianten bessere Unterstützung.

Beispiel 7.2: Satz des Pythagoras

In jedem rechtwinkligen Dreieck $\triangle ABC$ ist das Quadrat über der Hypothenuse c flächengleich mit der Summe der Quadrate über den Katheten a und b. Es gilt: $a^2 + b^2 = c^2$.	`In jedem rechtwinkligen Dreieck \( \triangle ABC \) ist das Quadrat "uber der Hypothenuse $c$ fl"achengleich mit der Summe der Quadrate "uber den Katheten $a$ und $b$.\\ Es gilt: \( a^2+b^2=c^2 \).`

Diese Befehle dienen auch dazu, mathematische Symbole und Sonderzeichen im Fließtext zu benutzen.

Beispiel 7.3: Mathematische Symbole im Fließtext

TeX spricht man $\tau\epsilon\chi$ aus. 100 m² Nutzfläche Mit ♡lichen Grüßen Chemische Formel: H_2SO_4	`\TeX\ spricht man $\tau\epsilon\chi$ aus.\\ 100~m$^{2}$ Nutzfl"ache\\ Mit $\heartsuit$lichen Gr"u"sen\\ Chemische Formel: \( \mathrm{H_2SO_4} \)`

7.1.2 Hervorgehobene Formeln

Nicht immer empfiehlt es sich, Formeln in den Fließtext einzubetten. Häufig wird dadurch das Schriftbild stark aufgerissen und somit der Lesefluss behindert. Auch möchte man auf wichtige mathematische Ausdrücke, große Formeln und Gleichungen in der Regel durch Hervorhebung aufmerksam machen. Dazu werden sie üblicherweise in eigene Zeilen mit etwas mehr Abstand zum umgebenden Text gesetzt. Auch für längere Formeln, die sich über mehrere Zeilen erstrecken, oder solche, die große Operatoren benötigen, sollte diese Darstellungsart gewählt werden. In LaTeX benutzt man dafür den hervorgehobenen Mathe-Modus – den so genannten \displaystyle.

Beispiel 7.4: Höhensatz

In jedem rechtwinkligen Dreieck ist das Quadrat über der Höhe h

$$h^2 = p \cdot q$$

flächengleich dem Rechteck aus den beiden Hypothenusenabschnitten p und q.

```
In jedem rechtwinkligen Dreieck ist das Quadrat "uber der
H"ohe $h$
\begin{displaymath}
h^2 = p \cdot q
\end{displaymath}
fl"achengleich dem Rechteck aus den beiden
Hypothenusenabschnitten $p$ und $q$.
```

Wie im Beispiel 7.4 verdeutlicht, wird die Umschaltung in den hervorgehobenen Mathe-Modus wiederum duch eine spezielle Klammerung initiiert.

\[*hervorgehobene Formel* \]

$$ *hervorgehobene Formel* $$

\begin{displaymath} *hervorgehobene Formel* \end{displaymath}

! Die Zeichenfolge »$$« wird hier nur der Vollständigkeit halber erwähnt. Sie ist immer noch in den Köpfen und Texten vieler LaTeX-Anwender vorhanden. Jedoch erschwert sie die Fehlersuche und die mit Syntaxhervorhebung arbeitenden Editoren bieten bei den anderen Varianten bessere Unterstützung.

7.2 Mathematische Grundelemente

Wie die vorhergehenden Beispiele wunderbar verdeutlichen, setzen sich mathematische Formeln aus Zahlen, Operatoren, Variablen, Relationen u. a. m. zusammen. Diese Grundelemente, und wie daraus mathematische Ausdrücke und Formeln entstehen, werden Sie im Folgenden kennen lernen. Wie man Formeln mit einer Gleichungsnummer versehen und somit referenzieren kann, ist Thema in Kapitel 12.1.

7.2.1 Arithmetische Ausdrücke und Brüche

Arithmetische Operationen, wie die Grundrechenarten in Beispiel 7.5, können erwartungsgemäß direkt über die Tastatur eingegeben werden.

Beispiel 7.5: Grundrechenarten

$a+b$	$a-b$	$-a$
a/b	ab	$a \cdot b$
$\frac{1+2x}{x+xy+y}$	$\frac{3+2a-a^2}{4+b}$	
$a-b = \frac{a^2-b^2}{a+b}$		

```
\( a + b \qquad a - b \qquad -a \) \\
\( a/b \qquad ab \qquad a \cdot b \)
\\[2ex]
\( \frac{1+2x}{x+xy+y} \qquad
   \frac{3+2a-a^2}{4+b} \) \\[2ex]
\( a-b=\frac{a^2-b^2}{a+b} \)
```

Brüche mit dem Schrägstrich darzustellen, ist in der Mathematik eher unüblich, insbesondere, wenn Zähler und Nenner aus mehr als einer Ziffer bestehen. Meist wird wie in Beispiel 7.5 die Darstellung mit waagerechtem Bruchstrich gewählt. Dafür steht in LaTeX der \frac-Befehl zur Verfügung:

\frac{Zähler}{Nenner}   erzeugt einen Bruchstrich, dessen Länge an Zähler
    bzw. Nenner angepasst ist, der kürzere Teil wird dabei zentriert gesetzt.

Der Bruchstrich wird automatisch am umgebenden Text ausgerichtet. Er liegt immer in der Operatorebene, also auf gleicher Höhe wie das Minuszeichen.

Bei Mehrfachbrüchen, wo Zähler oder Nenner oder beide Brüche sind, wird automatisch eine kleinere Schriftgröße gewählt. Das beeinträchtigt unter Umständen deutlich die Lesbarkeit. Es existieren jedoch Befehle, die dieses verhindern.

Wie das Beispiel 7.6 zeigt, liefern der \displaystyle-Befehl von LaTeX und der \dfrac-Befehl des *amsmath*-Zusatzpakets das gleiche Ergebnis. Auch im hervorgehobenen Mathe-Modus wird diese Größe des Mehrfachbruchs erreicht, hier wird die Verkleinerung erst bei der nächsten Bruchschachtelung aktiv. Der Hauptbruchstrich wird immer am umgebenden Text ausgerichtet.

Beispiel 7.6: Mehrfachbrüche

$$\frac{\frac{a}{x-y}+\frac{b}{x+y}}{1+\frac{a-b}{a+b}}=1 \qquad \frac{\frac{a}{x-y}+\frac{b}{x+y}}{1+\frac{a-b}{a+b}}=1 \qquad \frac{\frac{a}{x-y}+\frac{b}{x+y}}{1+\frac{a-b}{a+b}}=1$$

```
\( \frac{\frac{a}{x-y}+\frac{b}{x+y}}{1+\frac{a-b}{a+b}}
   =1\)\qquad
\( \displaystyle
   \frac{\frac{a}{x-y}+\frac{b}{x+y}}{1+\frac{a-b}{a+b}}
   =1\)\qquad
\( \dfrac{\frac{a}{x-y}+\frac{b}{x+y}}{1+\frac{a-b}{a+b}}
   =1\)
```

7.2.2 Exponenten und Indizes

Zur Darstellung von Potenzen oder Laufvariablen ist es notwendig, Zeichen oder Zeichenfolgen hoch- oder tiefzustellen, die in einem kleineren Schriftgrad gesetzt werden. In der Mathematik spricht man hierbei von Potenzen und Indizes. LaTeX ermöglicht beliebige Exponent- und Indexkombinationen, die richtige Größe wird automatisch gewählt. Auch mehrfache Exponenten oder Indizes können auftreten. Dazu existieren spezielle, nur im Mathe-Modus erlaubte, „Umschalt"-Zeichen:

^ (Caret bzw. Dach) setzt das unmittelbar folgende Zeichen als Exponenten

_ (Unterstrich) setzt das unmittelbar folgende Zeichen als Index

Beispiel 7.7: Exponenten und Indizes

$a_1 \quad x^2 \quad a_i^3 \quad a_i^3 \quad e^-xt \quad a_ij$
 $a_{12} \quad x^{2n} \quad e^{-xt} \quad y^{x^2} \quad a_{ij}^2$
 $G_{f_2} \qquad G_{f_2}$
	`\( a_1    \quad x^2 \quad a^3_i \quad`
	`   a_i^3 \quad e^-xt \quad a_ij \)`
	`\\[2ex]`
	`\( a_{12} \quad x^{2n} \quad e^{-xt}`
	`   \quad y^{x^2} \quad a_{ij}^2 \)`
	`\\[2ex]`
	`\( G_{f_2} \qquad G_{f_{_2}} \)`

Bestehen Exponent oder Index aus mehr als einem Zeichen, müssen sie in (geschweifte) Gruppenklammern eingeschlossen werden. Dem Anfänger sei empfohlen, Exponent und Index generell zu klammern, um Fehler wie e^-xt statt e^{-xt} zu vermeiden. Je nach Zeichenkombination kann es vorkommen, dass bei Mehrfachexponenten oder -indizes die untere Stufe nicht deutlich genug hervortritt. Dann kann man sich dadurch helfen, dass man eine leere Stufe zwischenschaltet, wie dies in der letzten Zeile des Beispiels 7.7 geschehen ist.

7.2.3 Wurzeln

Zur Erzeugung des Wurzelzeichens steht in LaTeX der \sqrt-Befehl zur Verfügung.

\sqrt[n]{Wurzel-Argument} erzeugt ein Wurzelzeichen, dessen Größe und Länge automatisch in Abhängigkeit vom Wurzel-Argument gewählt wird. Fehlt der optionale Parameter n, der die Ordnung der Wurzel angibt, wird eine Quadratwurzel erzeugt.

Beispiel 7.8: Wurzeln

$\sqrt{x} \qquad \sqrt{x^2+\sqrt{y}} \qquad \sqrt[3]{2}$

$\sqrt[\beta]{k} \qquad \sqrt[\beta]{k} \qquad \sqrt[\frac{1}{2}]{x^2-9} \qquad \sqrt[\frac{1}{2}]{x^2-9}$

$\sqrt{\lambda_j}\, X_j^2 \qquad \sqrt{\lambda_j}\, X_j^2$

```
\( \sqrt{x} \qquad \sqrt{x^2+\sqrt{y}} \qquad \sqrt[3]{2}
\) \\[2ex]
\( \sqrt[\beta]{k} \qquad
   \sqrt[\leftroot{2}\uproot{3}\beta]{k} \qquad\qquad
   \sqrt[\frac{1}{2}]{x^2-9} \qquad
   \sqrt[\leftroot{2}\uproot{4}\frac{1}{2}]{x^2-9}
\) \\[2ex]
\( \sqrt{\lambda_j}\, X_j^2 \qquad
   \sqrt{\smash[b]{\lambda_j}}\, X_j^2 \)
```

Die Platzierung des Wurzelexponenten ist in LaTeX nicht immer zufriedenstellend. Mit den durch das Zusatzpaket *amsmath* zur Verfügung stehenden \leftroot- und \uproot-Befehlen kann die Position des Wurzelexponenten manuell ausgerichtet werden. Dabei bewirken positive Werte eine Verschiebung nach links bzw. oben, negative Argumente eine nach rechts bzw. unten. Die Abstufungen sind dabei sehr klein und müssen per Augenmaß gewählt werden. Beide Befehle lassen sich frei kombinieren. In der mittleren Zeile des Beispiels 7.8 werden Wurzeln mit und ohne Korrektur einander gegenübergestellt.

Die Tiefe eines Wurzelzeichens kann, wie die letzte Zeile im Beispiel 7.8 zeigt, mit Hilfe des \smash-Befehls begrenzt werden, damit das Wurzelzeichen nicht dieselbe Unterlänge wie tiefgestellte Zeichen des Wurzelarguments besitzt. Die Höhe des Wurzelzeichens bleibt dabei erhalten.

Die Syntax der Befehle lautet:

\sqrt[\leftroot{x}n]{Wurzel-Argument} erzeugt ein Wurzelzeichen, wobei der Wurzelexponent »n« um x Einheiten nach links für $x > 0$, ansonsten nach rechts verschoben wird;

\sqrt[\uproot{y}n]{Wurzel-Argument} erzeugt ein Wurzelzeichen, wobei der Wurzelexponent »n« um y Einheiten nach oben für y > 0, ansonsten nach unten verschoben wird;

\sqrt{\smash[b]{Wurzel-Argument}} begrenzt die Unterlänge des Wurzelzeichens (*bottom*).

Mit dem bislang Gelernten können zwar schon einfache mathematische Formeln gesetzt werden, aber die meisten mathematischen Operatoren und Symbole fehlen noch. Diesen werden wir uns im Folgenden zuwenden.

7.2.4 Griechische Buchstaben

Kleine griechische Buchstaben können im Mathe-Modus durch Angabe ihres Namens mit kleinem Anfangsbuchstaben und vorangestelltem »\« erzeugt werden. Große griechische Buchstaben werden analog mit großem Anfangsbuchstaben geschrieben. Einige unterscheiden sich nicht von den lateinischen Großbuchstaben, sie sollten dennoch im Mathe-Modus mit dem \mathrm-Befehl gesetzt werden.

Beispiel 7.9: Griechische Buchstaben

$\alpha\ \beta\ \gamma\ \delta\ \pi$	`\( \alpha \quad \beta \quad \gamma`
$A\ \Gamma\ \Delta\ \Pi\ \Omega$	`    \quad \delta \quad \pi \)`
	`\\[2ex]`
$\sigma\ \varsigma\ \ \epsilon\ \varepsilon$	`\( \mathrm{A} \quad \Gamma \quad`
$\kappa\ \varkappa\ \ \phi\ \varphi$	`    \Delta \quad \Pi \quad \Omega \)`
	`\\[2ex]`
	`\( \sigma \quad \varsigma \qquad`
	`    \epsilon \quad \varepsilon \) \\`
	`\( \kappa \quad \varkappa \qquad`
	`    \phi \quad \varphi \)`

Wie in Beispiel 7.9 zu sehen ist, existieren einige griechische Buchstaben in zwei unterschiedlichen Varianten. Für manche, wie etwa die Variation $\varkappa$, muss das Zusatzpaket *amssymb* geladen sein.

Im Formelanhang B.1 finden Sie eine Auflistung des griechischen Alphabets.

7.2.5 Binäre Operatoren

Einige binäre Operatoren, wie Plus- und Minuszeichen, können im Mathe-Modus direkt über die Tastatur eingegeben werden, für viele andere gibt es eigene LaTeX-Befehle. Es muss dabei noch zwischen „kleinen" und „großen" binären Operatoren unterschieden werden. Letztere sind größenanpassend, d. h., ihre Größe wird automatisch durch die Größe des unter ihnen stehenden Arguments bestimmt. Einige werden in Beispiel 7.10 gezeigt.

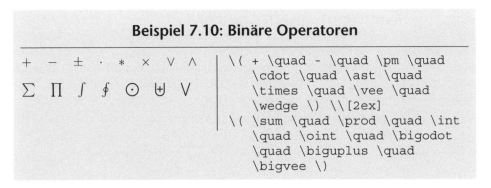

Der Formelanhang enthält Tabellen der verfügbaren kleinen binären Operatoren in B.2 und B.3, große binäre Operatoren finden Sie in B.4.

7.2.6 Binäre Relationen und deren Negation

Binäre Relationen werden auch Vergleichsoperatoren genannt. Teilweise können sie, wie beispielsweise das Gleichheitszeichen, im Mathe-Modus direkt über die Tastatur eingegeben werden. Für viele andere gibt es eigene LaTeX-Befehle.

Beispiel 7.11: Vergleichsoperatoren und deren Negation

$= \ < \ > \ \leq \ \supseteq \ \equiv \ \approx \ \parallel \ \in$	`\( = \quad < \quad > \quad \leq`
$\neq \ \not< \ \not> \ \not\leq \ \not\supseteq \ \not\equiv \ \not\approx \ \not\parallel$	`\quad \supseteq \quad \equiv`
$\not\in \ \notin$	`\quad \approx \quad \parallel \quad \in \) \\[2ex]`
	`\( \ne \quad \not< \quad \not>`
	`\quad \not\leq \quad \not\supseteq \quad`
	`\not\equiv \quad \not\approx`
	`\quad \not\parallel \)`
	`\\[2ex]`
	`\( \not\in \quad \notin \)`

Zur Negation werden binäre Relationen in der Mathematik durchgestrichen. LaTeX stellt dafür im Mathe-Modus den \not-Befehl zur Verfügung, der dem zu negierenden Vergleichsoperator vorangestellt wird.

Für das Ungleichheitszeichen kann man den Befehl \ne als Kurzschreibweise zu \not= benutzen. Für die Negation des Elementzeichens ∈ sollte ausschließlich die Variante \notin gewählt werden, da hier der Durchstreich-Winkel korrekt ist. In Beispiel 7.11 sind beide Varianten einander gegenübergestellt.

Im Formelanhang B.5 und B.6 sind die Vergleichsoperatoren und ihre Negationen aufgelistet.

7.2.7 Klammern und Begrenzer

Für Klammern und Begrenzer gibt es in LaTeX viele verschiedene Symbole. Sie existieren in fester, aber auch in variabler Größe, so dass der gesamte mathematische Ausdruck umfasst wird. Die Abstände zwischen Begrenzer und mathematischem Ausdruck werden in der Regel korrekt gesetzt.

Runde und eckige Klammern können direkt über die Tastatur eingegeben werden, geschweifte Klammern durch Voranstellen des Backslash. Alle anderen Begrenzer lassen sich nur im Mathe-Modus mit speziellen LaTeX-Befehlen erzeugen.

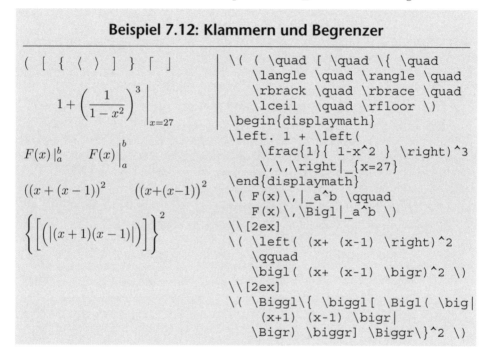

Setzt man den Befehl \left vor öffnende Klammern und den Befehl \right vor schließende, so wird abhängig von der Höhe des Ausdrucks in den Klammern automatisch die richtige Größe gewählt. Diese Befehle müssen immer paarweise auftreten, jedoch kann ersatzweise eine unsichtbare Klammer mittels \left. oder \right. verwendet werden.

Manchmal ist die automatische Größenwahl der Begrenzer nicht zufriedenstellend. Dann hat man noch die Möglichkeit, aus verschiedenen festgelegten Größenstufen auszuwählen. Dazu stehen folgende LaTeX-Befehle, die dem jeweiligen Begrenzer voranzustellen sind, zur Verfügung:

\bigl   \Bigl   \biggl   \Biggl   für öffnende Klammern

\bigr   \Bigr   \biggr   \Biggr   für schließende Klammern

Im Formelanhang B.7 ist eine Liste der Klammern und Begrenzer aufgeführt.

7.2.8 Pfeil-Operatoren

Für die Erzeugung verschiedenster Pfeile stellt LATEX eine Fülle von Befehlen zur Verfügung. Diese können in alle Richtungen der Windrose zeigen und die verschiedensten Pfeilspitzen aufweisen. Für manche Pfeile stehen Befehle in mehreren Varianten zur Verfügung, wobei zu beachten ist, dass teilweise unterschiedliche Abstände gesetzt werden. Insbesondere der mit dem \iff-Befehl erzeugte „genau-dann-wenn"-Pfeil erhält mehr umgebenden Freiraum. Das Beispiel 7.13 verdeutlicht dies und zeigt weitere Anwendungen.

Beispiel 7.13: Pfeil-Operatoren

$\leftarrow \quad \longleftarrow \quad \Rightarrow \quad \mapsto \quad \rightleftharpoons \quad \Uparrow$

$a \rightarrow b \qquad a \Longleftrightarrow b$

$a \to b \qquad a \iff b$

```
\( \leftarrow \quad \longleftarrow
    \quad \Rightarrow \quad \mapsto
    \quad \rightleftharpoons \quad
    \Uparrow \)
\\[2ex]
\( a \rightarrow b \qquad
   a \Longleftrightarrow b \) \\
\( a \to b \qquad   a \iff b \)
```

Die verfügbaren Pfeil-Operatoren sind im Formelanhang B.8 aufgelistet, B.9 enthält die möglichen synonymen Darstellungen.

7.2.9 Funktionsnamen

Um beispielsweise die trigonometrische Sinusfunktion zu erhalten, könnte man versuchen, im Mathe-Modus einfach \(sin x \) zu schreiben. Das Ergebnis *sinx* wäre jedoch nicht zufriedenstellend.

Die Namen mathematischer Funktionen, die auch logarithmus-ähnliche Operatoren genannt werden, werden üblicherweise nicht kursiv, wie die Namen von Variablen, sondern in aufrechter Schrift mit einem kleinen Abstand zum nachfolgenden Argument dargestellt. Damit LATEX die Abstandsregeln für mathematische Operatoren anwenden kann, sollten die entsprechenden Befehle benutzt werden:

```
\arccos   \arcsin   \arctan   \arg   \cos   \cosh     \cot
\coth     \csc      \deg      \det   \dim   \exp      \gcd
\hom      \inf      \ker      \lg    \lim   \liminf   \limsup
\ln       \log      \max      \min   \Pr    \sec      \sin
\sinh     \sup      \tan      \tanh
```

Teilweise benötigen diese logarithmus-ähnlichen Operatoren, wie der Limes in Beispiel 7.14, einen Laufindex. Dieser wird wie ein Index erzeugt und im Fließtext neben den Operator gesetzt. Im hervorgehobenen Mathe-Modus steht der Index unter dem Operator, außer man zwingt ihn mit dem \nolimits-Befehl neben ihn.

Beispiel 7.14: Funktionen

$\lim_{x \to 0} \frac{\sin x}{x} = 1$

$$\lim_{x \to 0} \frac{\sin x}{x} = 1$$

$\lim\nolimits_{x \to 0} \frac{\sin x}{x} = 1$

```
\( \lim_{x \to 0}
    \frac{\sin x}{x}=1 \)
\begin{displaymath}
    \lim_{x \to 0}
    \frac{\sin x}{x}=1
\end{displaymath}
\[ \lim\nolimits_{x \to 0}
    \frac{\sin x}{x}=1 \]
```

7.2.10 Texte im Mathe-Satz

Wie man gerade bei den logarithmus-ähnlichen Operatoren gesehen hat, werden die Regeln des Setzens von Fließtexten im Mathe-Modus nicht beachtet. Jeder einzelne Buchstabe wird als Name einer Variablen betrachtet und entsprechend gesetzt – kursiv mit zusätzlichem Abstand und ohne Kerning. Da Leerzeichen keine Bedeutung haben, gilt dies auch für Buchstabenfolgen. Manchmal möchte man von dieser Voreinstellung abweichen und dazu lassen sich die in Beispiel 7.15 dargestellten Möglichkeiten verwenden.

\mathrm{Text} setzt Text in aufrechter Schrift (mathematische Abstände!);

\mbox{Text} setzt Text in aufrechter Schrift mit korrekten Fließtextabständen unter Beachtung von Leerzeichen;

\text{Text} erlaubt zusätzlich, Text als Exponent oder Index zu setzen, wobei die Schriftgröße automatisch angepasst wird; hierfür ist jedoch das *amsmath*-Zusatzpaket notwendig.

Der \mathrm-Befehl wird für den Differentialoperator in Beispiel 7.16 benötigt.

Beispiel 7.15: Text im Mathematik-Satz

$x^2 \geq 0 \quad füralle x \leq 0$
$x^2 \geq 0 \quad füralle x \leq 0$
$x^2 \geq 0 \quad \text{für alle } x \leq 0$
$x^2 \geq 0 \quad \text{für alle } x \leq 0$
Hochgestellter Text in mathematischer Formel: $\quad y^{\text{Potenz}} = 27$

```
\( x^{2} \geq 0\quad
    f"ur alle  x \leq 0 \) \\
\( x^{2} \geq 0\quad
    \mathrm{f"ur alle }
    x \leq 0 \) \\
\( x^{2} \geq 0\quad
    \mbox{f"ur alle }
    x \leq 0 \) \\
\( x^{2} \geq 0\quad
    \text{f"ur alle }
    x \leq 0 \) \\
Hochgestellter Text in
mathematischer Formel: \quad
\( y^{\text{Potenz}}=27 \)
```

7.3 Anwendung großer Operatoren

Große Operatoren stehen im Formelsatz in der Regel nicht alleine, sondern bilden eine Einheit mit einem mathematischen Ausdruck. Auch muss es möglich sein, Zeichen neben, unter oder über diesen Operatoren zu platzieren. Die in LaTeX verfügbaren großen Operatoren sind größenanpassend und beachten die Abstandsregeln.

7.3.1 Integrale

Mit dem \int-Befehl wird das Integralzeichen erzeugt. Bei einem bestimmten Integral mit Unter- und Obergrenze werden diese von LaTeX als Index und Exponent behandelt und die entsprechenden Befehle müssen verwendet werden.

\int_{unten}^{oben} Integrand \,\mathrm{d}x erzeugt das bestimmte Integral von »*unten*« bis »*oben*«. Der *Integrand* und der Differentialoperator d werden direkt danach angegeben. Durch *x* wird die Variable festgelegt, nach der integriert wird. Index und Exponent können fehlen.

Beispiel 7.16: Integrale

$\int_{0}^{\frac{\pi}{2}} \sin x \, \mathrm{d}x \qquad \int\limits_{0}^{\frac{\pi}{2}} \sin x \, \mathrm{d}x \qquad \int_{-\infty}^{+\infty} x^2 \, \mathrm{d}x \qquad \int\limits_{-\infty}^{+\infty} x^2 \, \mathrm{d}x$

```
\( \int_{0}^{\frac{\pi}{2}} \sin x\,\mathrm{d}x \qquad
 \int\limits_{0}^{\frac{\pi}{2}} \sin x\,\mathrm{d}x
 \qquad\qquad
 \int_{-\infty}^{+\infty}x^2\,\mathrm{d}x \qquad
 \int\limits_{-\infty}^{+\infty}x^2\,\mathrm{d}x \)
```

Der zusätzliche kleine Abstand zwischen dem Integranden und dem Differentialoperator ist notwendig, da dieser nicht automatisch gesetzt werden kann. Auch sollte der Differentialoperator in aufrechter Schrift gesetzt werden. Dieses kann anhand von Beispiel 7.16 nachvollzogen werden.

Die Integralgrenzen werden immer, auch im hervorgehobenen Modus, neben das Integralzeichen gesetzt, um das Schriftbild nicht unnötig aufzureißen. Durch Einfügen des \limits-Befehls wird erreicht, dass die Grenzen unterhalb und oberhalb des Integralzeichens gesetzt werden.

Auch mehrdimensionale Integrale können dargestellt werden. Nicht immer sind dabei die von LaTeX gewählten Abstände zufriedenstellend. Man kann sich durch Einfügen von negativen Abständen behelfen oder einen der entsprechenden Befehle des *amsmath*-Zusatzpakets nutzen. Beide Möglichkeiten werden in Beispiel 7.17 vorgestellt.

Beispiel 7.17: Mehrdimensionale Integrale

$\iint_D x^2 y \, dx \, dy$ statt $\int \int_D x^2 y dx dy$

$\iint\limits_V f(x,y) \, \mathrm{d}x \, \mathrm{d}y \qquad \iiint\limits_V f(x,y,z) \, \mathrm{d}x \, \mathrm{d}y \, \mathrm{d}z \qquad \iiiint\limits_V \dots \qquad \int\limits_V \dots \int \dots$

```
\( \int\!\!\!\int_{D}x^2y\, dx\,dy \qquad \text{statt}
   \qquad \int\int_{D}x^2y dx dy \) \\[2ex]
\( \iint\limits_{V}f(x,y)\,\mathrm{d}x\,\mathrm{d}y \qquad
   \iiint\limits_{V}f(x,y,z)\,\mathrm{d}x\,\mathrm{d}y\,
     \mathrm{d}z \qquad
   \iiiint\limits_{V}\dots \qquad
   \idotsint\limits_{V}\dots\)
```

Die mit dem *amsmath*-Zusatzpaket verfügbaren Befehle \iint und \iiint bzw. \iiiint erzeugen Mehrfachintegrale mit fest ausgerichtetem Zwischenraum. Zwei durch Fortsetzungspunkte getrennte Integralzeichen können mit dem \idotsint-Befehl erzeugt werden.

7.3.2 Summen und Produkte

Summen und Produktzeichen gehören zur Kategorie der großen binären Operatoren. Sie werden mit folgenden LaTeX-Befehlen erzeugt:

\sum   für das Summenzeichen

\prod für das Produktzeichen

Sie sind größenanpassend und können gemäß den Regeln für Index und Exponent mit Grenzen, dem Laufindex, versehen werden. Dabei steht der Startwert im Index und der Endwert im Exponenten, was an Beispiel 7.18 leicht nachzuvollziehen ist.

Auf Grund der Größe des Summen- bzw. Produktoperators bietet es sich an, Summen und Produkte im hervorgehobenen Modus darzustellen, so dass der Startwert unter dem Operator und der Endwert über ihm angeordnet werden. Sollten diese Operatoren dennoch einmal im Fließtext benötigt werden, so werden sie kleiner und die Grenzen unten und oben daneben gesetzt. Dies kann auch im hervorgehobenen Modus mit dem \nolimits-Befehl erreicht werden.

Teilweise sind an den Laufindex noch Bedingungen geknüpft, die als Information mit unter oder über den Operator gesetzt werden müssen. Hier kann man sich des \substack-Befehls bedienen. Die einzelnen Zeilen sind durch das Zeilenendzeichen »\\« zu trennen. Die Anwendung kann anhand der letzten Summe in Beispiel 7.18 nachvollzogen werden.

Beispiel 7.18: Summen und Produkte

Die Darstellung einer Summe $\sum_{i=1}^{n} \frac{i}{i+1}$ benötigt viel Platz.

$$\sum_{j=n}^{n+m} j \cdot (j+1) \qquad \prod_{j=n}^{n+m} j \cdot (j+1) \qquad \prod_{i=1}^{n} \frac{i}{i+1} \qquad \sum_{\substack{i=n \\ n>0 \\ n \text{ gerade}}}^{m} (i^2+i)$$

```
Die Darstellung einer Summe \( \sum_{i=1}^{n}
\frac{i}{i+1} \) ben"otigt viel Platz.
\[ \sum_{j=n}^{n+m}j\cdot(j+1)   \qquad
   \prod\nolimits_{j=n}^{n+m}j\cdot(j+1)   \qquad
   \prod_{i=1}^{n}\frac{i}{i+1}            \qquad
   \sum_{\substack{i=n\\ n>0\\ n \text{ gerade}}}^m
       (i^2+i) \]
```

7.4 Formelumbruch

Alle Beispiele waren bislang so konzipiert, dass keine Formelumbrüche notwendig waren. Was macht man jedoch, wenn die Formel nicht in eine Zeile passt? Nur teilweise kann man hier von LaTeX Unterstützung erwarten.

Der Umbruch zu langer Formeln erfolgt abhängig vom Kontext. Im Fließtext eingebettete Formeln werden an einem Operator getrennt. Hervorgehobene Formeln hingegen werden von LaTeX nicht automatisch getrennt, auch helfen hier die bekannten Mechanismen wie »\\, \linebreak, \newline« nicht weiter. Die Auswirkungen können in Beispiel 7.19 betrachtet werden.

Beispiel 7.19: Umbruch mathematischer Formeln

Lange Formeln im Fließtext $x^2 + y^2 + z^2 = 3xyz$ werden an Operatoren getrennt.
Lange hervorgehobene Formeln
$(x+y)^4 = (x^2+2xy+y^2)(x^2+2xy+y^2)$
werden nicht getrennt.

```
Lange Formeln im Flie"stext
\( x^2+y^2+z^2=3xyz \) werden
an Operatoren getrennt.\\
Lange hervorgehobene Formeln
\[ (x+y)^4=(x^2+2xy+y^2)
   (x^2+2xy+y^2) \]
werden nicht getrennt.
```

Für die Handhabung langer Formeln stehen in LaTeX spezielle Umgebungen zur Verfügung, die auch Unterstützung beim Formelumbruch bieten. Diese werden in Kapitel 12 vorgestellt.

7.5 Besondere Zeichen im Formelsatz

Ein Großteil der mathematischen Ausdrücke und Formeln kann mit dem bislang Gelernten nach den Regeln des Formelsatzes dargestellt werden, aber dennoch ist es nur ein Bruchteil dessen, was sonst noch so alles vorkommen kann.

7.5.1 Zahlmengen-Zeichen

Vielleicht ist es ein Relikt aus der Zeit, wo in Mathematik-Vorlesungen ausschließlich die Tafel als Darstellungsmedium benutzt wurde. Hier brauchte man eine Unterscheidung zwischen dem Großbuchstaben »R« und dem Zahlmengen-Zeichen für die reellen Zahlen »$\mathbb{R}$«. An der Tafel wurde dies meist durch einen doppelten Aufstrich verdeutlicht. Im Amerikanischen heißen diese auch **B**lackboard**b**old-Zeichen. Für LATEX wurden im Laufe der Zeit viele verschiedene Möglichkeiten zur Darstellung von Zahlmengen-Zeichen entwickelt. Zwei der häufig benutzten werden hier vorgestellt.

Mit dem *amssymb*-Zusatzpaket kann zur Erzeugung der Zahlmengen-Zeichen folgender Befehl im Mathe-Modus eingesetzt werden:

`\mathbb{Buchstabe}`

Das *amssymb*-Zusatzpaket ist nicht Bestandteil des *amsmath*-Zusatzpakets und muss zusätzlich in der Präambel vereinbart werden.

Eine weitere Möglichkeit zur Erzeugung von Zahlmengen-Zeichen stellt das Zusatzpaket *bbm* für **B**lackboard**m**ath zur Verfügung:

Beispiel 7.20: Zahlmengen-Zeichen

$\mathbb{ABCDEFGHIJKLMNOPQRSTUVWXYZ}$

$\mathbbm{ABCDEFGHIJKLMNOPQRSTUVWXYZ}$
$\mathbbmss{ABCDEFGHIJKLMNOPQRSTUVWXYZ}$

Es gilt $x \in \mathbb{R}$ oder $y \in \mathbb{R}$

```
\usepackage{amssymb}
\usepackage{bbm}
...
\(\mathbb{A B C D E F G H I J K L M N O P Q R ... Z}\)
\\[2ex]
\(\mathbbm{A B C D E F G H I J K L M N O P Q R ... Z}\)\\
\(\mathbbmss{A B C D E F G H I J K L M N O P Q R ... Z}\)
\\[2ex]
{\Large Es gilt \( x\in\mathbb{R} \text{ oder }
  y\in\mathbbm{R} \)}
```

\mathbbm{Buchstabe}

\mathbbmss{Buchstabe}

Dieses Paket müssen Sie in der Präambel mittels \usepackage{bbm} vereinbaren. Es können Zahlmengen-Zeichen mit und ohne Serifen erzeugt werden. Wie auch das Beispiel 7.20 zeigt, sind diese größenskalierbar.

7.5.2 Fortsetzungspunkte

Fortsetzungspunkte treten in der Mathematik manchmal bei der Darstellung arithmetischer Reihen auf, diese werden auf der Operatorebene gesetzt. Wenn diese Punkte jedoch eine Aufzählung fortsetzen, sollten sie auf der Grundlinie platziert sein. Man kann dafür folgende LATEX-Befehle benutzen:

\ldots   setzt die Punkte auf die Grundlinie (*low*);

\cdots   setzt die Punkte in die Operatorebene (*centered*);

\vdots   setzt drei vertikale Punkte;

\ddots   setzt drei diagonale Punkte.

Eine Alternative für die ersten zwei Befehle bildet der *amsmath*-Befehl:

\dots   setzt die Punkte abhängig vom mathematischen Kontext auf die Grundlinie oder in die Operatorebene.

Beispiel 7.21: Fortsetzungspunkte

$x_1,\ldots,x_n$	$x_1+\cdots+x_n$	`\( x_{1},\ldots,x_{n} \qquad`
		`    x_{1}+\cdots+x_{n} \) \\`
		`\( x_{1},\dots,x_{n} \qquad`
		`    x_{1}+\dots+x_{n}         \)`

$x_1,\ldots,x_n$	$x_1+\cdots+x_n$	

Vertikale und diagonale Fortsetzungspunkte werden häufig bei der Darstellung von Matrizen oder ähnlichen mathematischen Konstrukten benötigt, Beispiele dazu finden Sie dementsprechend in Kapitel 12.2.1.

7.5.3 Mathematische Akzente

Akzente, die normalerweise im Fließtext benutzt werden, können im Mathe-Modus nicht verwendet werden. Ableitungszeichen werden mit dem Apostroph-Zeichen direkt über die Tastatur eingegeben. Für die ansonsten im Formelsatz zulässigen Akzente gibt es eigene LATEX-Befehle. Um beispielsweise mathematische Symbole wie Pfeile oder Schlangen auf Variablen zu setzen oder einen Vektor zu erzeugen, gibt es die folgenden Befehle:

\tilde{Variable}   setzt eine Schlange ~ über die Variable

\hat{Variable}   setzt ein Dach ^ über die Variable

\vec{Variable}   setzt einen Vektorpfeil ⃗ über die Variable

Für Variablen, die nur aus einem Zeichen bestehen, ist die Ausdehnung des Akzents meist ausreichend. Für Variablen, die sich über mehrere – bis zu 5 – Zeichen erstrecken können, erzielt man bessere Ergebnisse mit der Variante:

\widetilde{Variable}   setzt eine breite Schlange über die Variable

\widehat{Variable}   setzt ein breites Dach über die Variable

---

Beispiel 7.22: Mathematische Akzente

$\hat{=}$ $\widehat{=}$ $\vec{x}$

$\tilde{=}$ $\widetilde{=}$ $\vec{xy}$

$\hat{\hat{A}}$ $\vec{\vec{x}}$ $\dot{\tilde{x}}$

$y = x^2$ $y' = 2x$ $y'' = 2$

```
\( \hat{=} \quad \widehat{=}
   \qquad \vec{x} \) \\
\( \tilde{=} \quad \widetilde{=}
   \qquad \vec{xy} \) \\
\( \hat{\hat{A}} \qquad
   \vec{\vec{x}}
   \qquad \dot{\tilde{x}} \) \\
\( y=x^{2} \qquad y'=2x
   \qquad y''=2 \)
```

Das Beispiel 7.22 verdeutlicht gut die unterschiedliche Ausdehnung der Akzente. Bei zu breiten Ausdrücken wird der Akzent mittenzentriert über diese gesetzt. Eine breitere Variante für den Vektorpfeil gibt es nicht, jedoch kann man größenanpassende Pfeile wählen, die sie im weiteren Verlauf noch kennen lernen. Auch Mehrfachakzente sind möglich.

Im Formelanhang B.10 sind die verfügbaren mathematischen Akzente aufgelistet.

7.5.4 Über- und Unterstreichungen

Heutzutage ist es nicht mehr üblich, Hervorhebungen im Fließtext durch Unterstreichen kenntlich zu machen. Aber im Mathematik-Satz sind Über- und Unterstreichungen – nicht nur mit waagerechten Strichen – notwendig, etwa zur Darstellung einer Streckenangabe $\overline{AB}$ oder als Zusammenfassung einer arithmetischen Reihe. Dazu gibt es folgende Befehle, die im Beispiel 7.23 verdeutlicht werden:

\overline{Ausdruck}   waagerechter Strich über Ausdruck;

\underline{Ausdruck}   waagerechter Strich unter Ausdruck;

\overbrace{Ausdruck}   geschweifte Klammer über Ausdruck;

\underbrace{Ausdruck}   geschweifte Klammer unter Ausdruck.

7.5 Besondere Zeichen im Formelsatz

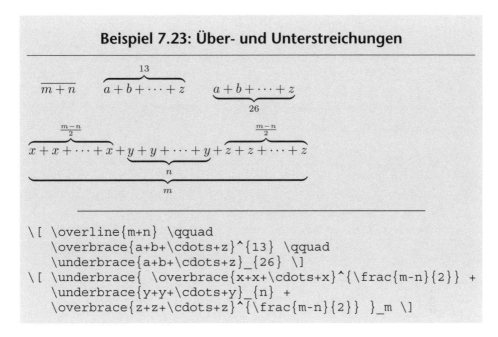

Beispiel 7.23: Über- und Unterstreichungen

$$\overline{m+n} \qquad \overbrace{a+b+\cdots+z}^{13} \qquad \underbrace{a+b+\cdots+z}_{26}$$

$$\underbrace{\overbrace{x+x+\cdots+x}^{\frac{m-n}{2}} + \underbrace{y+y+\cdots+y}_{n} + \overbrace{z+z+\cdots+z}^{\frac{m-n}{2}}}_{m}$$

```
\[ \overline{m+n} \qquad
   \overbrace{a+b+\cdots+z}^{13} \qquad
   \underbrace{a+b+\cdots+z}_{26} \]
\[ \underbrace{ \overbrace{x+x+\cdots+x}^{\frac{m-n}{2}} +
   \underbrace{y+y+\cdots+y}_{n} +
   \overbrace{z+z+\cdots+z}^{\frac{m-n}{2}} }_m \]
```

Über- und Unterstreichungen expandieren immer so weit, dass sie den *Ausdruck* komplett umfassen. Dabei sind auch Schachtelungen wie in Beispiel 7.23 möglich.

7.5.5 Beliebige Stapelung von Zeichen

Manchmal ist es notwendig, ein beliebiges Zeichen über ein anderes zu setzen, beispielsweise eine Variable auf einen Pfeil, wobei das „hochgestellte" Zeichen in kleinerer Schrift gesetzt wird. Dafür gibt es in LaTeX den \stackrel-Befehl:

\stackrel{*oben*}{*unten*}   setzt *oben* über *unten*

Hin und wieder reichen dessen Möglichkeiten aber nicht aus. Dann kann man auf die vom *amsmath*-Zusatzpaket zur Verfügung gestellten allgemeineren Befehle

\overset{*oben*}{*unten*}   setzt *oben* über *unten*

\underset{*unten*}{*oben*}   setzt *unten* unter *oben*

zurückgreifen, deren Wirkungsweise in Beispiel 7.24 erläutert wird. Kombinationen der beiden Befehle sind möglich.

Beispiel 7.24: Stapelung von Zeichen

$\stackrel{x}{\Rightarrow}$

$\overset{x}{\Rightarrow} \qquad \underset{a}{A} \qquad \overset{b}{\underset{a}{A}}$

```
\( \stackrel{x}{\Rightarrow} \) \\
\( \overset{x}{\Rightarrow} \qquad
   \underset{a}{A} \qquad
   \overset{b}{\underset{a}{A}} \)
```

7.5.6 Längenanpassende Pfeile

Auch für längenanpassende Pfeile über bzw. unter mathematischen Ausdrücken gibt es Befehle. Sollen diese längenanpassenden Pfeile in einem Index oder Exponenten auftreten, werden sie entsprechend skaliert.

\overrightarrow{Argument} längenanpassender Pfeil mit Spitze nach rechts über Argument;

\underleftarrow{Argument} längenanpassender Pfeil mit Spitze nach links unter Argument;

\overleftrightarrow{Argument} längenanpassender Pfeil mit Spitze nach links und rechts über Argument.

Pfeilspitzen in die jeweils andere Richtung sind möglich, ebenso der Pfeil mit zwei Spitzen unter dem Argument. Alle, außer den längenanpassenden Pfeilen über dem Argument, benötigen das *amsmath*-Zusatzpaket.

Es ist auch möglich, über bzw. unter längenanpassende Pfeile einen mathematischen Ausdruck oder Text zu setzen, der die Länge des Pfeils festlegt; der Pfeil liegt dann in der Operatorebene. Dazu müssen folgende Befehle benutzt werden:

\xrightarrow{Argument} längenanpassende Pfeile mit Spitze nach rechts;

\xleftarrow{Argument} längenanpassende Pfeile mit Spitze nach links.

Auch hier ist das *amsmath*-Zusatzpaket Voraussetzung.

Beispiel 7.25: Längenanpassende Pfeile

$\overrightarrow{\omega_\delta(t)E_t c}$ $\overleftarrow{\omega_\delta(t)E_t c}$

$\int_{\overrightarrow{uv}} vt\, dt$ $\overleftrightarrow{\omega_\delta(t)E_t c}$

$A \xrightarrow{x-y-z} B \xleftarrow[\alpha\to\beta]{\text{folgt?}} C \xleftarrow{\gamma} D \to E$

```
\[ \overrightarrow{
    \omega_\delta(t) E_t c}
    \qquad \underleftarrow{
    \omega_\delta(t) E_t c} \]
\[ \int_{\overrightarrow{uv}}
      vt\,\mathrm{d}t
    \qquad \overleftrightarrow{
    \omega_\delta(t) E_t c} \]
\\[2ex]
\[ A \xrightarrow{x-y-z}
    B \xleftarrow[\alpha
      \to\beta]%
      {\text{folgt?}}
    C \xleftarrow[\gamma]{}
    D \xrightarrow{} E \]
```

7.5.7 Frakturzeichen

Teilweise werden auch heute noch in wissenschaftlichen Arbeiten kalligrafische Zeichen oder Frakturzeichen benötigt. Diese werden in LaTeX als Teil des Formelsatzes bereitgestellt – vermutlich, weil beispielsweise beim Rechnen mit komplexen Zahlen für die Kennzeichnung von Real- und Imaginärteil Frakturzeichen eingesetzt werden. Standardmäßig bietet der \mathcal-Befehl nur kalligrafische Großbuchstaben. Mit dem *amsfonts*-Zusatzpaket und dem Befehl \mathfrak steht aber dann das Euler-Fraktur-Alphabet auch in allen Klein- und Großbuchstaben zur Verfügung.

Die kalligrafischen und die Frakturbuchstaben unterscheiden sich deutlich. Die in LaTeX verfügbaren speziellen Zeichen für Real- und Imaginärteil sind im Aussehen noch einmal deutlich anders, wie Beispiel 7.26 zeigt.

Beispiel 7.26: Frakturzeichen

$\mathcal{A} \quad \mathcal{I} \quad \mathcal{R} \quad \mathcal{Z}$
 	
 $\mathfrak{a} \quad \mathfrak{i} \quad \mathfrak{r} \quad \mathfrak{z}$
 $\mathfrak{A} \quad \mathfrak{I} \quad \mathfrak{R} \quad \mathfrak{Z}$
 	
 Komplexe Zahl $z = a + i \cdot b$ mit
 a Realteil $\Re(z)$ und
 b Imaginärteil $\Im(z)$.
	`\( \mathcal{A} \quad \mathcal{I}`
	 `    \quad \mathcal{R}`
	 `    \quad \mathcal{Z} \) \\[2ex]`
	 `\( \mathfrak{a} \quad`
	 `    \mathfrak{i} \quad`
	 `    \mathfrak{r} \quad`
	 `    \mathfrak{z} \) \\`
	 `\( \mathfrak{A} \quad`
	 `    \mathfrak{I} \quad`
	 `    \mathfrak{R} \quad`
	 `    \mathfrak{Z} \) \\[2ex]`
	 `Komplexe Zahl $z=a+i\cdot b$`
	 `mit \\`
	 `$a$ Realteil $\Re(z)$ und \\`
	 `$b$ Imagin"arteil $\Im(z)$.`

7.5.8 Zusätzliche Symbole

Viele weitere Symbole, die im Formelsatz benötigt werden, stehen mit LaTeX oder den diversen Zusatzpaketen zur Verfügung. Im Beispiel 7.27 sind einige davon, wie das „für alle"-Zeichen, gezeigt. Im Formelanhang B.11 finden Sie eine Aufstellung der in LaTeX standardmäßig verfügbaren, zusätzlichen Symbole.

Beispiel 7.27: Zusätzliche Symbole

Abbildungsvorschrift:
 	
 $\forall x \in \mathbb{R} \; \exists y \in \mathbb{R} : f(x) = y^2$
	`Abbildungsvorschrift:\\`
	 `\[ \forall x \in \mathbbm{R} \,\,`
	 `   \exists y \in \mathbbm{R}\,:`
	 `   f(x)=y^2 \]`

7.6 Übung

Setzen Sie das nachfolgende Textbeispiel mit den mathematischen Formeln in geeigneter Form in einem neuen LaTeX-Dokument. Beachten Sie, dass einige Formeln im hervorgehobenen Formelsatz gesetzt werden müssen.

Für das Beispiel wurden verschiedene Zusatzpakete eingesetzt. Untersuchen Sie, welche Zusatzpakete Sie für das Beispiel benötigen, und laden Sie diese in der Präambel Ihres Dokuments!

Wählen Sie für das Dokument eine passende Überschrift aus und lassen Sie LaTeX die Seite mit einer Seitennummer versehen.

Gegeben sei die Funktionenschar

$$f_a(x) = \frac{x+a}{x^2} \text{ mit } a \in \mathbb{R}.$$

1. Untersuchen Sie die Funktionenschar f_a auf ihre maximale Definitionsmenge $\mathbb{D}$. Bestimmen Sie alle Asymptoten der Graphen sowie das Verhalten der Graphen an den Grenzen des Definitionsbereichs.

2. Weisen Sie nach, dass zwei verschiedene Graphen der Schar keinen gemeinsamen Punkt besitzen, aber sich für $x \to \infty$ beliebig nahe annähern.

3. Zeichnen Sie den Graphen G_{f_1} im Intervall $I = [-4\,;4]$ in ein geeignetes Koordinatensystem.

4. Zeigen Sie, dass

$$F(x) = x + (x+1) \cdot \ln(x+1) - 2x \cdot \ln(x)$$

   eine Stammfunktion zu $g(x) = \ln\left(\dfrac{x+1}{x^2}\right)$ ist.

5. Bestimmen Sie eine integralfreie Darstellung der Integralfunktion

$$F_2(x) = \int_2^x \ln(f_1(t))\,\mathrm{d}t.$$

7.7 Zusammenfassung

In diesem Kapitel lernten Sie die Grundelemente des Formelsatzes kennen. Damit haben Sie nun die Möglichkeit:

✓ mathematische Besonderheiten layouttechnisch zu berücksichtigen;
✓ mathematische Ausdrücke und Formeln im Fließtext zu setzen;
✓ automatisch expandierende mathematische Symbole anzuwenden;
✓ Summen, Produkte und Integrale in Formeln darzustellen;
✓ einzeilige hervorgehobene Formeln zu setzen.

Kapitel 8

Tabellen

Wissenschaftliche Texte enthalten häufig Auflistungen von Daten (z. B. Versuchsergebnisse und/oder berechnete Werte). Diese lassen sich am einfachsten in Form von Tabellen darstellen. Eine gute Gestaltung der Tabellen ist für den Leser wichtig, damit er die Zusammenhänge erkennen und nachvollziehen kann. Deshalb ist besonderer Augenmerk auf das Tabellendesign zu legen.

In diesem Kapitel erfahren Sie, wie Sie mit LaTeX gut lesbare und auch ansprechend gestaltete Tabellen setzen. Insbesondere lernen Sie:

→ Tabellen automatisch mit der *tabular*-Umgebung zu formatieren. In dieser Umgebung wird die erforderliche Breite der Spalten aus den Tabelleneinträgen von LaTeX selbst ermittelt. In den Spalten können diese Einträge unterschiedlich ausgerichtet sein (links- oder rechtsbündig, mittenzentriert);

→ auch komplexe Spaltenüberschriften, die die Inhalte der Tabelle erklären, in der *tabular*-Umgebung aufzubauen;

→ Tabellen mit horizontalen und/oder vertikalen Linien zu strukturieren;

→ nützliche Zusatzpakete anzuwenden, die den Satz der Tabellen effektiv machen;

→ einfache Tabellen mit Hilfe von Tabulatoren in der *tabbing*-Umgebung zu setzen.

8.1 Die *tabular*-Umgebung

Mit dieser Umgebung lassen sich recht komfortabel Tabellen setzen. Die Breite der Tabellenspalten und damit auch der gesamten Tabelle wird von LaTeX automatisch berechnet. Für jede Spalte muss die Art der Ausrichtung (links- oder rechtsbündig, zentriert) der Einträge angegeben werden. Diese Angaben erfolgen global für die ganze Tabelle in der *tabular*-Deklaration.

Die Syntax für die *tabular*-Umgebung lautet:

```
\begin{tabular}[Position]{Spaltendefinition}
    Spalten- und Zeilen-Einträge
\end{tabular}
```

> Die *tabular*-Umgebung erzeugt **keinen** neuen Absatz, sondern setzt die Tabelle in die aktuelle Zeile ein. Der optionale Parameter *Position* gibt an, wie die Tabelle zum umgebenden Text ausgerichtet werden soll. Dafür kann eine der folgenden Angaben gewählt werden:

c   Die Tabelle wird vertikal zentriert eingefügt (*center*, Voreinstellung).

t   Die oberste Kante der Tabelle wird mit der Schriftlinie ausgerichtet (*top*).

b   Die unterste Kante der Tabelle wird mit der Schriftlinie ausgerichtet (*bottom*).

Die folgende Zeile veranschaulicht dies: eine einspaltige, zweizeilige Tabelle zentriert $\left|\begin{array}{c}c1\\c2\end{array}\right|$, oben $\left|\begin{array}{c}t1\\t2\end{array}\right|$ bzw. unten $\left|\begin{array}{c}b1\\b2\end{array}\right|$ ausgerichtet.

In der Regel sollten Tabellen vom umgebenden Text hervorgehoben dargestellt werden. Dazu muss vor und hinter der Tabelle eine Leerzeile oder der Befehl \par eingefügt werden. Dann kann *Position* entfallen.

> Neben der *tabular*-Umgebung gibt es die *tabular**-Umgebung als Variante, bei der die Gesamtbreite der Tabelle angegeben werden muss. Damit die Tabelle die vorgegebene Breite erreicht, muss für eine oder mehrere Spalten der Spaltenzwischenraum mit einer variablen Breite definiert werden. Die Syntax für die *tabular**-Umgebung lautet:
>
> ```
> \begin{tabular*}{Breite}[Position]{Spaltendefinition}
>     Spalten- und Zeilen-Einträge
> \end{tabular*}
> ```

8.1.1   Definition der Tabellenspalten

In der *tabular*- bzw. *tabular**-Deklaration muss für jede Spalte ein Eintrag für die Ausrichtung in *Spaltendefinition* vorhanden sein. Die Ausrichtung wird für jede Spalte durch folgende Angaben bestimmt:

c   Der Eintrag in der Spalte wird zentriert gesetzt (*center*).

l   Der Eintrag wird linksbündig angeordnet (*left*).

r   Der Eintrag wird rechtsbündig ausgegeben (*right*).

p{Breite}   mehrzeilige (Absatz-)Spalte, die eine Ausdehnung von *Breite* hat. Es erfolgt ein automatischer Randausgleich.

Eine Tabelle mit drei zentrierten Spalten wird mit »ccc« als *Spaltendefinition* erzeugt.

Zur besseren Lesbarkeit der Tabelle wird von LATEX automatisch ein kleiner Leerraum zwischen den Spalten eingefügt.

> Mit dem Befehl \setlength{\tabcolsep}{Abstand} kann die Breite des Leerraums modifiziert werden.

Beispiel 8.1 zeigt eine von LATEX gesetzte 3-spaltige Tabelle (rechtsbündig, zentriert und linksbündig). Die linksbündig gesetzte Spalte mit Zahlenwerten ist schwer erfassbar, da auf den ersten Blick keine Aussagen über den Wert möglich sind. Insbesondere die Zahl mit Dezimalkomma lässt sich erst bei genauerem Lesen von der Größe her einordnen.

Beispiel 8.1: Einfache Tabelle

Winkel	Bogenmaß	cos
0	0	1
45	$\pi/4$	0,7071
90	$\pi/2$	0
180	π	-1

```
\begin{tabular}{rcl}
%
\textbf{Winkel} &
\textbf{Bogenma"s} &
\textbf{cos} \\
%
0 & 0 & 1\\
45 & $\pi/4$ & 0,7071\\
90 & $\pi/2$ & 0\\
180 & $\pi$ & -1\\
%
\end{tabular}
```

Neben der Ausrichtung der Spalten können bei *Spaltendefinition* auch vertikale Linien zwischen den Spalten und am Tabellenrand zur optischen Strukturierung der Tabelle eingefügt werden. Dazu gibt es die folgenden Angaben:

| Erzeugt eine senkrechte Linie.

|| Erzeugt eine senkrechte Doppellinie.

@{Ersatz}   Statt des normalen Spaltenzwischenraums wird der *Ersatz*-Eintrag verwendet. Wird für *Ersatz* der Ausdruck @{\extracolsep\fill} eingesetzt, so entsteht ein variabler Zwischenraum für die *tabular**-Umgebung.

Für komplexere Tabellen können in der *tabular*-Umgebung die folgenden Befehle benutzt werden:

*{n}{Spaltendefinition}   Die *Spaltendefinition* wird n-mal hintereinander angewendet. Beispiel:
Statt r@{,}lr@{,}lr@{,}l
kann auch *{3}{r@{,}l} eingesetzt werden.

\multicolumn{n}{Spaltendefinition}{Eintrag}   Die folgenden n Spalten werden zu einer Tabellenspalte mit der neuen *Spaltendefinition* zusammengefasst. Für Kopfzeilen von Tabellen wird dies häufig benötigt.

! Der \multicolumn-Befehl darf nur als Spalteneintrag verwendet werden! Der Spaltentext *Eintrag* für die zusammengefasste Spalte befindet sich als Parameter im Befehl!

8.1.2 Eingabe der Zeilen und Spalten

Jede Tabellenzeile muss mit einem Zeilenendzeichen (Zeilenumbruch) »\\« enden! Zeilenumbrüche innerhalb einer Absatzspalte können nur mit den Ersatzbefehlen \newline (ohne Randausgleich) bzw. \linebreak (mit Randausgleich) erzeugt werden.

Innerhalb einer Tabellenzeile werden die einzelnen Spalten durch das »&«-Zeichen voneinander getrennt[1]. Damit Tabellenformatierungen (z. B. senkrechte Linien) korrekt dargestellt werden, müssen in jeder Tabellenzeile genau so viele Spalteneinträge (gegebenenfalls mit leeren Einträgen) vorhanden sein, bevor die Tabellenzeile mit \\ beendet wird! Erfolgten zu viele Spalteneinträge, macht LaTeX mit der Fehlermeldung

> ! Extra alignment tab has been changed to \cr.

darauf aufmerksam.

Zur Ausgabe einer horizontalen Linie statt einer Tabellenzeile steht der LaTeX-Befehl \hline zur Verfügung. Eine durch einen kleinen Leerraum getrennte doppelte horizontale Linie kann durch zwei aufeinander folgende \hline-Befehle (ohne \\ dazwischen!) erzeugt werden. Soll die horizontale Linie nicht die gesamte Tabellenbreite, sondern nur einzelne Tabellenspalten überdecken, so muss dazu der Befehl \cline{*Start-Ende*} benutzt werden. Für *Start* ist die Nummer der Spalte, in der die Linie links beginnt, für *Ende* die Nummer der Spalte, bei der die Linie rechts endet, einzusetzen.

Eine komplexere Tabelle mit Tabellenüberschriften und horizontalen und vertikalen Linien findet sich in Beispiel 8.2. Die Werte für die sin-Funktion sind am Dezimalkomma ausgerichtet. Dies wird dadurch erreicht, dass diese „Spalte" aus drei Teilen besteht: dem Vorkommateil (in einer rechtsbündigen Spalte (r), dem Spaltentrennzeichen ohne Leerraum »,« (@{ , } und dem Nachkommateil (in einer linksbündigen Spalte (l). Damit können die Größenordnungen der Werte dieser Spalte besser eingeordnet werden. Mit dem *dcolumn*-Zusatzpaket (siehe 8.2.3) lässt sich dies auch einfacher erreichen. Die Spaltenüberschriften für die Funktionen werden jeweils zentriert über die zugehörigen Spalten gesetzt.

> Mit dem Befehl \setlength{\doublerulesep}{*Abstand*} kann der Abstand zwischen den Doppellinien modifiziert werden.
>
> Der Zeilenabstand innerhalb der Tabelle wird von LaTeX automatisch bestimmt. Er kann **nicht** über die bekannten Befehle (s. 42) eingestellt werden. Stattdessen muss der folgende Befehl benutzt werden:
>
> \renewcommand{\arraystretch}{*Faktor*} wodurch der aktuelle Zeilenabstand der Tabelle mit *Faktor* multipliziert wird.
>
> Zu beachten ist, dass dieser Befehl **vor** der *tabular*-Umgebung angegeben werden muss! Die Wirkung bleibt bis zu einer erneuten Änderung des Befehls erhalten!

---

[1] Wird das & innerhalb der Tabelle benötigt, so ist es zu maskieren (\&).

Beispiel 8.2: Komplexere Tabelle

Winkel (°)	Bogen-maß	Funktion	
		cos	sin
0	0	1	0,0
45	$\frac{\pi}{4}$	0,7071	0,7071
90	$\frac{\pi}{2}$	0	1,0
180	π	-1	0,0
270	$\frac{3}{2}\pi$	0	-1,0

```
\renewcommand{\arraystretch}{1.2}
\begin{tabular}{|r|c|l|r@{,}l|} \hline
\textbf{Winkel} & \textbf{Bogen-}
  & \multicolumn{3}{c|}{\textbf{Funktion}} \\ \cline{3-5}
($^\circ$) & \textbf{ma"s}
  & \multicolumn{1}{c|}{\textbf{cos}}
  & \multicolumn{2}{c|}{\textbf{sin}}\\ \hline\hline
%
0 & 0 & 1 & 0&0\\\hline
45 & $\frac{\pi}{4}$ & 0,7071 & 0&7071\\\hline
90 & $\frac{\pi}{2}$ & 0 & 1&0\\\hline
180 & $\pi$     & -1 & 0&0\\\hline
270 & $\frac{3}{2}\pi$ & 0 & -1&0\\ \hline
\end{tabular}
```

8.2 Hilfreiche Zusatzpakete

Für den Tabellensatz sind eine Reihe von Zusatzpaketen entwickelt worden. Hilfreich sind häufig: *array* (weitere Absatzdefinitionen, Vor- und Nachspann-Befehle), *tabularx* (Tabellenspalten können gleich breit angelegt werden), *dcolumn* (Ausrichtung an einem Dezimaltrennzeichen) oder *longtable* (Erstellung von Tabellen, die länger als eine Seite sind). Weitere Pakete sind in der weiterführenden Literatur (z. B. [5, 7, 11]) beschrieben.

Die Pakete müssen in der Präambel des LaTeX-Dokuments eingebunden werden (\usepackage{Paketname}[Paketoptionen] siehe auch Kapitel 2.2.3). In der Regel werden in der jeweils zugehörigen Dokumentation die vom Zusatzpaket zur Verfügung gestellten Befehle und deren Wirkungsweise erklärt und mit Beispielen verdeutlicht. Eventuelle *Paketoptionen* werden erläutert.

Weitere hilfreiche Zusatzpakete sind in [5, 7, 11] beschrieben.

8.2.1 Das *array*-Zusatzpaket

Das *array*-Zusatzpaket erweitert unter anderem den Tabellensatz um zusätzliche Spaltendefinitionen:

m{Breite}   mehrzeilige Tabellenspalte, die vertikal zentriert wird;

b{Breite}   mehrzeilige Tabellenspalte, die unten ausgerichtet wird;

>{Kommando}   Einfügen von *Kommando* vor dem Tabelleneintrag;

<{Kommando}   Einfügen von *Kommando* nach dem Tabelleneintrag.

Die letzten beiden Befehle können zum Beispiel dazu dienen, für alle Spalteneinträge fette Schrift zu benutzen oder in den Mathematik-Satz umzuschalten.

Weitere Einzelheiten zum *array*-Zusatzpaket entnehmen Sie der Dokumentation, der weiterführenden Literatur oder dem Beispiel (tab-arr) im CWS.

8.2.2 Das *tabularx*-Zusatzpaket

Da LATEX selbst die Breite der Spalten aus den Einträgen bestimmt, ist es schwierig, Spalten gleicher Breite zu erzeugen. Diese Aufgabe übernimmt das *tabularx*-Zusatzpaket. In dem Paket wird die Spaltenausrichtung (X) definiert. Dabei handelt es sich um eine mehrzeilige, an der obersten Zeile ausgerichtete Spalte (ähnlich der p-Definition in der *tabular*-Umgebung, siehe Seite 110). Alle mit »X« gekennzeichneten Spalten in der Tabelle werden gleich breit gesetzt.

Das *tabularx*-Zusatzpaket setzt auf dem *array*-Zusatzpaket auf und bindet dieses automatisch mit ein.

Nähere Einzelheiten zum *tabularx*-Zusatzpaket können der Dokumentation, der weiterführenden Literatur oder dem Beispiel (tab-tabx) im CWS entnommen werden.

8.2.3 Das *dcolumn*-Zusatzpaket

Gerade bei Tabellen mit vielen Dezimalzahlen kann das Paket *dcolumn* hilfreich sein. Zum einen kann das Dezimalzeichen beim Satz der Tabelle ausgetauscht werden (z. B. ».« gegen »,«; sehr hilfreich bei importierten Daten, zum anderen definiert es eine Spaltenausrichtung, bei der die Einträge an dem angegebenen Zeichen ausgerichtet werden, was sonst nur sehr mühsam (siehe dritte und vierte Spalte im Beispiel 8.2) in LATEX zu bewerkstelligen ist.

Nähere Einzelheiten zum *dcolumn*-Zusatzpaket können Sie der Dokumentation, der weiterführenden Literatur oder dem Beispiel (tab-dcol) im CWS entnehmen.

8.2.4 Das *longtable*-Zusatzpaket

LaTeX kann nur Tabellen korrekt formatieren, in denen **kein** Seitenumbruch stattfindet. Für lange Tabellen schafft das *longtable*-Zusatzpaket Abhilfe, das den Seitenumbruch innerhalb einer Tabelle ermöglicht.

Das Zusatzpaket definiert die *longtable*-Umgebung mit folgender Syntax (siehe auch Beispiel 8.3):

```
\setlongtables
\begin{longtable}{Spaltendefinitionen}
    Definition der Kopf- und Fußzeilen
    Spalten- und Zeileneinträge
\end{longtable}
```

Innerhalb dieser Umgebung wird die gesamte Tabelle ohne Seitenumbruch angegeben. Den erforderlichen Seitenumbruch nimmt LaTeX dann nach Bedarf vor. Um deutlich zu machen, dass sich die Tabelle über mehrere Seiten erstreckt, können unterschiedliche Tabellenkopfzeilen für die erste und die folgenden Seiten angegeben werden. Gleiches gilt auch für den Tabellenfuß für die ersten Seiten und den Tabellenabschluss.

Die Definition der verschiedenen Kopf- und Fußzeilen (diese können mehrzeilig sein) erfolgt mit den foldenden Befehlen:

Einträge \endfirsthead damit werden die Angaben für den ersten Tabellenkopf gemacht;

Einträge \endhead beschreibt die Tabellenköpfe für die Folgeseiten;

Einträge \endfoot Definition der Fußzeilen für alle Seiten außer der letzten;

Einträge \endlastfoot damit werden die Angaben für die Fußzeile auf der letzten Seite gemacht.

Damit die Tabelle korrekt formatiert wird, muss der LaTeX-Lauf mehrfach (mindestens zweimal) erfolgen. LaTeX gibt eine Warnmeldung aus, wenn sich die Spaltenbreiten beim Übersetzen noch geändert haben:

> Package longtable Warning: Column widths have changed
> Package longtable Warning: Table widths have changed. Rerun LaTeX.

Nach einem weiteren LaTeX-Lauf sind die Tabellenbreiten dann angepasst und die Tabellenformatierungen korrekt.

Darüber hinaus werden die korrespondierenden Tabellenspalten auf allen Seiten der Tabelle gleich breit gewählt. Weitere Informationen finden sich in der Dokumentation des *longtable*-Pakets.

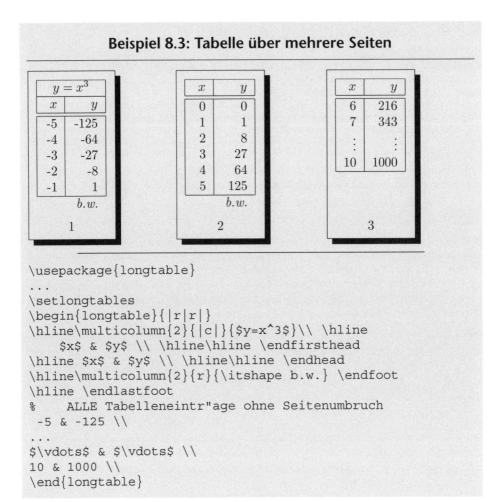

Beispiel 8.3: Tabelle über mehrere Seiten

```
\usepackage{longtable}
...
\setlongtables
\begin{longtable}{|r|r|}
\hline\multicolumn{2}{|c|}{$y=x^3$}\\ \hline
    $x$ & $y$ \\ \hline\hline \endfirsthead
\hline $x$ & $y$ \\ \hline\hline \endhead
\hline\multicolumn{2}{r}{\itshape b.w.} \endfoot
\hline \endlastfoot
%    ALLE Tabelleneintr"age ohne Seitenumbruch
 -5 & -125 \\
...
$\vdots$ & $\vdots$ \\
10 & 1000 \\
\end{longtable}
```

8.3 Die *tabbing*-Umgebung

In einigen Fällen kann es sinnvoll sein, eine tabellarische Darstellung über Tabulatoren vorzunehmen (z. B. Daten-Listings). Dies ist insbesondere dann notwendig, wenn für die Ausgabe kein Schreibmaschinen-Zeichensatz, sondern ein Zeichensatz mit unterschiedlich breiten Zeichen verwendet wird. Gleiche Einrücktiefen lassen sich mit solchen Zeichensätzen nur sehr schwer realisieren.

Die *tabbing*-Umgebung stellt für solche (und auch andere Fälle) Tabulatoren zur Verfügung. Zunächst muss eine Tabulatorposition definiert werden, bevor sie dann benutzt werden kann.

Die wichtigsten Tabulatorbefehle innerhalb der *tabular*-Umgebung sind im Folgenden kurz beschrieben:

\=   Ein Tabulator wird an der aktuellen Stelle gesetzt.

\>   Sprung zur nächsten Tabulatorposition.

\<   Rücksprung um eine Tabulatorposition.

\+   Der linke Rand verschiebt sich um eine Tabulatorposition nach rechts.

\-   Der linke Rand verschiebt sich um eine Tabulatorposition nach links.

Die Befehle \+ und \- werden erst nach dem Zeilenende wirksam!

Alle Zeilen innerhalb der *tabbing*-Umgebung müssen mit dem Befehl für das Zeilenende (\\) abgeschlossen werden!

Beispiel 8.4: Einsatz von Tabulatoren

Winkel	cos	sin
0	1,0	0,0
	0,7071	0,7071
90	0,0	1,0
	-0,7071	0,7071
180	-1,0	0,0

```
\begin{tabbing}
Winkel \quad\= 0,7071 \quad\= \kill
Winkel \> cos      \> sin \\
0      \> 1,0      \> 0,0       \+ \\
       0,7071 \> 0,7071   \- \\
90     \> 0,0      \> 1,0       \+\\
       -0,7071\> 0,7071   \- \\
180    \> -1,0     \> 0,0\\
\end{tabbing}
```

Beispiel 8.4 zeigt den Einsatz von Tabulatoren für eine Auflistung der cosinus- und sinus-Funktionswerte für ausgezeichnete Winkel. Auf die Winkelangaben 45 und 135 Grad wurde in dem Beispiel verzichtet, um die Wirkung der Befehle \> und \< zu demonstrieren.

Tabulatorpositionen können im laufenden Text festgelegt werden. Meist ist es sinnvoll, die Positionen **vorher** zu definieren. Dafür stellt LaTeX eine so genannte Musterzeile zur Verfügung, diese enthält die längsten Einträge für jede Spalte mit den sich anschließenden \=-Befehlen, die die Tabulatorpositionen bestimmen. Abgeschlossen wird die Zeile mit dem direkt folgenden Befehl \kill, der bewirkt, dass die Tabulatorpositionen an die richtigen Stellen gesetzt werden, die Musterzeile selbst aber **nicht** ausgegeben wird. Von diesem Sachverhalt wurde im Beispiel 8.4 auch Gebrauch gemacht.

In der *tabbing*-Umgebung lassen sich keine Ausrichtungen für den Text an einer Tabulatorposition angeben (nur die linksbündige Ausrichtung ist möglich). Auch Hilfslinien zur Strukturierung können nicht verwendet werden. Dies sind große Nachteile dieser Umgebung.

8.4 Übung

Setzen Sie den folgenden Text und die integrierte Tabelle in der angegebenen Form. Beachten Sie dabei, dass zwischen der Tabelle und dem Text außerhalb ein zusätzlicher vertikaler Abstand von 1 ex eingefügt werden soll. Zwischen den Zahlen und der Maßeinheit pt befindet sich ein kleiner horizontaler Abstand.

Der Tabellenkopf wurde in fetter Schrift gesetzt. Die Angaben im Tabellenkopf sind alle in der jeweiligen Spalte zentriert. In der Tabelle selbst sind die Einträge für die LaTeX-Befehle in einer „Typewriter"-Schrift gesetzt und linksbündig ausgerichtet. Die Einträge für die Schriftgrößen stehen in den Spalten rechtsbündig.

Strukturieren Sie die Tabelle mit horizontalen und vertikalen Linien in der angegebenen Form.

---

1 Ein Tabellenbeispiel

Die Tabelle stellt die real benutzten Schriftgrößen für die LaTeX-Schriftgrößenbefehle in Abhängigkeit von der Basisschriftgröße dar.

LaTeX-Befehl	Basisschriftgröße		
	10 pt	11 pt	12 pt
\tiny	5 pt	6 pt	6 pt
\scriptsize	7 pt	8 pt	8 pt
\footnotesize	8 pt	9 pt	10 pt
\small	9 pt	10 pt	11 pt
\normalsize	10 pt	11 pt	12 pt
\large	12 pt	12 pt	14 pt
\Large	14 pt	14 pt	17 pt
\LARGE	17 pt	17 pt	20 pt
\huge	20 pt	20 pt	25 pt
\Huge	25 pt	25 pt	25 pt

Die kleinste darstellbare Schrift ist 5 pt, die größte 25 pt hoch. Die Schriften werden in der Regel in diskreten, gut miteinander harmonierenden Größen benutzt.

8.5 Zusammenfassung

In diesem Kapitel haben Sie gelernt:

✓ die *tabular*-Umgebung für den Tabellensatz zu nutzen, wobei LaTeX automatisch die erforderliche Breite bestimmt;

✓ verschiedene Ausrichtungsarten für Tabelleneinträge in der *tabular*-Umgebung zu verwenden;

✓ Spaltenüberschriften aufzubauen;

✓ Tabellen durch Linien zu strukturieren;

✓ verschiedene Zusatzpakete – insbesondere für lange Tabellen – einzusetzen;

✓ tabellarische Aufstellungen mit der *tabbing*-Umgebung zu erstellen.

Kapitel 9
Abbildungen und Grafiken

Neben Tabellen sind Grafiken ein wichtiges Hilfsmittel zur Veranschaulichung und Visualisierung von Daten. Daher ist die Integration von Grafiken Voraussetzung für ein gutes Satzsystem. Diesem Anspruch wird LaTeX auch gerecht.

Zwei unterschiedliche Wege kommen dabei in Betracht: Die Grafik (Strichzeichnung) wird direkt mit LaTeX-Befehlen erstellt und ist somit Bestandteil des Dokuments oder die Grafik (Strichzeichnung, Bild) wird mit einem separaten Programm erstellt und in einem Dateiformat gespeichert, das von LaTeX in das Dokument eingebunden werden kann.

In diesem Kapitel lernen Sie:

→ einfache Grafiken mit der *picture*-Umgebung zu erstellen;
→ komplexe Grafiken mit Hilfe des *pstricks*-Zusatzpakets aufzubauen;
→ mit externen Programmen erzeugte Grafiken mit Hilfe von Zusatzpaketen in LaTeX-Dokumente zu integrieren;
→ Unterschiede bei der Integration externer Grafiken für PostScript- und PDF-Dokumente zu beachten;
→ Dokumentteile farbig zu gestalten und Texte zu drehen.

9.1 LaTeX-interne Grafiken

LaTeX ist in der Lage, einfache Grafiken innerhalb der *picture*-Umgebung zu erstellen. Allerdings muss die Grafik von Hand mit LaTeX-Befehlen *programmiert* werden, was bei komplexeren Grafiken einen nicht zu unterschätzenden Aufwand darstellt.

Für die Erstellung komplexerer Grafiken sind Zusatzpakete entwickelt worden, die Einschränkungen aufheben bzw. die Handhabung vereinfachen. Andere Zusatzpakete erstellen mit Hilfe von LaTeX-Befehlen PostScript-Grafiken, die direkt bei der Formatierung des Dokuments erzeugt werden. Damit wird das System LaTeX zwar nicht verlassen, jedoch leidet möglicherweise die Portabilität auf andere Rechnerplattformen. Darüber hinaus kann das Preview der Grafik fehlerhaft sein.

9.1.1 Die *picture*-Umgebung

Mit Hilfe der *picture*-Umgebung lassen sich nur einfache Grafiken in LaTeX erstellen. Vorteilhaft ist, dass sich darin fast alle LaTeX-Befehle verwenden lassen (auch der Mathematik-Satz!) und die gleichen Schriften benutzt werden können wie im eigentlichen Dokument. In Bezug auf die Grafiken müssen allerdings große Einschränkungen in Kauf genommen werden.

> Darüber hinaus führt die vom üblichen Standard abweichende Syntax recht häufig zu Eingabefehlern! Die Argumente, die sich auf Koordinaten oder Richtungsangaben beziehen, stehen in den Befehlen der *picture*-Umgebung in einem runden »(...)« Klammernpaar.

Koordinaten und Längenangaben werden auf Basis einer internen Einheitslänge angegeben und tragen daher **keine** Dimensionsangaben. Die Einheitslänge muss **vor** Aufruf der *picture*-Umgebung festgelegt werden. Dazu wird der Befehl:

\setlength{\unitlength}{Maß})

benutzt. Die Angabe Maß (Zahl mit Dimensionsangabe) legt fest, wie lang eine Einheit ist; fehlt dieser Befehl, so wird die Voreinstellung (1 pt; ca. 0,35 mm) benutzt.

Die Syntax für die *picture*-Umgebung lautet:
\setlength{\unitlength}{Maß}
\begin{picture}(Breite,Höhe)(x-Offset,y-Offset)
   Zeichen-Befehle der picture-Umgebung
\end{picture}

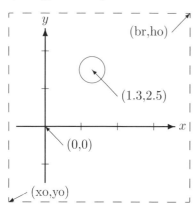

Für die nebenstehende Zeichnung wurden folgende Werte benutzt:

Parameter	Wert
Maß:	1 cm
Breite (br):	5
Höhe (ho):	5
x-Offset (xo):	-1
y-Offset (yo):	-2

Die gestrichelten Linien umrahmen die so definierte Zeichenfläche.

Abbildung 9.1: Deklarationen für die *picture*-Umgebung

Angegeben werden müssen die Breite und die Höhe der Grafik. Diese Angaben tragen **keine** Dimensionsangaben, da sie sich auf die vorher definierte Einheit (siehe \unitlength) beziehen! Durch diese Angaben wird von LaTeX ein entsprechender Platz im Text für die Grafik reserviert. Optional kann der Ursprung der Grafik um x-Offset, y-Offset verschoben werden.

> Elemente der Grafik können über die so definierte rechteckige Fläche hinausragen; sie werden **nicht** abgeschnitten oder weggelassen (kein *Clipping*)!

9.1.2 Positionierung grafischer Elemente

Für jedes Grafikelement muss zunächst ein Koordinatenpaar (x,y) angegeben werden, an dem das Objekt gezeichnet wird. Dazu gibt es die Befehle:

\put(x,y){Zeichenbefehl} das durch den Zeichenbefehl definierte grafische Objekt wird an der Stelle (x, y) ausgegeben.

\multiput(x,y)(x-Delta,y-Delta){Anzahl}{Zeichenbefehl}
    das durch den Zeichenbefehl definierte grafische Objekt wird an der angegebenen Position (x, y) ausgegeben. Danach wird die Startposition um x-Delta,y-Delta verschoben und das Objekt erneut ausgegeben; dies geschieht so oft, bis insgesamt Anzahl Objekte gezeichnet wurden.

9.1.3 Darstellbare grafische Elemente

In der *picture*-Umgebung stehen folgende Grafikelemente zur Verfügung:

Gerade	Vektor	Rechteck	Kreis	ausgefüllter Kreis	Oval	Text
╱	╱→	▭	○	●	◯	LaTeX

Geraden und Vektorpfeile
Geneigte Geraden können nur diskrete Steigungen aufweisen und lassen sich erst ab einer Mindestlänge von 10 pt (ca. 3,5 mm) zeichnen. Der Zeichenbefehl für eine Gerade lautet:

\line(x-Steig,y-Steig){Länge} dabei dürfen für die Steigungsparameter (x-Steig bzw. y-Steig) nur ganzzahlige Werte eingesetzt werden (Wertebereich: $-6 \leq S \leq +6$), die keinen gemeinsamen Teiler besitzen.

> *Länge* gibt **nicht** die Gesamtlänge der Geraden, sondern die Länge der Projektion auf die x-Achse an (bzw. für die Steigung (0,1) die Projektion auf die y-Achse)!

Die Gerade beginnt am aktuellen Punkt (durch den Befehl \put bzw. \multiput bestimmt). Die horizontale Länge berechnet sich aus der Angabe *Länge* (multipliziert mit -1 bei negativem Vorzeichen des x-Steig-Parameters). Die vertikale Länge berechnet sich aus dem Steigungsverhältnis y-Steig/x-Steig multipliziert mit *Länge*; z. B. zeichnet der Befehl \put(1,2){\line(3,2){12}} eine Gerade vom Startpunkt (1,2) zum Endpunkt (13,10); x: $1+12 = 13$, y: $2+\frac{2}{3}\cdot 12 = 10$.

Für Vektorpfeile (Gerade mit Pfeilspitze am Ende) lautet die analoge Syntax:

\vector(x-Steig,y-Steig){Länge}   hierbei sind noch restriktivere Bedingungen für die beiden Steigungsparameter S (x-Steig bzw. y-Steig) zu erfüllen; Wertebereich $-4 \leq S \leq +4$.

Mit diesen Einschränkungen lassen sich nur die in der Tabelle 9.1 angegebenen Winkel (gerundet auf eine Nachkommastelle, Angabe in Grad) für Geraden bzw. Vektorpfeile realisieren:

(x-Steig,y-Steig)	(1,0)	(6,1)	(5,1)	(4,1)	(3,1)	(5,2)	(2,1)	(5,3)	(3,2)
Winkel [°]	**0,0**	9,5	11,3	**14,0**	**18,4**	21,8	**26,6**	31,0	**33,7**
(x-Steig,y-Steig)	(4,3)	(5,4)	(6,5)	(1,1)	(5,6)	(4,5)	(3,4)	(2,3)	(3,5)
Winkel [°]	**36,9**	38,7	39,8	**45,0**	50,2	51,3	**53,1**	**56,3**	59,0
(x-Steig,y-Steig)	(1,2)	(2,5)	(1,3)	(1,4)	(1,5)	(1,6)	(0,1)		
Winkel [°]	**63,4**	68,2	**71,6**	**76,0**	78,7	80,5	**90,0**		

Tabelle 9.1: Geraden und Vektoren in der *picture*-Umgebung

Winkel, die sowohl für Geraden als auch für Vektoren zulässig sind, sind **fett** gedruckt. In normaler Schrift gedruckte Winkelangaben lassen sich nur für Geraden verwenden.

Kreise
Zum Zeichnen von Kreisen steht der folgende Befehl zur Verfügung:

\circle{Durchmesser}   wobei Durchmesser auf maximal 40 pt (ca. 14 mm) beschränkt ist.

Der aktuelle Punkt, der durch die Angaben im Befehl \put bzw. \multiput bestimmt wird, gibt die Lage des Kreismittelpunkts an.

Ausgefüllte Kreise lassen sich als Variante des \circle-Befehls zeichnen:

\circle*{Durchmesser}   wobei der Durchmesser auf 15 pt (ca. 5,25 mm) beschränkt ist.

Auch in diesem Fall gibt der aktuelle Punkt die Lage des Kreismittelpunkts an.

Texte
Texte können direkt als Argument eines \put-Befehls angegeben werden. Wenn eine genaue Positionierung erforderlich ist, ist es besser, den Text in ein definiertes Rechteck einzusetzen. Die Syntax des dazu verwendeten \makebox-Befehls weicht von der bisher bekannten Syntax ab (runde statt eckige Klammern; Angabe der Höhe):

\makebox(Breite,Höhe)[Position]{Text}   wobei Breite und Höhe die Dimension des Rechtecks beschreiben (in einem runden Klammernpaar!). Der optionale Parameter Position gibt an, wie der Text in diesem Rechteck angeordnet wird.

Für *Position* muss eine Buchstabenkombination für die horizontale und vertikale Ausrichtung des Textes eingesetzt werden. Gültig sind:

horizontal: c – zentriert (*center*), l – linksbündig (*left*), r – rechtsbündig (*right*);
vertikal: c – zentriert (*center*), t – oben (*top*), b – unten (*bottom*).

Die Kombination aus horizontaler und vertikaler Ausrichtung ergibt die Anordnung des Textes im Rechteck: z. B. »br« für eine Anordnung des Textes unten rechts oder »cc« für eine mittenzentrierte Anordnung.

Rechtecke bzw. gerahmte Texte
Alternativ dazu kann der Text auch mit einem Rahmen versehen werden (analog zum \framebox-Befehl). Auf die besondere Syntax innerhalb der *picture*-Umgebung ist zu achten:

\framebox(Breite,Höhe)[Position]{Text}   wobei Breite und Höhe die Dimension des gerahmten Rechtecks beschreiben.

\dashbox{Länge}(Breite,Höhe)[Position]{Text}   wobei das gerahmte Rechteck durch Breite und Höhe beschrieben wird. Der Parameter Länge gibt die Länge der Striche und der Lücken an.

Der optionale Parameter Position bestimmt, wie der Text in dem Rahmen angeordnet wird. Dafür können die gleichen Angaben eingesetzt werden wie im Falle des \makebox-Befehls.

Der \framebox-Befehl erzeugt ein mit durchgezogenen Linien gerahmtes Rechteck, der \dashbox-Befehl ein Rechteck, das mit gestrichelten Linien gerahmt wird.

Bleibt der Parameter Text leer oder wird dafür ein Leerzeichen eingesetzt, so wird nur das Rechteck dargestellt.

Ovale
Rechtecke mit abgerundeten Ecken (Ovale) werden mit dem folgenden Befehl gezeichnet:

\oval(Breite,Höhe)[Teil]   wobei der *Durchmesser* für die Rundung auf maximal 40 pt (ca. 14 mm) beschränkt ist. Der Einfügepunkt (in der Tabelle mit einem Punkt markiert) liegt in der Mitte des Ovals.

Für Teil können folgende Angaben eingesetzt werden:

t	b	l	r	lt	lb	rt	rb
⌒	⌣	⊂	⊃	⌐	⌊	⌝	⌟

Wird der optionale Parameter Teil nicht angegeben, so wird ein vollständiges, geschlossenes Oval gezeichnet.

Linienbreiten
Alle Grafikelemente werden standardmäßig mit dünnen Linien gezeichnet. Mit dem Befehl \thicklines werden dickere Linien für die Objekte benutzt. Sollen nach der Umschaltung auf dickere Linien wieder die Standard-Linienbreiten benutzt werden, muss dafür der Befehl \thinlines verwendet werden.

Für horizontale und vertikale Linien können dickere Linienbreiten vereinbart werden: \setlength{\linethickness}{Breite}. Dieser Befehl wirkt nicht auf geneigte Linien, Kreise und Ovale.

Neben den hier vorgestellten Befehlen gibt es noch weitere Befehle. Erwähnenswert sind:

\qbezier   zeichnet gebogene Linien mit Hilfe von Bézier-Kurven;

\shortstack   ordnet textuelle Einträge senkrecht übereinander an.

Diese Befehle sind relativ komplex, so dass im Rahmen dieses Buches nicht auf sie eingegangen werden kann. Die weiterführende Literatur [6, 11] kann für weitere Informationen herangezogen werden.

9.1.4 Anwendung der *picture*-Umgebung

Das Beispiel 9.1 zeigt die Anwendung häufig benutzter Befehle in der *picture*-Umgebung.

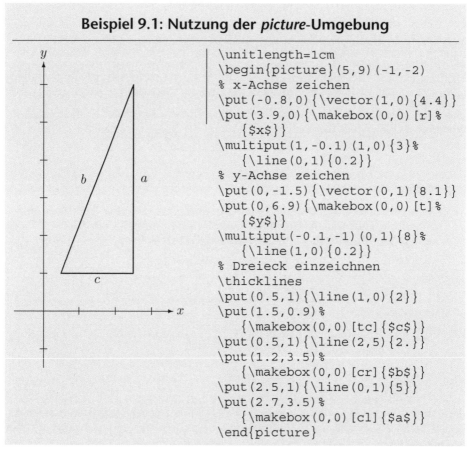

Beispiel 9.1: Nutzung der *picture*-Umgebung

```
\unitlength=1cm
\begin{picture}(5,9)(-1,-2)
% x-Achse zeichnen
\put(-0.8,0){\vector(1,0){4.4}}
\put(3.9,0){\makebox(0,0)[r]%
    {$x$}}
\multiput(1,-0.1)(1,0){3}%
    {\line(0,1){0.2}}
% y-Achse zeichnen
\put(0,-1.5){\vector(0,1){8.1}}
\put(0,6.9){\makebox(0,0)[t]%
    {$y$}}
\multiput(-0.1,-1)(0,1){8}%
    {\line(1,0){0.2}}
% Dreieck einzeichnen
\thicklines
\put(0.5,1){\line(1,0){2}}
\put(1.5,0.9)%
    {\makebox(0,0)[tc]{$c$}}
\put(0.5,1){\line(2,5){2.}}
\put(1.2,3.5)%
    {\makebox(0,0)[cr]{$b$}}
\put(2.5,1){\line(0,1){5}}
\put(2.7,3.5)%
    {\makebox(0,0)[cl]{$a$}}
\end{picture}
```

Für das Beispiel werden Zeichenbefehle für Geraden, Vektoren und Texte benutzt. Die Grafikelemente werden direkt (\put) positioniert, nur die Unterteilung der Achsen wird über die Mehrfach-Positionierung (\multiput) erreicht.

9.1.5 Hilfreiche Zusatzpakete

Die *picture*-Umgebung hat im Wesentlichen zwei Nachteile: Zum einen stehen nur rudimentäre und dazu noch stark eingeschränkte Grafikelemente zur Verfügung und zum anderen entsteht für komplexe Grafiken ein hoher Programmier- bzw. Entwicklungsaufwand.

Durch den Einsatz geeigneter Zusatzpakete können die Nachteile beseitigt werden. So lassen sich beliebig geneigte Geraden mit den Zusatzpaketen *pict2e*, *epic* und *eepic* zeichnen. Darüber hinaus stellen die beiden letztgenannten Pakete auch weitere Befehle für die Konstruktion der Zeichnungen zur Verfügung.

Eine Vielzahl fachspezifischer Zusatzpakete sind auf Basis der *picture*-Umgebung entstanden: z. B. Chemie (*chemtex*, *xymtex*, *ochem*); Physik (*feynmann*); Statistik (*bar*). Beispiele dazu finden Sie in der weiterführenden Literatur (z. B.[5, 7, 11]).

9.1.6 LaTeX-Befehle zur PostScript-Erzeugung

Um die Einschränkungen der *picture*-Umgebung zu umgehen, wurde das Paket *pstricks* entwickelt, das mittels LaTeX-Befehlen eine PostScript-Grafik erstellt, die sofort in das Dokument integriert wird. Das Paket besteht aus mehreren Teilpaketen, die je nach Anwendung in der Präambel mit geladen werden müssen.

Das Beispiel 9.2 zeigt die grafische Darstellung der Sinus- und Cosinus-Funktion. Neben dem *pstricks*-Paket muss für die Funktionsdarstellung auch das Teilpaket *pst-plot* geladen werden.

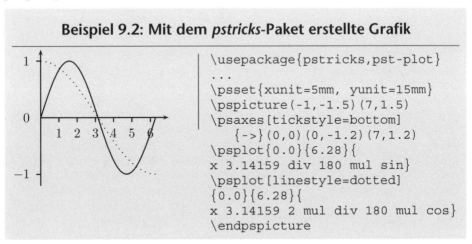

Beispiel 9.2: Mit dem *pstricks*-Paket erstellte Grafik

```
\usepackage{pstricks,pst-plot}
...
\psset{xunit=5mm, yunit=15mm}
\pspicture(-1,-1.5)(7,1.5)
\psaxes[tickstyle=bottom]
    {->}(0,0)(0,-1.2)(7,1.2)
\psplot{0.0}{6.28}{
x 3.14159 div 180 mul sin}
\psplot[linestyle=dotted]
{0.0}{6.28}{
x 3.14159 2 mul div 180 mul cos}
\endpspicture
```

Die vom *pstricks*-Paket zur Verfügung gestellten Befehle gehen weit über die von der *picture*-Umgebung bekannten Befehle hinaus. Mit diesem Paket können qualitativ hochwertige Grafiken erstellt werden. Nachteilig ist, dass der Weg über eine PostScript-Ausgabe führen muss.

In der weiterführenden Literatur ([3, 5, 11]) sind dazu weitere Beispiele zu finden. Darüber hinaus ist die dem Paket beiliegende Dokumentation sehr hilfreich.

Andere Ansätze wurden ebenfalls verfolgt, zum Beispiel kann das Metafont-Programm zur Generierung von speziellen Zeichensätzen (mfpic) oder von PostScript-Daten (MetaPost) verwendet werden. Auch hierfür sind unterstützende Zusatzpakete entwickelt worden. Beschreibungen dazu finden Sie in der einschlägigen Literatur [1, 3, 5, 7, 11].

9.2 Integration externer Grafiken

Auf Grund obiger Ausführungen eignet sich LaTeX nur bedingt für die Erstellung fachspezifischer Grafiken. Dafür sind – je nach Anwendung – meist separate Spezialprogramme erforderlich. Die Einbindung dieser Grafiken muss dann über einen Zwischenschritt (Export der Grafik in ein von LaTeX integrierbares Dateiformat und Einbindung dieser Datei in den Text) erfolgen.

Für den letzten Schritt ist ein Zusatzpaket erforderlich, das die Befehle für die Grafikeinbindung bereitstellt. Je nach Rechnerplattform, LaTeX-Portierung und benötigtem Ausgabeformat (PostScript, PDF) kommen unterschiedliche Zusatzpakete und Dateiformate für die Grafikeinbindung in Betracht.

Daher ist es ratsam, sich bereits weit im Vorfeld mit der Grafikintegration zu beschäftigen und die erforderlichen Vorgehensweisen ausgiebig zu testen.

9.2.1 Das *graphicx*-Paket

Am häufigsten wird das *graphicx*-Paket für die Grafikintegration eingesetzt. Dieses Paket stellt recht komfortable Möglichkeiten (z. B. Skalierung, Drehung) für die Grafikeinbindung zur Verfügung.

Problematisch bei der Grafikintegration ist die Auswahl des geeigneten Dateiformats für die Grafik. Sofern die Ausgabe des Dokuments mit dem DVIPS-Druckertreiber erfolgt, kommt das Dateiformat *Encapsulated PostScript* (.eps) zum Einsatz. Wird dagegen pdfLaTeX zur Formatierung benutzt, so können nur die Dateiformate *PortableDocumentFormat* (.pdf), *PortableNetworkGraphics* (.png) und *JointPhotographicExpertsGroup* (.jpg) eingebunden werden. An diesen unterschiedlichen Dateiformaten ist zu sehen, dass bereits im Vorfeld weit reichende Entscheidungen getroffen werden müssen, die die Auswahl der anwendbaren externen Grafikprogramme beeinflussen.

Das *graphicx*-Paket muss in der Präambel geladen werden:

\usepackage[*Paketoptionen*]{graphicx}

Folgende *Paketoptionen* sind möglich:

dvips   Die Ausgabe erfolgt mit Hilfe des DVIPS-Druckertreibers; nur Dateien im .eps-Dateiformat können plattformübergreifend eingebunden werden. Einige Windows-Implementationen erlauben es, auch Dateien im .bmp-Dateiformat einzubinden – dazu lesen Sie bitte die Original-Dokumentation der Implementation.

pdftex Die Ausgabe erfolgt direkt im .pdf-Dateiformat; eingebunden werden können nur Dateien im .pdf-, .png- oder .jpg-Dateiformat.

Weitere Paketoptionen können der dem Paket beiliegenden Dokumentation oder der weiterführenden Literatur (z. B. [3, 11]) entnommen werden.

Definiert wird in dem *graphicx*-Paket der Befehl \includegraphics, der die Grafikintegration vornimmt. Dieser kann auf zwei unterschiedliche Arten benutzt werden.

Grafiken ohne implizite Größenangabe
Wenn in der einzubindenden Datei keine Größenangaben für die Grafik vorhanden sind (häufig bei Bildern), muss der erforderliche Platz dafür im Dokument reserviert werden. Der \includegraphics-Befehl kommt dann wie folgt zum Einsatz:

\includegraphics[*Lux,Luy*][*Rox,Roy*]{*Dateiname*} wobei der Parameter *Dateiname* auf die einzubindende Datei (Pfadangabe zur Datei und deren Namen) verweist.

In den beiden optionalen Parametern werden die Angaben für den erforderlichen Platz im Dokument vorgenommen. Dazu werden die Koordinaten für die linke untere Ecke (*Lux, Luy*) und die rechte obere Ecke (*Rox, Roy*) der Grafik benötigt. Die Angabe erfolgt in so genannten PostScript-Einheiten (1/72 Zoll ≈ 0,35 mm).

Beispiel 9.3 zeigt ein Bild, das auf die zur Einbindung benötigte Breite umgerechnet wurde. Die Einbindung der Grafik (.eps-Dateiformat) wurde mit dem *graphics*-Zusatzpaket und dem darin definierten \includegraphics-Befehl vorgenommen. Angegeben wurden die Dimensionen des Bildes (0,0 für unten links und 141,106 für oben rechts).

Beispiel 9.3: Einbindung eines Fotos mit dem *graphicx*-Paket

Integration eines Bildes ohne interne Dimensionsangaben:

Weiterer Text ...

```
\usepackage[dvips]{graphics}
...
Dimensionsangaben:

\includegraphics[0,0][141,106]%
    {marga.eps}

Weiterer Text \dots
```

Grafiken mit impliziter Größenangabe
Liegt die Größenangabe mit in der Grafikdatei vor, so kann die leistungsfähigere Variante zur Grafikeinbindung gewählt werden. Hiermit lässt sich die Grafik bei der Einbindung skalieren oder drehen.

\includegraphics[*Schlüssel=Wert*]{*Dateiname*} wobei der Parameter *Dateiname* auf die einzubindende Datei (Pfadangabe zur Datei und deren Namen) verweist.

Mit dem optionalen Parameter Schlüssel=Wert können die folgenden zusätzlichen Funktionen aktiviert werden:

width=*Breite* die Grafik wird auf die angegebene *Breite* (Zahl mit Dimensionsangabe) skaliert;

height=*Höhe* die Grafik wird auf die angegebene *Höhe* (Zahl mit Dimensionsangabe) skaliert;

angle=*Winkel* die Grafik wird um den angegebenen *Winkel* im mathematisch positiven Sinn gedreht (Angabe in Grad);

scale=*Faktor* die Größe der Grafik wird mit dem angegebenen *Faktor* vergrößert/verkleinert;

bb=*Lux Luy Rox Roy* nur der angegebene Bereich der Grafik wird ausgegeben (siehe oben).

Die Funktionen können miteinander kombiniert werden. Ein Komma trennt die jeweiligen Angaben. Die Reihenfolge der Angaben ist von Bedeutung (z. B. erst die Grafik drehen, dann auf die Textbreite skalieren).

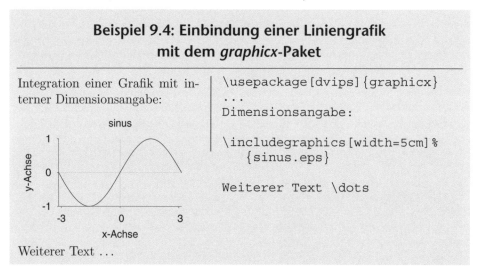

Beispiel 9.4: Einbindung einer Liniengrafik mit dem *graphicx*-Paket

Die Abbildung 9.4 zeigt eine PostScript-Grafik, die mit dem GNUPLOT-Programm erstellt und im .eps-Dateiformat (set terminal postscript eps) exportiert wurde. Die Einbindung der Grafik wurde mit dem *graphicx*-Zusatzpaket und dem darin definierten \includegraphics-Befehl vorgenommen. Die Grafik wurde dabei auf eine Breite von 5 cm skaliert.

Neben dem umfangreichen *graphicx*-Paket existiert noch das *graphics*-Paket mit nur rudimentären Möglichkeiten der Grafikeinbindung. Der Funktionsumfang des *graphics*-Pakets ist komplett im *graphicx*-Paket enthalten. Daher sollte auch nur dieses benutzt werden.

9.2.2 Das *epsfig*-Paket

Alternativ zum \includegraphics-Befehl können Dateien im .eps-Dateiformat auch mit Hilfe des *epsfig*-Zusatzpakets in LaTeX-Dokumente integriert werden. Das Paket ist im *graphicx*- Gesamtpaket enthalten. Es definiert den \epsfig-Befehl und als Synonym dazu den \psfig-Befehl. Die Syntax weicht von der Syntax des \includegraphics-Befehls ab. Sie lautet:

\epsfig{file=*Dateiname*,height=*Höhe*,width=*Breite*,angle=*Winkel*}
    wobei die Parameter die gleiche Bedeutung wie beim \includegraphics-Befehl haben.

Neben diesen Angaben können auch noch weitere Angaben im obligatorischen Parameter angegeben werden. Details dazu finden sich in der dem Paket beiliegenden Dokumentation und in der weiterführenden Literatur, z. B. [11].

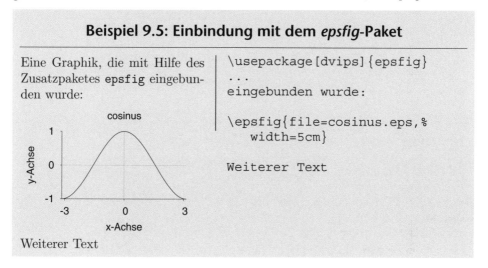

Beispiel 9.5: Einbindung mit dem *epsfig*-Paket

Die Abbildung 9.5 zeigt eine PostScript-Grafik, die mit dem GNUPLOT-Programm erstellt wurde; die Einbindung der Grafik erfolgte mit dem *epsfig*-Zusatzpaket und dem darin definierten \epsfig-Befehl. Dabei wurde die Grafik auf eine Breite von 5 cm skaliert.

9.3 Hilfreiche Zusatzpakete

9.3.1 Das *rotate*-Zusatzpaket

Oftmals ist es wünschenswert, LaTeX-Objekte drehen zu können; zum Beispiel Grafiken im Querformat oder lange Überschriften über schmalen Tabelleneinträgen. Erfolgt der Ausdruck des Dokuments in PostScript oder über das .pdf-Format, so kann das *rotating*-Zusatzpaket in der Präambel geladen werden. Dieses Paket stellt die folgenden Umgebungen zur Verfügung:

`turn{Winkel}` dreht den Inhalt der Umgebung um `Winkel` im mathematisch positiven Sinn. Die so entstandene Box hat für LATEX die Dimensionen des gedrehten Objekts;

`rotate{Winkel}` dreht den Inhalt der Umgebung um `Winkel` im mathematisch positiven Sinn. Die so entstandene Box hat für LATEX keine Breite und Höhe;

`sideways` dreht den Inhalt der Umgebung um 90 Grad im mathematisch positiven Sinn. Die entstandene Box hat für LATEX die Dimensionen des gedrehten Objekts.

Das Beispiel 9.6 zeigt die Nutzung der *turn*-Umgebung.

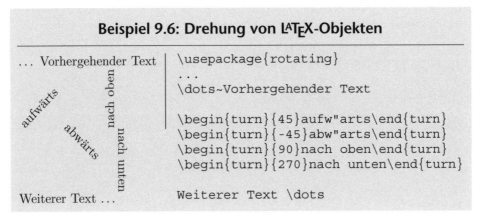

Beispiel 9.6: Drehung von LATEX-Objekten

Das Beispiel 9.7 zeigt dagegen den Einsatz der *rotate*-Umgebung innerhalb von Tabellen.

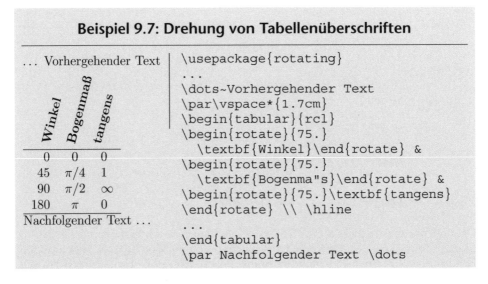

Beispiel 9.7: Drehung von Tabellenüberschriften

Wichtig dabei ist, dass die gedrehten Objekte **keine** Breite und Höhe haben. Somit müssen Sie selbst für diese Objekte mit geeigneten LaTeX-Befehlen ausreichend Platz schaffen. Im Beispiel wurde vor der Tabelle ein Absatz mit einem zusätzlichen vertikalen Abstand von 1,7 cm eingefügt.

> Im Preview werden oftmals die gedrehten Objekte nicht korrekt dargestellt.

9.3.2 Das *color*-Zusatzpaket

Farben können die Aufmerksamkeit des Lesers wecken, die Lesbarkeit des Textes wird dabei aber in der Regel nicht erhöht! LaTeX kann in Dokumenten Farben verwenden; dazu sind geeignete Zusatzpakete erforderlich. Im Folgenden wird das am häufigsten eingesetzte *color*-Zusatzpaket vorgestellt.

> Das Zusatzpaket muss in der Präambel eines Dokuments geladen werden. Als Paketoptionen haben nur die folgenden Optionen größere Bedeutung:
>
> dvips bei Nutzung des *dvips*-Druckertreibers;
>
> pdftex bei der direkten Erstellung von .pdf-Dateien mit pdfLaTeX.

Definiert werden in dem Paket unter anderem die folgenden Befehle:

\textcolor{*Farbname*}{*Eintrag*} wobei *Farbname* für den Namen einer definierten bzw. selbst definierten Farbe steht und *Eintrag* der farbig zu druckende Text bedeutet;

\colorbox{*Farbname*}{*Eintrag*} *Farbname* gibt die Hintergrundfarbe der Box um den *Eintrag* an;

\definecolor{*Farbname*}{*Farbmodell*}{*Farbanteile*} wobei *Farbname* den Namen einer selbst definierten Farbe angibt. Für die Definition der Farbe können die verschiedenen Farbmodelle (RGB, CMYK oder Graustufen) herangezogen werden. Im Beispiel wurde das Graustufenmodell benutzt, wobei *Farbanteile* in diesem Fall von 0.0 (Schwarz) bis 1.0 (Weiß) reichen kann. Wird das RGB-Farbmodell (Angabe von Rot-, Grün- und Blauanteil) benutzt, so enthält *Farbanteile* für jede der drei Grundfarben einen Eintrag von 0.0 bis 1.0, die durch Kommata voneinander getrennt sind. Beim CMYK-Farbmodell sind es die vier Einträge für die Grundfarben Cyan, Magenta, Gelb (*yellow*) und Schwarz (*key color*).

Das Beispiel 9.8 zeigt das Zusammenspiel der verschiedenen Befehle.

> **Beispiel 9.8: Farben in einem Dokument**
>
> 1 Grau
>
> ... Normale Textzeilen davor
>
> Dies ist Hell auf Dunkel
>
> und dies Dunkel auf Hell
>
> Normale Textzeilen danach ...
>
> ```
> \usepackage[dvips]{color}
> ...
> \definecolor{hg}{gray}{.9}
> \definecolor{mg}{gray}{.5}
> \definecolor{dg}{gray}{.2}
> \textcolor{mg}{\section{Grau}}
> \dots~Normale Textzeilen davor
> \par\vspace{1mm}
> \colorbox{dg}{\textcolor{hg}
>     {Dies ist Hell auf Dunkel}}
> \par\vspace{1mm}
> \colorbox{hg}{\textcolor{dg}
>     {und dies Dunkel auf Hell}}
> \par\vspace{1mm}
> Normale Textzeilen danach \dots~
> ```

In diesem Beispiel sind zwei LaTeX-Objekte mit verschiedenen Hintergrundfarben (hg: helles Grau bzw. dg: dunkles Grau) versehen. Der Vordergrundtext erscheint in der anderen Farbe. Die Überschrift wurde in einem mittleren Grau gesetzt.

Sollen Farben in einem Dokument benutzt werden, so muss auch ein Ausgabegerät zur Verfügung stehen, das Farben darstellen kann.

> ! Das Preview unterstützt oftmals die Farbfunktionen nur unzureichend oder gar nicht!

9.3.3 Textumflossene Grafiken

In einigen Fällen kann es vorteilhaft sein, Grafiken von Text umfließen zu lassen. Dafür sind Zusatzpakete entwickelt worden, die dies ermöglichen:

`picinpar`   dabei wird angegeben, wie viel Zeilen Text noch in der vollen Zeilenbreite gesetzt werden sollen, bevor die Grafik positioniert (am linken oder rechten Rand, mittenzentriert) und vom folgenden Text umflossen wird;

`wrapfig`   dabei wird die Grafik an der Stelle im Text positioniert, wo die Umgebung steht, der Platz für die Grafik muss explizit angegeben werden.

Beide Umgebungen lassen Untertitel für die Grafik zu (analog zu Kapitel 10.4).

Das Beispiel 9.9 zeigt eine Grafik, die vom Text umflossen wird. Die Grafik selbst wurde mit der *picture*-Umgebung erstellt und mit dem *wrapfig*-Paket in den Textfluss integriert. Zu beachten ist dabei, dass die nutzbare Textbreite relativ klein werden kann, so dass große Abstände zwischen den Wörtern in Kauf genommen werden müssen. Die letzte Textzeile vor der *wrapfig*-Umgebung wird automatisch im Blocksatz beendet (oftmals entstehen dabei große Wortabstände).

Beispiel 9.9: Vom Text umflossene Grafik mit dem *wrapfig*-Paket

Die folgende Grafik wird ab hier in den Textfluss integriert. Dabei bedeutet 1, dass die Grafik linksbündig steht und dass für diese vertikal 2.2cm Platz reserviert wird.
Nach der Grafik wird für den Text wieder die volle Breite benutzt.

```
\usepackage{wrapfig}
...
integriert.
\begin{wrapfigure}{l}{2.2cm}
\unitlength=1cm
\begin{picture}(2,2)(-0.3,-0.3)
...
\end{picture}
\end{wrapfigure}
Dabei bedeutet
```

> **!** Vom nachfolgenden Text werden **keine** Wörter zum automatischen Auffüllen der Abstände benutzt!

Ein Beispiel zur Anwendung des *picinpar*-Pakets findet sich unter dem Namen `picin.tex` im CWS.

9.4 Übung

Setzen Sie den nachfolgenden Text und integrieren Sie die zwei Abbildungen. Beide Grafiken versehen Sie bitte bei der Einbindung mit einem Rahmen.

Die erste Abbildung sollen Sie als LaTeX-interne Grafik in der *picture*-Umgebung erstellen. Die Länge der Hypothenuse des Dreiecks beträgt 5 cm, die Winkel α und β betragen jeweils 45°. Zeichnen Sie die Seiten des Dreiecks mit dickeren Linien. Bezeichnen Sie die Eckpunkte und die Seiten des Dreiecks in der angegebenen Weise. Zeichnen Sie mit einer dünnen, gestrichelten Linie die Höhe über der Seite c ein und beschriften Sie diese und die Abschnitte p und q. Tragen Sie auch die Winkel α und β ein. Als Überschrift verwenden Sie den genannten Text in fetter Schrift.

Die zweite Grafik wurde extern erstellt (DVIPS mit der Option -E) und steht im CWS unter dem Namen `kap9i.eps` in Form einer *Encapsulated PostScript*-Datei zur Verfügung. Integrieren Sie diese Datei in der Originalgröße in Ihr Dokument. Beachten Sie, dass Sie dazu auch ein geeignetes Zusatzpaket in der Präambel des Dokuments laden müssen.

Ein Ausdruck der Seite kann auch nur über den Druckertreiber DVIPS erfolgen. Die so erstellte PostScript-Ausgabe können Sie mit GSVIEW betrachten und ausdrucken.

Dieser zweite Teil der Übung funktioniert nicht mit pdfLaTeX, da hiermit die *Encapsulated PostScript*-Datei nicht eingebunden werden kann!

1 Grafiken

In dieser Übung erstellen Sie eine Grafik mit LaTeX-Befehlen selbst und integrieren auch eine extern erstellte Grafik in Ihr Dokument.

1.1 LaTeX-Grafik

In diesem Buch wird im Kapitel *Formelsatz* häufig der Satz des Pythagoras erwähnt. Hier folgt nun die Abbildung eines rechtwinkligen Dreiecks mit $\alpha = \beta = 45°$. Gleichschenklige Dreiecke lassen sich mit LaTeX einfach konstruieren. Deshalb wurde hier auf diesen Dreieckstyp zurückgegriffen.

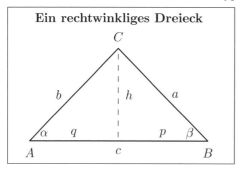

1.2 Externe Grafik

Komplexere Grafiken werden meist mit einem separaten Programm erstellt und müssen dort in einem von LaTeX integrierbaren Dateiformat abgespeichert werden. Hier wurde der Druckertreiber DVIPS dazu benutzt, ein einseitiges LaTeX-Dokument entsprechend aufzubereiten.

In jedem rechtwinkligen Dreieck ist das Quadrat über der Höhe h

$$h^2 = p \cdot q$$

flächengleich dem Rechteck aus den beiden
Hypothenusenabschnitten p und q.

Die Abbildung zeigt mathematische Zeichen in der Palatino-Schrift. Vergleichen Sie diese Abbildung mit dem entsprechenden Beispiel im Buch.

9.5 Zusammenfassung

In diesem Kapitel haben Sie gelernt, wie Sie

- ✓ in LaTeX mit Hilfe der *picture*-Umgebung Grafiken erstellen;
- ✓ hilfreiche Zusatzpakete für die Erstellung LaTeX-interner Grafiken einsetzen;
- ✓ externe Grafiken so aufbereiten, dass sie in LaTeX eingebunden werden können;
- ✓ verschiedene Zusatzpakete für die Einbindung externer Grafiken nutzen;
- ✓ Farben in LaTeX verwenden können;
- ✓ Objekte mit Hilfe von Zusatzpaketen drehen;
- ✓ Grafiken von Text umfließen lassen.

Kapitel 10 Gleitumgebungen

Tabellen und Grafiken benötigen häufig relativ viel Platz in einem Dokument. Für Sie ist es hilfreich, die Tabelle bzw. Grafik in der Eingabedatei dort zu platzieren, wo sie logisch anzusiedeln ist. Da diese Objekte vom Leser in der Regel aber separat gelesen bzw. betrachtet werden, ist ihre Position auf der Seite nicht entscheidend, sie sollten sich nur in der Nähe des Verweises auf dieses Objekt befinden.

Die LaTeX-Gleitumgebungen *table* (für Tabellen) und *figure* (für Abbildungen) ermöglichen die freie Positionierung der darin enthaltenen Dokumentteile nach den von Ihnen vorgegebenen Regeln. Darüber hinaus gestatten die Umgebungen auch die automatische Nummerierung und die Angabe einer Überschrift bzw. eines Untertitels, die in die entsprechenden Verzeichnisse eingetragen werden.

In diesem Kapitel lernen Sie

→ LaTeX-Gleitumgebungen für Tabellen und Abbildungen zu verwenden;
→ die Positionierung der Gleitobjekte zu beeinflussen;
→ Tabellen und Abbildungen mit einem Titel und einer von LaTeX automatisch vergebenen Nummerierung zu versehen;
→ die Voreinstellungen für die Positionierung der Gleitobjekte zu modifizieren;
→ das Tabellen- und Abbildungsverzeichnis auszugeben.

10.1 Gleitende Tabellen

Tabellenobjekte werden durch Einschachteln in die *table*-Umgebung zu Gleitobjekten. Die Syntax für diese Umgebung lautet:

```
\begin{table}[Position]
\caption{Überschrift}
    Tabelle
\end{table}
```

Dabei ist es unerheblich, wie die *Tabelle* gesetzt wird (z. B. durch die *tabular*- oder *tabbing*-Umgebung).

Die Anordnung der Tabelle auf der Seite wird von LaTeX nach den Einträgen bestimmt, die im optionalen Argument *Position* angegeben sind. Folgende Angaben können und sollten kombiniert werden (die Reihenfolge ist von Bedeutung!):

t Die Tabelle kann am Seitenkopf stehen (*top*).

b Die Tabelle kann zum Seitenfuß verschoben werden (*bottom*).

h Die Tabelle soll hier platziert werden (*here*).

p Die Tabelle soll mit anderen Gleitobjekten auf eine eigene Seite verschoben werden (*page*).

> Eine einzelne Positionsangabe (z. B. [h]) sollte nur in Ausnahmefällen benutzt werden, da die Tabelle – und mit ihr alle anderen nachfolgenden Gleitobjekte – an das Ende des Kapitels bzw. des Dokuments wandert, wenn die Einbindung gemäß der Positionsangabe nicht möglich ist.

Mit einem vorangestellten »!« lässt sich die Wirkung der angegebenen Positionsparameter noch verstärken, indem LaTeX mehr Möglichkeiten für Abstandskorrekturen auf der Seite erhält.

Beispiel 10.1 zeigt die Anwendung der *table*-Umgebung.

Beispiel 10.1: Gleitende Tabelle

.... Dieser Text steht vor,

Tabelle 1: Pythagoras

Punkt	Koordinaten	
	x	y
A	1,00	2,000
B	3,00	2,000
C	2,47	2,882

dieser nach der Gleitumgebung.

```
\dotfill Dieser Text steht vor,

\begin{table}[htb]
\caption{Pythagoras}
\begin{center}
\begin{tabular}{|c|r|r|}\hline
\textbf{Punkt} & \multicolumn%
{2}{c|}{\textbf{Koordinaten}}\\
 & x & y \\ \hline\hline
A & 1,00 & 2,000\\
B & 3,00 & 2,000\\
C & 2,47 & 2,882\\ \hline
\end{tabular}
\end{center}
\end{table}

dieser nach der Gleitumgebung.
```

Die *table*-Umgebung im Beispiel wurde mit den Parametern »htb« deklariert. Dies bedeutet, dass die Tabelle bevorzugt an der aktuellen Stelle (**h**), falls dies nicht möglich ist, am Seitenkopf (**t**) bzw. am Seitenende (**b**) positioniert wird. Die Tabelle wurde in die *center*-Umgebung eingeschachtelt, damit sie wie auch die Überschrift zentriert ausgegeben wird.

Die Tabellenüberschrift „Pythagoras" wird mit der Seitenzahl automatisch in das Tabellenverzeichnis (siehe Kapitel 10.5) übernommen.

10.2 Gleitende Abbildungen

Durch Einschachteln von Abbildungen in die *figure*-Umgebung werden diese zu Gleitobjekten. Die Syntax dafür lautet:

```
\begin{figure}[Position]
    Grafik
\caption{Untertitel}
\end{figure}
```

Dabei ist es unerheblich, welche LaTeX-Befehle die Ausgabe einer Grafik oder eines Bilds bewirken (z. B. Zeichenbefehle einer LaTeX-Grafik oder Einbindung einer extern erstellten Grafik).

Für das optionale Argument *Position* gelten die gleichen Angaben und Anmerkungen wie für die *table*-Umgebung.

Beispiel 10.2 zeigt die Anwendung der *figure*-Umgebung.

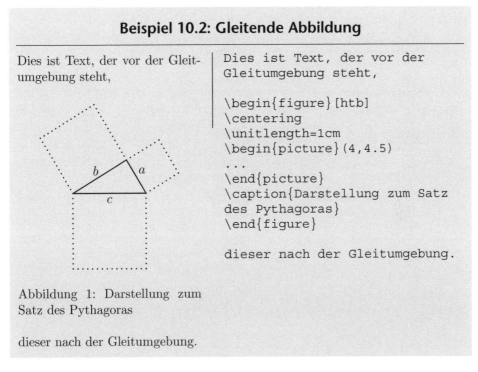

Die *figure*-Umgebung im Beispiel wurde mit den Parametern »htb« deklariert. Dies bedeutet, dass die Abbildung bevorzugt an der aktuellen Stelle (**h**), falls dies nicht möglich ist am Seitenkopf (**t**) bzw. am Seitenende (**b**) positioniert wird.

Der Untertitel der Grafik „Darstellung zum Satz des Pythagoras" wird mit einer automatisch vergebenen Nummerierung und der Seitenzahl in das Abbildungsverzeichnis (siehe Kapitel 10.5) übernommen.

10.3 Voreinstellungen für Gleitobjekte

Gleitobjekte werden immer in der Reihenfolge ausgegeben, in der sie im Eingabetext stehen! Kann ein Gleitobjekt nicht an Hand der Vorgaben positioniert werden, so erfolgt die Ausgabe erst am Ende des Kapitels bzw. des Dokuments.

Die automatische Anordnung der Gleitobjekte wird durch die in Tabelle 10.1 angegebenen Parameter beeinflusst:

Parameter	Wert	Wirkung
topnumber	2	Anzahl Gleitobjekte oben
bottomnumber	1	Anzahl Gleitobjekte unten
totalnumber	3	Anzahl Gleitobjekte je Seite
Änderungen mit \setcounter{Parameter}{Neuer Wert}		
\topfraction	0.7	Seitenanteil der Gleitobjekte oben
\bottomfraction	0.3	Seitenanteil der Gleitobjekte unten
\textfraction	0.2	Minimaler Textanteil auf der Seite
Änderungen mit \renewcommand{Parameter}{Wert}		

Tabelle 10.1: Voreinstellungen für Gleitumgebungen

Diese Voreinstellungen sind für Dokumente mit vielen und/oder großformatigen Gleitobjekten nicht immer günstig! Änderungen der Werte müssen aber auf jeden Fall sehr behutsam vorgenommen werden! Der Weg zur optimalen Anordnung der Gleitobjekte ist oft recht mühsam.

Falls die automatische Positionierung versagt, können die noch nicht positionierten Gleitobjekte mit den folgenden Befehlen ausgegeben werden:

\clearpage bewirkt einen Seitenumbruch und die Ausgabe aller bisher noch nicht positionierten Gleitobjekte;

\cleardoublepage bewirkt einen Seitenumbruch und gibt die noch nicht positionierten Gleitobjekte auf einer neuen rechten Seite aus.

10.4 Überschriften und Untertitel

Die optionalen Überschriften bzw. Untertitel für Gleitobjekte werden mit dem Befehl \caption erzeugt. Dabei wird diesen ein beschreibender Text für die Art des Gleitobjekts (z. B. Tabelle bzw. Abbildung) und eine fortlaufende Nummerierung[1] vorangestellt. Befindet sich der Befehl **vor** dem eigentlichen Objekt in der Gleitumgebung, so wird eine Überschrift erzeugt, folgt er **nach** dem Objekt, so wird ein Untertitel erstellt. Nummerierung, Titelangabe und Seitenzahl werden von LaTeX automatisch in das entsprechende Verzeichnis (Tabellen- bzw. Abbildungsverzeichnis) übernommen.

---

[1] Je nach Dokumentenklasse fortlaufend im ganzen Dokument (bei *article*) bzw. mit Kapitelnummer und fortlaufender Nummerierung (bei *report* und *book*).

Die Syntax für den \caption-Befehl lautet:

\caption[*Kurzform*]{*Titel*}   wobei der *Titel* als Überschrift bzw. Untertitel immer angegeben werden muss. Soll im entsprechenden Verzeichnis statt des ausführlichen Titels die *Kurzform* erscheinen, so wird diese im optionalen Parameter angebeben.

> Die Überschriften bzw. Untertitel werden standardmäßig von LATEX über die Zeilenbreite zentriert ausgegeben. Deshalb sollten auch die eigentlichen Objekte in den Gleitumgebungen zentriert ausgegeben werden (*center*-Umgebung), damit ein ästhetischer Eindruck entsteht. Alternativ dazu kann der \caption-Befehl in eine *minipage*-Umgebung mit der für die Tabelle erforderlichen Breite eingelagert werden.

Auf die Nummerierung des Gleitobjekts kann mit den im Kapitel 4.3 beschriebenen Befehlen zurückgegriffen werden.

> Wenn die Überschriften bzw. Untertitel vom Gleitobjekt etwas mehr abgerückt sein sollen, kann dies mit den folgenden Befehlen erreicht werden:
>
> \setlength{\belowcaptionskip}{*Abstand*}   wobei *Abstand* den zusätzlichen Leerraum unterhalb der letzten Zeile der Überschrift angibt;
>
> \setlength{\abovecaptionskip}{*Abstand*}   fügt den zusätzlichen Leerraum (*Abstand*) oberhalb des Untertitels ein.

> In der *longtable*-Umgebung wird der \caption-Befehl in einer anderen Syntax verwendet. So steht er z. B. innerhalb der *longtable*-Umgebung und der \label-Befehl für Querverweise befindet sich innerhalb des \caption-Arguments! Weitere Details lassen sich der Dokumentation zum *longtable*-Zusatzpaket entnehmen.

10.5 Verzeichnisse für Gleitobjekte

Alle Tabellen und Abbildungen, die in der *table*- bzw. *figure*-Umgebung mit dem \caption-Befehl mit einem Titel versehen werden, erhalten damit automatisch einen Eintrag ins Tabellen- bzw. Abbildungsverzeichnis (mit Nummerierung, Titel bzw. Kurzform und Seitenzahl).

Die Verzeichnisse werden mit den folgenden Befehlen an der aktuellen Position im Text ausgegeben:

\listoftables   Gibt das Tabellenverzeichnis (*name*.lot; *name* steht für den Dateinamen der LATEX-Datei) an der aktuellen Position aus.

\listoffigures   Gibt das Abbildungsverzeichnis (*name*.lof; *name* steht für den Dateinamen der LATEX-Datei) an der aktuellen Position aus.

> **Beispiel 10.3: Tabellen- und Abbildungsverzeichnis**
>
> ## Tabellenverzeichnis
>
> 1   Satz des Euklid   1
> 2   Liste trigonometrischer Funktionen   4
>
> ## Abbildungsverzeichnis
>
> 1   Darstellung zum Satz des Euklid   2
> 2   Darstellung trigonometrischer Funktionen   3
>
> ```
> \listoftables
> \listoffigures
> ```

Die Verzeichnisse erhalten eine nicht nummerierte Überschrift auf der höchsten Dokumentenstruktur (*section* bei `article` bzw. *chapter* für `report` und `book`). Je nach Dokumentenklasse wird auch der entsprechende Seitenumbruch vorgenommen.

Zusätzliche Eintragungen in diese Verzeichnisse erfolgen wie beim Inhaltsverzeichnis (siehe Kapitel 4.4).

10.6 Hilfreiche Zusatzpakete

Auch für Gleitumgebungen sind eine Reihe von Zusatzpaketen entwickelt worden. Zum einen sind es Pakete, die das Layout der Überschrift bzw. des Untertitels beeinflussen (*caption* bzw. *nofloat*-Zusatzpaket). Zum anderen betrifft es die Definition eigener Gleitumgebungen (z. B. *float*-Zusatzpaket).

Die den Zusatzpaketen beiliegende Dokumentation enthält Hinweise zur Nutzung der darin definierten Befehle und Umgebungen. In der einschlägigen weiterführenden Literatur (z. B. [3, 5, 7, 11]) werden die Zusatzpakete ausführlich mit Beispielen behandelt.

10.7 Übung

Benutzen Sie Teile der Eingabedateien aus den letzten beiden Übungen dazu, eine Tabelle und eine LaTeX-interne Grafik für LaTeX frei positionierbar zu machen (ähnlich dem folgenden Text). Benutzen Sie `[htb]` als Positionsparameter für die Gleitumgebungen. Fügen Sie entsprechende Titelzeilen und auch die Querverweise ein. Geben Sie sowohl das Tabellen- als auch das Abbildungsverzeichnis am Ende des Dokuments aus.

Zum Schluss verändern Sie die Positionsparameter und beobachten die Auswirkungen auf die Positionierung der Gleitumgebungen.

---

1   Gleitumgebungen

Tabellen (siehe Tabelle 1) und Abbildungen (siehe Abbildung 1) können mit Hilfe entsprechender Gleitumgebungen von LaTeX frei positioniert werden. Eine

Tabelle 1: Eine gleitende Tabelle

LaTeX-Befehl	Basisschriftgröße		
	10pt	11pt	12pt
\footnotesize	8 pt	9 pt	10 pt

Tabellenüberschrift oder Abbildungsunterschrift kann angegeben werden, die automatisch in das Tabellen- bzw. Abbildungsverzeichnis übernommen wird.

Abbildung 1: Eine gleitende Abbildung

10.8   Zusammenfassung

Dieses Kapitel zeigte Ihnen die Befehle und Möglichkeiten für die freie Positionierung von Tabellen und Grafiken im Fließtext.

Kennen gelernt haben Sie:

- ✓ die verschiedenen Gleitumgebungen und deren Anwendung;
- ✓ die Befehle für die Erstellung von Tabellenüberschriften und Abbildungsuntertiteln;
- ✓ die Befehle zur Ausgabe des Tabellen- und Abbildungsverzeichnisses;
- ✓ die verschiedenen Parameter, die die Anordnung von Gleitumgebungen beeinflussen;
- ✓ nützliche Zusatzpakete für Gleitumgebungen.

Kapitel 11 Anmerkungen

Anmerkungen sind oft ein wesentlicher Bestandteil von Dokumenten. Dabei kann es sich um erklärende Texte handeln, die erst beim vertiefenden Lesen des Textes relevant werden sollen. Zum anderen können es kurze Hinweise sein, die die Aufmerksamkeit des Lesers bewusst auf sich ziehen. Demzufolge erscheinen die Anmerkungen an unterschiedlichen Positionen auf der Textseite.

Im folgenden Kapitel lernen Sie

→ längere Erklärungen als Fußnote im Seitenfuß auszugeben;
→ Fußnoten in Ausnahmefällen auch dort anzugeben, wo sie in LaTeX eigentlich nicht vorgesehen sind;
→ relativ umfangreiche Erklärungen erst am Ende des Kapitels oder des gesamten Dokuments auszugeben;
→ sehr kurze Hinweise als Randnote anzugeben.

11.1 Fußnoten

Längere zusätzliche Erklärungen werden meist nicht im Fließtext eingefügt, da auf diese Weise schnell der Sinnzusammenhang verloren gehen kann. Stattdessen wird durch eine Markierung – meist eine kleine hochgestellte Zahl – auf sie verwiesen. Im Seitenfuß wird diese Markierung wiederholt und der erklärende Text in einer kleineren Schriftgröße ausgegeben. Zur deutlichen Trennung zwischen dem Fließtext und den Fußnoten wird zwischen diesen Seitenbereichen eine kurze horizontale Linie mit entsprechendem Leerraum gesetzt.

Im Fließtext können Sie mit LaTeX relativ einfach Fußnoten anbringen. Die Nummerierung wird dabei automatisch von LaTeX verwaltet, so dass es auch im Nachhinein möglich ist, Fußnoten neu einzufügen oder zu löschen. Die Nummerierung wird mit jedem Kapitel (Dokumentenklassen *report* und *book*) wieder zurückgesetzt, so dass die Nummerierung der Fußnoten wieder bei Eins beginnt. Fußnoten können auch innerhalb der *minipage*-Umgebung verwendet werden.

Auf Grund der LaTeX-internen Bearbeitung der Fußnoten gibt es einige Dokumentteile, in denen dieser Automatismus nicht korrekt funktioniert: z. B. in Tabellen, Gleitumgebungen, mathematischen Ausdrücken, LaTeX-Boxen. In diesen Fällen bedarf es eines Umwegs, um dort Fußnoten anzubringen (siehe Kapitel 11.1.3).

11.1.1 Fußnoten im Fließtext

Für Fußnoten im Fließtext stellt LaTeX den folgenden Befehl zur Verfügung:

`\footnote[`*Nummer*`]{`*Fußnotentext*`}` wobei *Fußnotentext* die erklärende Textpassage beinhaltet. Wenn von der automatischen Nummerierung abgewichen werden soll, kann dazu eine alternative Nummerierung im optionalen Parameter *Nummer* angegeben werden.

> Zwischen dem letzten Wort und dem `\footnote`-Befehl sollte **kein** Leerzeichen stehen, damit die Fußnotenmarkierung direkt an das Wort angehängt wird.

Der *Fußnotentext* wird in einer kleineren Schrift im Seitenfuß ausgegeben. Er erhält in der ersten Zeile die eingerückte Fußnotenmarkierung und den davon abgesetzten Erklärungstext, die Folgezeilen werden ohne Einzug ausgegeben.

Den Raum für die Ausgabe der Fußnotenerklärungen stellt LaTeX selbst am Ende der Seite bereit; d.h., der für den Fließtext zur Verfügung stehende Platz wird gekürzt. Befindet sich eine Fußnote mit einer umfangreichen Erklärung am Ende einer Seite, wird diese eventuell auf der Folgeseite fortgesetzt.

Beispiel 11.1: Fußnoten im Fließtext

Ein rechtwinkliges Dreieck kann zum Beispiel mit dem Satz des Pythagoras[1] oder mit dem Höhensatz[2] beschrieben werden.

[1] Satz des Pythagoras: $c^2 = a^2 + b^2$
[2] Das Quadrat über der Höhe ist flächengleich dem Rechteck aus den beiden Hypothenusenabschnitten.

1

```
Ein rechtwinkliges Dreieck
kann zum Beispiel mit dem
Satz des Pythagoras%
\footnote{Satz des
Pythagoras: $c^2=a^2+b^2$}
oder mit dem H"o\-hensatz%
\footnote{Das Quadrat "uber
der H"ohe ist fl"achengleich
dem Rechteck aus den beiden
Hypothenusenabschnitten.}
beschrieben werden.
```

Beispiel 11.1 zeigt eine Textseite mit zwei Fußnoten. Die Fußnotenerklärung für die erste Fußnote enthält auch einen mathematischen Ausdruck. An Hand der zweiten Fußnotenerklärung ist der Einzug der ersten Zeile gut zu erkennen.

> Die Fußnotenmarkierung erfolgt in LaTeX standardmäßig mit hochgestellten arabischen Zahlen in einer kleineren Schriftgröße. Soll davon abgewichen werden, muss die Darstellung des Fußnotenzählers (*footnote*) verändert werden. Dazu kann der folgende Befehl verwendet werden:
>
> `\renewcommand{\thefootnote}{`*Darstellung*`{footnote}}` Für *Darstellung* können die folgenden Darstellungsarten eingesetzt werden:

\arabic (arabische Zahlen), \roman (kleine römische Zahlzeichen), \Roman (große römische Zahlzeichen), \alph (Kleinbuchstaben), \Alph (Großbuchstaben), \fnsym (Fußnotensymbole).

Für die Darstellungsart \fnsym stehen neun Fußnotensymbole zur Verfügung:

Nummer	1	2	3	4	5	6	7	8	9	0
Symbol	*	†	‡	§	¶	‖	**	††	‡‡	

In diesem Fall erzeugt die Nummerierung »0« **keine** Fußnotenmarkierung!

11.1.2 Fußnoten in der *minipage*-Umgebung

In der *minipage*-Umgebung kann der oben beschriebene \footnote-Befehl für Fußnoten verwendet werden. Hier wird für die Nummerierung der Fußnoten der separate mpfootnote-Zähler herangezogen. Die Darstellung dieses Zählers erfolgt in Kleinbuchstaben sowohl im Fließtext als auch in der Erklärung. Diese wird am Ende der minipage-Umgebung ausgegeben und nicht im Seitenfuß.

Beispiel 11.2: Fußnoten innerhalb einer *minipage*-Umgebung

Ein rechtwinkliges Dreieck kann beschrieben werden mit:

dem Satz des Pythagoras[a] oder mit dem Höhensatz[b]

---
[a]Satz des Pythagoras: $c^2 = a^2 + b^2$
[b]Höhensatz: $h^2 = p \cdot q$

Die Umrahmung zeigt die Dimension der *minipage*-Umgebung an.

1

```
Ein rechtwinkliges Dreieck
kann beschrieben werden mit:
\par\vspace{1ex}\fbox{%
\begin{minipage}{4.85cm}
dem Satz des Pythagoras%
\footnote{Satz des
Pythagoras: $c^2=a^2+b^2$}
oder mit dem H"o\-hensatz%
\footnote{H"ohensatz:
$h^2=p\cdot q$}
\end{minipage}}
\par\vspace{1ex}
Die Umrahmung zeigt die
Dimension der
\textsl{minipage}-Umgebung
an.
```

Beispiel 11.2 zeigt die Nutzung von Fußnoten in einer *minipage*-Umgebung, die hier zur Verdeutlichung umrahmt dargestellt ist. Die Ausgabe der Erklärungen für die Fußnoten erfolgt am Ende der *minipage*-Umgebung – vom Inhalt durch eine horizontale Linie getrennt.

> Werden mehrere *minipage*-Umgebungen ineinander geschachtelt, werden die Fußnoten manchmal nicht korrekt zugeordnet und an der falschen Stelle ausgegeben.

11.1.3 Fußnoten in Tabellen und anderen verbotenen Bereichen

Innerhalb einiger Bereiche (z. B. in Tabellen, mathematischen Ausdrücken, LaTeX-Boxen, Gleitobjekten) kann der \footnote-Befehl zur Erzeugung von Fußnoten **nicht** verwendet werden. Falls innerhalb dieser Bereiche trotzdem Fußnoten erforderlich sind, können diese über den folgenden Umweg eingefügt werden: Im verbotenen Bereich wird nur die Fußnotenmarkierung angebracht. Die zugehörige Fußnotenerklärung wird dagegen erst außerhalb des verbotenen Bereichs angegeben. Dies wird durch die folgenden Befehle erreicht:

\footnotemark[*Nummer*]   darf im verbotenen Bereich verwendet werden. Der Fußnotenzähler wird um Eins erhöht und der so aktualisierte Zählerstand wird für die Fußnotenmarkierung benutzt.

\footnotetext[*Nummer*]{*Fußnotetext*}   muss außerhalb der verbotenen Bereiche verwendet werden. Die Ausgabe der Textpassage *Fußnotentext* erfolgt im Fußnotenbereich. Im Text erzeugt der Befehl keine Fußnotenmarkierung. Für die Markierung im Fußnotenbereich wird der aktuelle Wert des Fußnotenzählers herangezogen.

Soll von der automatischen Nummerierung abgewichen werden, kann dazu in beiden Befehlen im optionalen Parameter *Nummer* die alternativ zu benutzende Nummerierung angegeben werden.

Beispiel 11.3: Fußnoten in einer Tabelle

W[1]	Bm[2]	cos
0	0	1
45	$\pi/4$	0,7071
90	$\pi/2$	0
180	π	-1

Die obige Tabelle stellt für einige ausgesuchte Winkel die Werte der cosinus-Funktion zusammen.

[1] W: Winkel in Grad
[2] Bm: Winkel im Bogenmaß

```
\begin{tabular}{rcl}
\textbf{W}\footnotemark &
\textbf{Bm}\footnotemark &
\textbf{cos}\\
...
\end{tabular}
\addtocounter{footnote}{-1}
\footnotetext{W: Winkel in Grad}
\addtocounter{footnote}{1}
\footnotetext{Bm: Winkel im
Bogenma"s}

Die obige Tabelle stellt f"ur
```

Das Beispiel 11.3 zeigt die Anwendung der obigen Befehle in einer Tabelle. Eine weitere Besonderheit liegt darin, dass im verbotenen Bereich zwei Fußnoten angebracht wurden. Durch die mehrfache Verwendung des \footnotemark-Befehls ist der Fußnotenzähler für die Ausgabe der erklärenden Texte außerhalb des verbotenen Bereichs mittlerweile zu weit gezählt worden. Er muss also für den erklärenden Text der ersten Fußnote erst wieder auf den richtigen Stand gebracht werden. Diese Änderung nehmen Sie mit dem folgenden Befehl vor:

\addtocounter{footnote}{Wert}   wobei Sie Wert durch die entsprechende Zahl ersetzen müssen. Ist der Zähler, wie im Beispiel, um Eins zu hoch, so müssen Sie dafür »−1« einsetzen.

Für den erklärenden Text der zweiten Fußnote ist der Wert des Zählers nun zu niedrig, da der \footnotetext-Befehl den Wert des Fußnotenzählers nicht verändert. Er muss also vor der Ausgabe der Erklärung um Eins erhöht werden. Dazu können Sie ebenfalls den oben aufgeführten Befehl verwenden; Sie müssen für Wert dann »1« einsetzen.

Alternativ kann die Tabelle in eine *minipage*-Umgebung eingeschachtelt werden, damit der \footnote-Befehl in der Tabelle verwendet werden kann. Die Fußnotenmarkierung erfolgt dann allerdings mit Kleinbuchstaben und die Fußnoten werden am Ende der *minipage*-Umgebung ausgegeben – direkt nach der Tabelle.

Die Kombination aus \footnotemark- und \footnotetext-Befehl können Sie für alle verbotenen Bereiche verwenden.

11.2   Endnoten

Werden erklärende Textpassagen umfangreicher oder enhalten die Seiten sehr viele Fußnoten, besteht zunehmend die Gefahr, dass diese nicht mehr vollständig im Seitenfuß ausgegeben werden können und sich über mehrere Seiten erstrecken. Dann ist es besser, im Fließtext nur die fortlaufende Nummerierung anzubringen und die erklärenden Texte erst am Ende eines Abschnitts oder Kapitels auszugeben.

Das *endnotes*-Zusatzpaket stellt die dazu notwendigen Befehle bereit. Das Paket muss in der Präambel mit \usepackage{endnotes} geladen werden. Es stellt die folgenden Befehle für Endnoten zur Verfügung:

\endnote{Endnotentext}   dieser Befehl erzeugt die Markierung im Text und stellt den Endnotentext in einer separaten Datei (mit der Endung .ent) für die Ausgabe der gesammelten Endnoten bereit.

\theendnotes   mit diesem Befehl werden die gesammelten Endnoten (aus der oben genannten Datei) ausgegeben. Automatisch erzeugt der Befehl auch eine nicht nummerierte Überschrift auf höchster Gliederungsstufe.

Nach Ausgabe der Endnoten wird die Datei neu initialisiert, damit sie für die Endnoten des nächsten Kapitels vorbereitet ist. Der Endnotenzähler (endnote) wird dagegen nicht zurückgesetzt, so dass die Endnoten im ganzen Text fortlaufend nummeriert werden. Die Endnotentexte werden in einer kleineren Schriftgröße ausgegeben – wie bei Fußnoten.

Beispiel 11.4 zeigt das Zusammenspiel der oben genannten Befehle für Endnoten.

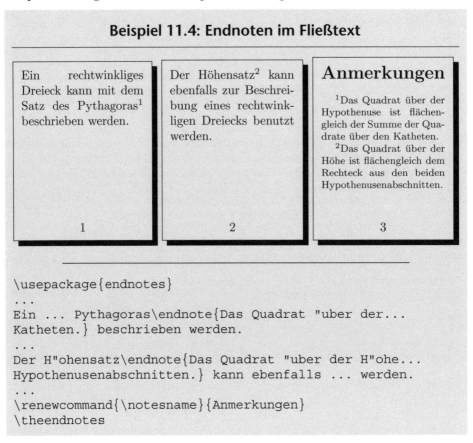

```
\usepackage{endnotes}
...
Ein ... Pythagoras\endnote{Das Quadrat "uber der...
Katheten.} beschrieben werden.
...
Der H"ohensatz\endnote{Das Quadrat "uber der H"ohe...
Hypothenusenabschnitten.} kann ebenfalls ... werden.
...
\renewcommand{\notesname}{Anmerkungen}
\theendnotes
```

Die Ausgabe der Endnoten erfolgt in einem eigenen Textteil auf der obersten Gliederungshierarchie. Er wird mit der nicht nummerierten Überschrift »Notes« versehen. Die Bezeichnung kann mit dem folgenden Befehl geändert werden:

`\renewcommand{\notesname}{Name}` wobei *Name* dann als Überschrift ausgegeben wird.

Diese Änderung muss vor dem \theendnotes-Befehl ausgeführt werden.

In der dem Paket beiliegenden Dokumentation und in der weiterführenden Literatur [11] finden Sie zusätzliche Hinweise zur Anwendung von Endnoten.

11.3 Randnoten

Für sehr kurze, oft nur aus einem Wort oder nur einem Zeichen bestehende Hinweise bietet sich der Randbereich des Textes an. Diese Erklärungen werden daher auch als Randnoten oder Randnotizen bezeichnet. Sie werden bei einseitigen

Dokumenten am rechten Rand und bei doppelseitig gedruckten Werken am jeweils äußeren Rand neben den Satzspiegel gesetzt.

Die Syntax für den Befehl zur Ausgabe von Randnoten lautet:

\marginpar[*Links*]{*Rechts*}   wobei *Rechts* die erklärende Randnotiz enthält. Der optionale Parameter *Links* enthält die alternative Randnotiz, wenn diese auf einer linken Seite gesetzt wird.

Die Angabe der alternativen Randnotiz *Links* ist insbesondere bei Markierungen mit Richtungscharakter (z. B. Pfeile) erforderlich.

Beispiel 11.5: Randnoten in einem doppelseitigen Dokument

2			3
!	Ein rechtwinkliges Dreieck kann mit dem Satz des Pythagoras: $c^2 = a^2 + b^2$ beschrieben werden.	Ein rechtwinkliges Dreieck kann mit dem Satz des Pythagoras: $c^2 = a^2 + b^2$ beschrieben werden.	!
$\Longrightarrow$	Der Höhensatz: $h^2 = p \cdot q$ beschreibt auch ein rechtwinkliges Dreieck.	Der Höhensatz: $h^2 = p \cdot q$ beschreibt auch ein rechtwinkliges Dreieck.	$\Longleftarrow$

```
Pythagoras:\marginpar{\textbf{!}}\\
$c^2=a^2+b^2$ \\
...
H"ohensatz:\marginpar[\hspace*{\fill}$\Longrightarrow$]
{$\Longleftarrow$}
$h^2=p\cdot{}q$ \\
```

Die Anwendung der Befehle für die Erstellung von Randnoten in der Dokumentenklasse *book* wird im Beispiel 11.5 dargestellt. Gezeigt wird die Ausgabe der Randnote »!« auf einer linken und rechten Seite – ohne Angabe des optionalen Arguments. Auf der linken Seite erscheint diese Randnote sehr weit außen.

Die zweite Randnote (der Pfeil) wurde mit einem optionalen Argument (gegenläufige Pfeilrichtung, Ausrichtung am rechten Rand) ausgegeben. Hierbei befindet sich der Pfeil im richtigen Abstand zum Textkörper.

> Wenn Sie Randnoten am gegenüberliegenden Rand platzieren möchten, müssen Sie den Randnotenbereich wechseln. Dazu dienen die beiden folgenden Befehle:
>
> \reversemarginpar   die Ausgabe der Randnotiz erfolgt im linken bzw. inneren Randbereich;
>
> \normalmarginpar   die Ausgabe der Randnoten erfolgt im rechten bzw. äußeren Rand (Voreinstellung).
>
> Beide Befehle wirken so lange, bis mit dem jeweils anderen Befehl der gegenüberliegende Rand für die Randnoten wieder aktiviert wird.

11.4 Übung

Setzen Sie den nachfolgenden Text mit den Fußnoten und der Randnote. Rahmen Sie bitte das Wort „Präambel" – einschließlich der Fußnote – und die zentriert ausgegebene Minipage (9,5 cm breit) ein. Bitte verwenden Sie zunächst **nicht** die im Text angegebene Änderung der Texthöhe.

---

1 Anmerkungen

Dieser Text enhält einige Fußnoten[1] und eine Randnotiz. Damit die Ausgabe des Beispiels in das Buch passt, musste die Höhe des Satzspiegels verringert werden. Dazu wurde der Befehl \setlength{\textheight}{6.5cm} in der Präambel[2]   ! benutzt.

> Hier befindet sich eine Fußnote[a] innerhalb einer gerahmten *minipage*-Umgebung, die im Text zentriert ausgegeben wird.
> ─────────
> [a]Die hier mit Kleinbuchstaben gekennzeichnet werden

Nach der *minipage*-Umgebung tritt wieder die normale Fußnotenmarkierung in Kraft[3].

───────────
[1] Die Fußnoten sind in diesem Text durch kleine Zahlen gekennzeichnet.
[2] Änderungen am Satzspiegel sind immer global und müssen in der Präambel erfolgen.
[3] Auch diese Fußnote wird mit Zahlen markiert.

1

11.5 Zusammenfassung

In diesem Kapitel haben Sie gelernt:

- ✓ erklärende Texte mit Hilfe des \footnote-Befehls im Fließtext und innerhalb der *minipage*-Umgebung zu setzen;
- ✓ mit Hilfe der Befehle \footnotemark und \footnotetext Fußnoten in verbotenen Bereichen zu generieren;
- ✓ umfangreichere Texterklärungen mit dem *endnotes*-Zusatzpaket in Form von Endnoten auszugeben;
- ✓ Randnotizen für kurze Hinweise zu verwenden.

Kapitel 12: Fortgeschrittener Formelsatz

Die Grundelemente des Formelsatzes lernten Sie bereits in Kapitel 7 kennen. Wissenschaftliche Dokumente, gerade in den Natur- oder Ingenieurwissenschaften, benötigen jedoch häufig weitaus komplexere, teilweise aufeinander aufbauende Formeln. Oft ist es auch notwendig, Gleichungen zu referenzieren.

In diesem Kapitel lernen Sie, wie

→ Formeln mit einer Gleichungsnummer versehen werden;
→ Formeln referenziert werden;
→ Gleichungssysteme und mehrzeilige Formeln gesetzt werden;
→ verschiedene Umgebungen den Formelumbruch unterstützen;
→ Matrizen und andere Feldstrukturen erzeugt werden;
→ kurze Texte in Formeln eingefügt werden;
→ von der Formelnummerierung am rechten Rand abgewichen werden kann;
→ eine eigene Formelnummerierung durchgeführt wird.

Für viele der vorgestellten Funktionalitäten des Formelsatzes ist das *amsmath*-Zusatzpaket notwendig, es sollte grundsätzlich in der Präambel vereinbart sein.

12.1 Gleichungen und deren Referenzierung

Formeln und Gleichungen in wissenschaftlichen Arbeiten werden häufig im Verlauf des Dokuments, beispielsweise in einem mathematischen Beweis, weiterentwickelt. Es kommt auch vor, dass später auf bereits eingeführte Formeln hingewiesen wird, oder diese im Vorgriff angekündigt werden. Dazu bedarf es Mechanismen zur Referenzierung von Gleichungen.

Am besten eignet sich dafür eine Gleichungsnummer, diese kann in LaTeX mit der *equation*-Umgebung automatisch erzeugt werden. Mit dem *amsmath*-Zusatzpaket stehen weitere Umgebungen zur Verfügung, die ebenfalls eine Gleichungsnummer generieren. Auf diese Nummerierung kann mit den aus Kapitel 4.3 bekannten Befehlen \label, \ref und \pageref verwiesen werden.

Die Syntax der *equation*-Umgebung lautet:

```
\begin{equation}
   nummerierte Gleichung
\end{equation}
```

Die Gleichungsnummer wird standardmäßig in der gleichen Zeile am rechten Rand neben die Formel gesetzt. In der Dokumentenklasse `article` erfolgt die Nummerierung einstufig für das gesamte Dokument. Der Verweis auf eine Gleichung im Vor- und im Rückgriff wird in Beispiel 12.1 veranschaulicht.

Beispiel 12.1: Referenzierung von Gleichungen

In Gleichung (1) wird gezeigt, wie aus zwei Seiten eines rechtwinkligen Dreiecks $\triangle ABC$ die dritte berechnet werden kann. Es gilt,

$$c = \sqrt{a^2 + b^2} \qquad a = \sqrt{c^2 - b^2} \qquad b = \sqrt{c^2 - a^2} \qquad (1)$$

falls a und b die Katheten und c die Hypothenuse bilden.
In Kenntnis von Gleichung (1) kann nun ...

```
In Gleichung (\ref{pythagoras}) wird gezeigt, wie aus zwei
Seiten eines rechtwinkligen Dreiecks $\triangle ABC$ die
dritte berechnet werden kann. Es gilt,
\begin{equation}\label{pythagoras}
   c=\sqrt{a^2+b^2} \qquad a=\sqrt{c^2-b^2} \qquad
   b=\sqrt{c^2-a^2}
\end{equation}
falls $a$ und $b$ die Katheten und $c$ die Hypothenuse
bilden.\\
In Kenntnis von Gleichung (\ref{pythagoras}) kann nun
\dots
```

Bei den Dokumentenklassen `report` und `book` erfolgt die Nummerierung zweistufig. Dabei enthält die erste Stufe die Kapitelnummer, die zweite Stufe wird hochgezählt, beide werden durch einen Punkt getrennt. Mit jedem neuen Kapitel wird der Zähler der zweiten Stufe wieder auf »1« zurückgesetzt. Der Zähler der ersten Stufe wird kapitelweise erhöht.

Auch für die Dokumentenklasse `article` kann eine zweistufige Nummerierung erzeugt werden. Ebenso lässt sich die Position der Gleichungsnummer durch Überschreibung der Voreinstellung in den Klassenoptionen ändern. Näheres zu diesen Möglichkeiten erfahren Sie in den Kapiteln 12.4.2 und 12.4.4.

12.2 Matrizen, Determinanten und Felder

Allgemein versteht man unter einer Matrix eine Anordnung von Elementen in mehreren Richtungen oder ein n-dimensionales Feld. Mathematisch beschreibt eine Matrix eine zweidimensionale Anordnung von Zahlenwerten oder anderen mathematischen Objekten in Tabellenform. Demzufolge spricht man auch von den Spalten und Zeilen der Matrix und nennt die in ihr angeordneten Objekte die Komponenten oder Elemente der Matrix.

In LATEX steht für die Erstellung von Matrizen und ähnlichen Strukturen die *array*-Umgebung zur Verfügung. Diese ähnelt sehr der aus dem Tabellensatz bekannten *tabular*-Umgebung, insbesondere existieren die gleichen Möglichkeiten und es gelten die gleichen Regeln. Eine Einschränkung für die Anzahl der möglichen Spalten und Zeilen existiert nicht.

Die Syntax für die *array*-Umgebung lautet:

```
\begin{array}[Position]{Spaltendefinition}
    Spalten- und Zeilen-Einträge
\end{array}
```

Für den optionalen und den obligatorischen Parameter gelten die gleichen Regeln wie bei der *tabular*-Umgebung, diese können in Kapitel 8.1 nachgelesen werden.

Beispiel 12.2: Eine 3 × 3-Matrix

$$A = \begin{pmatrix} 1 & 3 & -1 \\ -2 & 4 & 0 \\ 0 & -5 & 2 \end{pmatrix}$$

```
\[ A =
\left( \begin{array}{rrr}
  1 &  3 & -1 \\
 -2 &  4 &  0 \\
  0 & -5 &  2
\end{array} \right) \]
```

Beispiel 12.2 demonstriert, wie in LATEX eine 3 × 3-Matrix dargestellt wird. Dabei wird im Prinzip eine Tabelle erzeugt, deren Spalten alle – wie für numerische Werte mit Vorzeichen optimal – rechtsbündig (r) angeordnet sind. Natürlich könnten die Spalten auch linksbündig (l) oder zentriert (c) angeordnet werden. Als Separatorzeichen zwischen den einzelnen Spalteneinträgen dient das »&«-Zeichen, die einzelnen Zeilen werden durch \\ getrennt.

Die eine Matrix umschließenden runden Klammern passen sich durch Verwendung des \left- und \right-Befehls in der Größe automatisch an. Die Matrix wird automatisch vertikal zentriert zum Rest der Formel angeordnet, was im Beispiel 12.2 am Namen »*A*« und dem Operator »=« gut zu sehen ist. Durch Angabe des optionalen Parameters Position kann man jedoch auch eine Ausrichtung der umgebenden Formel auf die oberste (t) oder unterste (b) Zeile der Matrix festlegen.

Soll keine Matrix, sondern eine andere Feldstruktur erzeugt werden, muss nur der Begrenzer ausgetauscht werden. Anstelle der umschließenden runden Klammern ist beispielsweise für eine Determinante jeweils ein senkrechter Strich zu wählen. Auch ungleiche linke und rechte Begrenzer sind möglich.

Weitere, komfortable Umgebungen für die Erzeugung von Matrizen und anderen Feldstrukturen stehen mit dem *amsmath*-Zusatzpaket zur Verfügung:

matrix   für Felder, die nicht von Klammern umschlossen werden;

pmatrix   für von runden Klammern umschlossene Matrizen;

bmatrix   für von eckigen Klammern umschlossene Matrizen;

vmatrix   für Determinanten, von senkrechten Strichen umschlossen;

Vmatrix   für von Doppelstrichen umschlossene Felder.

Diese sind im Aufbau der *array*-Umgebung von LaTeX sehr ähnlich. Sie besitzen jedoch kein Argument, in dem die Spaltenform festgelegt ist. Stattdessen wird ein Standardformat mit bis zu **zehn zentrierten** Spalten vorgegeben. Eine Abweichung von dieser Voreinstellung ist nicht möglich.

Beispiel 12.3: Matrizen und Feldstrukturen

$$\begin{matrix} 1 & 8 & -3 \\ 4 & -2 & 5 \end{matrix} \qquad \begin{pmatrix} 0 & -i \\ i & 0 \end{pmatrix}$$

$$\begin{bmatrix} 1 & 0 \\ 0 & -1 \end{bmatrix} \qquad \begin{vmatrix} \pi & 1 \\ 1 & \frac{1}{2}\pi \end{vmatrix}$$

$$\begin{Vmatrix} 1+3i & -5i \\ 4 & 3-i \end{Vmatrix}$$

```
\( \begin{matrix}
     1 & 8 & -3 \\ 4 & -2 & 5
   \end{matrix}   \qquad
   \begin{pmatrix}
     0 & -i \\ i & 0
   \end{pmatrix} \\[4ex]
   \begin{bmatrix}
     1 & 0 \\ 0 & -1
   \end{bmatrix} \) \qquad
\( \begin{vmatrix}
     \pi & 1 \\ 1 & \frac{1}{2}\pi
   \end{vmatrix} \\[4ex]
   \begin{Vmatrix}
     1+3i & -5i \\ 4 & 3-i
   \end{Vmatrix} \)
```

Das Beispiel 12.3 demonstriert die verschiedenen Umgebungen und zeigt auch deutlich die Nachteile der festgelegten Spaltenform. Da ausschließlich zentrierte Spalten vorgesehen sind, eignen sich diese Umgebungen nur bedingt für die Darstellung numerischer Werte. Insbesondere wenn stellenweise Vorzeichen verwendet werden, wird das Erscheinungsbild sehr unruhig. Dadurch kann die Lesbarkeit beeinträchtigt werden. Für Matrizen mit ausschließlich symbolischen Werten oder mathematischen Symbolen, wie in Beispiel 12.4, sind sie hervorragend geeignet, sie reduzieren den Schreibaufwand.

12.2.1 Auslassungspunkte in Feldern

Gerade bei der Darstellung von großen, allgemeingültigen Feldstrukturen möchte man – schon aus Platzgründen – nicht immer alle Einträge aufführen. Hier kann man die aus Kapitel 7.5.2 bekannten waagerechten (\dots), vertikalen (\vdots) und diagonalen (\ddots) Auslassungspunkte einsetzen.

> **Beispiel 12.4: Auslassungspunkte in Feldern**
>
> $$A = \begin{pmatrix} a_{11} & a_{12} & \dots & a_{1n} \\ a_{21} & a_{22} & \dots & a_{23} \\ \vdots & \vdots & \ddots & \vdots \\ a_{n1} & a_{n2} & \dots & a_{nn} \end{pmatrix}$$
>
> ```
> \[  A=
>    \begin{pmatrix}
>    a_{11} & a_{12} & \dots & a_{1n}\\
>    a_{21} & a_{22} & \dots & a_{23}\\
>    \vdots & \vdots & \ddots & \vdots\\
>    a_{n1} & a_{n2} & \dots & a_{nn}\\
>    \end{pmatrix}   \]
> ```

12.3 Mehrzeilige Formeln

Wissenschaftliche Dokumente enthalten häufig Formeln, die nicht in eine Zeile passen. Dazu zählen Gleichungssysteme, also mehrere zusammengehörende Gleichungen, die eine gemeinsame Gleichungsnummer erhalten sollen. Darüber hinaus gibt es aber auch lange Formeln, die auf mehrere Zeilen aufgeteilt werden müssen. Andere Formeln werden über mehrere Zeilen entwickelt – beispielsweise in mathematischen Beweisen. In allen Fällen möchte man die einzelnen Zeilen der Formel an einem festgelegten Zeichen aneinander ausrichten. Somit liegt auch hier die Verwendung einer tabellenähnlichen Struktur nahe.

12.3.1 Gleichungssysteme

Für mehrzeilige Formeln oder Gleichungssysteme stellt LaTeX eigene Umgebungen zur Verfügung. Bei Verwendung der *eqnarray*-Umgebung erhält jede Zeile eine eigene Gleichungsnummer. Die Syntax lautet:

```
\begin{eqnarray}
    Spalten- und Zeilen-Einträge
\end{eqnarray}
```

Im Prinzip handelt es sich um eine dreispaltige *array*-Umgebung mit fest vorgegebener Anordnung. Es sind **genau drei** Spalteneinträge in der Form »rcl« möglich. Das ermöglicht eine Ausrichtung an einem spezifischen Punkt. Die mittlere Spalte ist für das Zeichen vorgesehen, an dem ausgerichtet werden soll – meist ein Vergleichsoperator. Alle Folgezeilen, die durch das \\-Zeichen voneinander getrennt werden, folgen diesem Ausrichtungsschema. Beispiel 12.5 verdeutlicht dies.

> **Beispiel 12.5: Mehrere Gleichungen**
>
> $$\begin{eqnarray} f(x) & = & \cos x \quad (1)\\ f'(x) & = & -\sin x \quad (2)\\ \int_0^x f(y)\,\mathrm{d}y & = & \sin x \quad (3) \end{eqnarray}$$
>
> ```
> \begin{eqnarray}
> f(x)           & = & \cos x          \\
> f'(x)          & = & -\sin x         \\
> \int_{0}^{x} f(y)\,\mathrm{d}y
>                & = & \phantom{-}\sin x
> \end{eqnarray}
> ```

Bei der Verwendung von Vorzeichen ist die spaltengerechte Ausrichtung nach dem Vergleichsoperator nicht optimal. Hier kann der \phantom-Befehl weiterhelfen, der einen unsichtbaren Leerraum in der Breite seines Arguments erzeugt.

Soll eine Zeile **keine** eigene Gleichungsnummer erhalten, so kann diese mit dem \nonumber-Befehl unterdrückt werden. Dieses Vorgehen kommt in Beispiel 12.7 zum Einsatz. Die analoge *eqnarray*∗-Umgebung setzt generell keine Gleichungsnummern.

Für Gleichungssysteme, die **eine gemeinsame** Gleichungsnummer erhalten sollen, kann man wie in Beispiel 12.6 eine *array*-Umgebung innerhalb einer *equation*-Umgebung verwenden.

Beispiel 12.6: System mit einer Gleichungsnummer

$$\begin{array}{rcl}
(a+b)^2 & = & a^2 + 2ab + b^2 \\
(a-b)^2 & = & a^2 - 2ab + b^2 \\
a^2 - b^2 & = & (a+b)(a-b)
\end{array} \quad (1)$$

```
\begin{equation}
\begin{array}{rcl}
(a+b)^2 & = & a^2+2ab+b^2 \\
(a-b)^2 & = & a^2-2ab+b^2 \\
a^2-b^2 & = & (a+b)(a-b)
\end{array}
\end{equation}
```

Die Gleichungsnummer wird vertikal ausgerichtet an das Gleichungssystem gesetzt, bei ungerader Anzahl auf Höhe der mittleren Gleichung.

Mit dem amsmath-Zusatzpaket stehen noch weitere Möglichkeiten zur Erzeugung von Gleichungssystemen zur Verfügung, diese werden in Kapitel 12.3.4 vorgestellt.

12.3.2 Formelumbruch

Teilweise sind Formeln zu lang, um in eine Zeile zu passen. LATEX führt automatisch **keinen** Formelumbruch durch. Rein mathematisch gesehen, ist dies vernünftig, da nur Sie eine sinnvolle, dem Kontext entsprechende Trennstelle bestimmen können. Auch hier greift man auf die *eqnarray*-Umgebung zurück. Zusätzlich können Sie auch noch festlegen, wie weit die Folgezeilen eingerückt werden sollen. Dazu stehen zwei Möglichkeiten zur Auswahl, die in Beispiel 12.7 veranschaulicht werden.

Der \nonumber-Befehl bewirkt, dass an dieser Stelle **keine** Gleichungsnummer gesetzt wird.

Der \lefteqn-Befehl ermöglicht innerhalb der *eqnarray*-Umgebung Ausnahmen von der Spaltenaufteilung. Seine Wirkung lässt sich mit der des \multicolumn-Befehls aus der *tabular*-Umgebung vergleichen. Die drei Spalten werden zu einer zusammengefasst und mit einem festen Einzug am Anfang ausgegeben.

Beispiel 12.7: Formelumbruch

$$\sin x = x - \frac{x^3}{3!} + \frac{x^5}{5!} - \frac{x^7}{7!} + \dots \quad (1)$$

$$\cos x = 1 - \frac{x^2}{2!} + \frac{x^4}{4!} - \frac{x^6}{6!} + \dots \quad (2)$$

```
\begin{eqnarray}
\sin x & = & x -\frac{x^3}{3!}
     +\frac{x^5}{5!} -
                            \nonumber\\
 & & \frac{x^7}{7!} + \dots
\\[2ex]
\lefteqn{ \cos x = 1
     -\frac{x^2}{2!} + }
                            \nonumber\\
 & & \frac{x^4}{4!}
     -\frac{x^6}{6!} + \dots
\end{eqnarray}
```

12.3.3 Fallunterscheidungen

In der Mathematik treten beispielsweise bei der Lösung von Gleichungssystemen alternative Ergebnisse auf. Auch sind einige Funktionen, wie die Betragsfunktion in Beispiel 12.8, nur abschnittsweise definiert. Diese Fallunterscheidungen werden im Formelsatz entsprechend anders dargestellt, in LaTeX kann man auch dafür die *array*-Umgebung benutzen. Hierbei müssen jedoch die große öffnende geschweifte Klammer und die fehlende schließende Klammer selbst verwaltet werden.

Die mit dem *amsmath*-Zusatzpaket verfügbare, alternative *cases*-Umgebung ist hier weitaus komfortabler und sollte den Vorzug erhalten. Dahinter verbirgt sich ein zweispaltiges Array, wobei die erste Spalte rechtsbündig (r) und die zweite Spalte linksbündig (l) gesetzt wird. Die öffnende geschweifte Klammer wird automatisch gesetzt, sie ist zur umgebenden Formel vertikal ausgerichtet. Als Separatorzeichen dient wieder das »&«, die einzelnen Zeilen werden durch \\ getrennt.

Beispiel 12.8: Fallunterscheidung

$$|x| = \begin{cases} x & \text{falls } x \ge 0 \text{ ist,} \\ -x & \text{sonst} \end{cases}$$

```
\[ |x| =
   \begin{cases}
   \phantom{-}%
   x & \text{falls $x \ge 0$ ist,}\\
   -x & \text{sonst}
   \end{cases} \]
```

Im Beispiel 12.8 kommt der \text-Befehl zum Einsatz, in diesem ist wiederum ein mathematischer Ausdruck enthalten. Der \phantom-Befehl dient erneut der Erzeugung eines unsichtbaren Zeichens festgelegter Breite.

12.3.4 Ausgerichtete Formeln

Alle weiteren Umgebungen zur Festlegung der Ausrichtung von Gleichungssystemen und mehrzeiligen Formeln benötigen das *amsmath*-Zusatzpaket. Bei diesen können Sie entweder selber den Ausrichtungspunkt festlegen oder die Umgebung bringt ihr eigenes Ausrichtungsschema mit.

Die gemeinsame Syntax für Umgebungen mit von Ihnen selbst definierbarer Ausrichtung lautet:

```
\begin{Name}
    linker Teil & Ausrichtungszeichen und rechter Teil
\end{Name}
```

Der Platzhalter `Name` steht für einen der folgenden Umgebungsnamen:

`align` die Ausrichtung der Formeln erfolgt an einer Position, wobei jede Zeile eine eigene Gleichungsnummer erhält;

`split` dient zur Aufteilung langer Formeln, kann jedoch nur innerhalb anderer Formelumgebungen benutzt werden.

Im Gegensatz zur *eqnarray*-Umgebung wird bei diesen der Ausrichtungspunkt durch Voranstellung eines »&« festgelegt. Alles, was links von ihm steht, wird rechtsbündig, alles rechts davon linksbündig an ihm ausgerichtet. Die Abstände zum Ausrichtungspunkt werden automatisch richtig gesetzt, sie sind kleiner dimensioniert als bei der *eqnarray*-Umgebung und somit gefälliger.

Bei den Umgebungen mit vorgegebener Ausrichtung sind die Regeln fest vorgegeben, so dass die Angabe eines Ausrichtungspunkts entfällt. Die gemeinsame Syntax hierfür lautet:

```
\begin{Name}
    Formeln durch \\ getrennt
\end{Name}
```

Der Platzhalter `Name` steht für einen der folgenden Umgebungsnamen:

`gather` mehrere Formelzeilen werden gesammelt und unabhängig voneinander untereinander ausgegeben, eine gemeinsame Ausrichtung gibt es nicht, jede Zeile wird zentriert gesetzt;

`multline` die erste Formelzeile wird links, die letzte rechts und alle weiteren werden zentriert ausgerichtet, die gemeinsame Gleichungsnummer steht neben der letzten Zeile. Hiervon kann nicht abgewichen werden.

Die Funktionsweise dieser Umgebungen wird in Beispiel 12.9 veranschaulicht.

Automatisch werden bei all diesen Umgebungen Gleichungsnummern generiert. Um einzelne Gleichungsnummern zu unterdrücken, muss der `\notag`-Befehl eingesetzt werden. Dieser wirkt analog zum `\nonumber`-Befehl, umfasst jedoch einige zusätzliche Funktionalitäten, die im weiteren Verlauf vorgestellt werden.

Beispiel 12.9: Ausgerichtete Formeln

$$\begin{align} x^2 + y^2 &= 1 \tag{1}\\ x &= \sqrt{1-y^2} \tag{2} \end{align}$$

$$\begin{equation}\begin{split}(a-b)^2 &= (a-b) \cdot (a-b) \\ &= a^2 - 2ab + b^2\end{split}\tag{3}\end{equation}$$

$$\begin{gather}(a+b)^2 = a^2 + 2ab + b^2 \tag{4}\\ (a+b) \cdot (a-b) = a^2 - b^2 \tag{5}\\ a+b \neq a-b\end{gather}$$

$$\begin{multline}(a+b)^3 \\ = (a+b) \cdot (a+b)^2 \\ = (a+b) \cdot (a^2 + 2ab + b^2) \\ = a^3 + 3a^2 b + 3ab^2 + b^3 \tag{6}\end{multline}$$

```
\begin{align}
x^2+y^2    &= 1        \\
x          &= \sqrt{1-y^2}
\end{align}
%
\begin{equation}
  \begin{split}
    (a-b)^2 &= (a-b)
      \cdot (a-b) \\
            &= a^2-2ab+b^2
  \end{split}
\end{equation}
%
\begin{gather}
(a+b)^2 = a^2+2ab+b^2 \\
(a+b) \cdot (a-b) = a^2-b^2 \\
a+b \neq a-b \notag
\end{gather}
%
\begin{multline}
(a+b)^3 \\
= (a+b) \cdot (a+b)^2 \\
= (a+b) \cdot (a^2+2ab+b^2)\\
= a^3 + 3a^2b + 3ab^2 + b^3
\end{multline}
```

Weiterhin existiert zu jeder Umgebung eine ∗-Variante, bei der keine Gleichungsnummern vergeben werden. Eine Ausnahme bildet die *split*-Umgebung, hier erzeugt die umschließende Formelumgebung eine vertikal ausgerichtete Gleichungsnummer.

Ab und an ergibt sich die Notwendigkeit, mehr als einen Ausrichtungspunkt zu definieren. In der *align*-Umgebung ist dies möglich. Beispielsweise kann man damit neben eine Formelzeile einen zusätzlichen Kommentar setzen. Insbesondere wenn sich die Kommentierung über mehrere Formelzeilen erstreckt, kann mit einer einheitlichen Einrückung maximale Übersichtlichkeit erzielt werden. Erreicht wird dies durch zwei »&&«-Zeichen, die zwischen Formel und Kommentar gesetzt werden. Anstelle eines Kommentars könnte natürlich auch jedes andere mathematische Konstrukt folgen.

Weitere Formelumgebungen oder zusätzliche Funktionalitäten können der weiterführenden Literatur, z. B. [11, 4], entnommen werden.

Beispiel 12.10: Kommentierte Gleichungen

$$\begin{aligned}x - 6 &= 4 \cdot (62 - x - 6) & & |\text{ zusammenfassen} \\ x - 6 &= 224 - 4x \\ 5x &= 230 & & | : 5 \\ x &= 46\end{aligned}$$

```
\begin{align*}
x - 6 &= 4 \cdot (62 - x - 6)  & & |
                                 \text{ zusammenfassen} \\
x - 6 &= 224 - 4x              \\
5x    &= 230                   & & | : 5 \\
x     &= 46
\end{align*}
```

12.3.5 Texte in ausgerichteten Formeln

Manchmal ist es erforderlich, einen kurzen Texteinschub zwischen mehrere ausgerichtete Formelzeilen zu setzen. Dabei sollte der Ausrichtungspunkt möglichst erhalten bleiben. Mit dem *amsmath*-Zusatzpaket steht der \intertext-Befehl zur Verfügung. Er kann nur unmittelbar nach einem mit »\\« erzwungenen Zeilenende verwendet werden und zeichnet sich dadurch aus, dass die Gesamtausrichtung der Formel erhalten bleibt.

Beispiel 12.11: Text zwischen Gleichungen

Bewegungsgleichung:

$$\frac{\partial^2 \xi}{\partial x^2} = \frac{1}{c^2} \frac{\partial^2 \xi}{\partial t^2}$$

für Flüssigkeitssäulen gilt:

$$c = \sqrt{\frac{1}{\varkappa \rho}}$$

```
Bewegungsgleichung:
\begin{align*}
\frac{\partial^2\xi}{\partial x^2}
   &= \frac{1}{c^2}
      \frac{\partial^2\xi}{\partial t^2}
\intertext{%
      f"ur Fl"ussigkeitss"aulen gilt:}
c &= \sqrt{\frac{1}{\varkappa\rho}}
\end{align*}
```

Im Beispiel 12.11 sieht man, dass die als Ausrichtungspunkt gewählten Gleichheitszeichen auf einer vertikalen Linie liegen. Um den griechischen Buchstaben »$\varkappa$« benutzen zu können, ist auch das *amssymb*-Zusatzpaket notwendig.

12.4 Layoutänderungen im Formelsatz

12.4.1 Fette Symbole

Hervorhebungen im Fließtext werden meist durch Fettdruck erzielt, auch im Formelsatz wünscht man sich manchmal diese Möglichkeit. Viel schlimmer ist es aber, wenn in einer Überschrift ein mathematisches Symbol verwendet wird. Dieses wird nicht automatisch – wie der Rest der Überschrift – fett gedruckt.

Es gibt verschiedene Möglichkeiten, Elemente des Formelsatzes fett zu drucken:

\mathbf{Zeichen} setzt Zeichen, das können Buchstaben und Ziffern sein, in fetter Schrift. Es wird automatisch auf eine aufrechte Schrift gewechselt.

\boldsymbol{Zeichen} setzt Zeichen, das können Buchstaben, Ziffern und Symbole sein, in fetter Schrift, die gewählte Schriftart bleibt erhalten. Jedoch muss hierfür das amsmath-Zusatzpaket geladen sein.

\pmb{Zeichen} druckt ein Zeichen zweimal leicht versetzt zueinander. Dieser Befehl ist hilfreich bei allen Symbolen, für die ansonsten keine fette Variante existiert. Der Name leitet sich vom englischen „poor man bold" ab, was das nicht immer befriedigende Ergebnis entschuldigen kann.

Beispiel 12.12: Fette Symbole

Berechnung der $\bigcirc$-Fläche mit $\pi = 3.14$ und $r = 3\,\text{cm}$

Berechnung der $\bigcirc$-Fläche mit $\pi = 3.14$ und $\mathrm{r} = 3\,\text{cm}$

Berechnung der $\bigcirc$-Fläche mit $\boldsymbol{\pi = 3.14}$ und $\boldsymbol{r=3}\,\text{cm}$

Berechnung der $\bigcirc$-Fläche mit $\pi = 3.14$ und $r=3\,\text{cm}$

```
\subsubsection*{Berechnung der $\bigcirc$-Fl"ache mit
    $\pi = 3.14$ und $r=3$\,cm}
\subsubsection*{Berechnung der $\mathbf\bigcirc$-Fl"ache
    mit $\mathbf{\pi = 3.14}$ und $\mathbf{r=3}$\,cm}
\subsubsection*{Berechnung der
    $\boldsymbol{\bigcirc}$-Fl"ache mit $\boldsymbol{%
    \pi = 3.14}$ und $\boldsymbol{r=3}$\,cm}
\subsubsection*{Berechnung der $\pmb{\bigcirc}$-Fl"ache
    mit $\pmb{\pi = 3.14}$ und $\pmb{r=3}$\,cm}
```

Alle Varianten in Beispiel 12.12, haben ihre Stärken und Schwächen. Bei der Verwendung von mathematischen Symbolen in hervorgehobenen Textteilen sollten Sie dennoch davon Gebrauch machen. Gerade bei großen Symbolen müssen Sie jedoch visuell entscheiden, welches eine akzeptable Möglichkeit ist.

Beispiel 12.13: Poor man bold

$\sum_{i=1}^{n} \frac{i}{i+1} \qquad \sum_{i=1}^{n} \frac{i}{i+1}$

```
\[ \pmb{\sum}_{i=1}^n
      \frac{i}{i+1}
   \qquad
   \mathop{\pmb{\sum}}_{i=1}^n
      \frac{i}{i+1} \]
```

Zu berücksichtigen ist ebenfalls, dass der \pmb-Befehl die „Operator-Eigenschaft" der Symbole zerstört, insbesondere gehen bei großen Operatoren die Abstandsregeln verloren. Im Beispiel 12.13 sieht man, dass beim Summenzeichen die Laufindizes völlig falsch gesetzt werden. Abhilfe schafft hier der \mathop-Befehl, auch seine Anwendung ist dem Beispiel zu entnehmen.

Um eine gesamte Formel oder längere Formelbereiche in Fettdruck zu setzen, sind diese Befehle eher unpraktisch. Dafür sollte man außerhalb des Mathe-Modus mit dem Befehl \mathversion{bold} auf fette Formelausgabe umschalten. Dieser Befehl bleibt so lange wirksam, bis er mit dem Befehl \mathversion{normal} wieder rückgängig gemacht wird.

Beispiel 12.14: Fette Formel

$$\boldsymbol{\sum_{i=1}^{n} j_i = \frac{n(n+1)}{2}} \quad \text{für} \quad \boldsymbol{j_{n+1} = j_n + 1}$$

$$\sum_{i=1}^{n} j_i = \frac{n(n+1)}{2} \quad \text{für} \quad j_{n+1} = j_n + 1$$

```
\mathversion{bold}
\[ \sum_{i=1}^n j_i = \frac{n(n+1)}{2} \quad \text{f"ur}
                     \quad j_{n+1}=j_n+1 \]
\mathversion{normal}
\[ \sum_{i=1}^n j_i = \frac{n(n+1)}{2} \quad \text{f"ur}
                     \quad j_{n+1}=j_n+1 \]
```

Wie das Beispiel 12.14 zeigt, wird nur der Formelsatz inklusive aller Operatoren und Symbole, jedoch nicht der eingefügte Text, fett gesetzt.

12.4.2 Ausrichtung von Formeln und Formelnummern

Standardmäßig werden abgesetzte Formeln zentriert, die Formelnummer erscheint rechtsbündig. In wissenschaftlichen Arbeiten muss man sich jedoch nach den Vorgaben der Hochschule oder des Verlags richten. So kann es notwendig werden, von der Voreinstellung abzuweichen. Abweichungen werden in der Dokumentenklasse vorgenommen und gelten für das gesamte Dokument:

fleqn mit dieser Dokumentenklassenoption werden die Formeln linksbündig mit kleinem Einzug angeordnet, die Formelnummer erscheint rechtsbündig;

leqno mit dieser Dokumentenklassenoption werden die Formelnummern links von der zentrierten Formel ausgegeben.

Es darf immer nur eine der beiden Optionen eingesetzt werden, da es sonst zu unerwünschten Nebeneffekten kommen kann. Demzufolge bedarf es auch zweier Beispiele, um diese Änderungen darzustellen.

Beispiel 12.15: Gleichungen linksbündig angeordnet

$U = 2\pi r$ (1)
$A = \pi r^2$ (2)

```
\documentclass[a4paper,fleqn]%
    {article}
\usepackage{ngerman,amsmath}
...
\begin{align}
U &= 2\pi r \\
A &= \pi r^2
\end{align}
```

Beispiel 12.16: Gleichungsnummerierung links

(1) $U = 4a$
(2) $A = \frac{1}{2} \cdot e \cdot f$
(3) $e^2 + f^2 = 4a^2$

```
\documentclass[a4paper,leqno]%
    {article}
\usepackage{ngerman,amsmath}
...
\begin{align}
U &= 4a \\
A &= \frac{1}{2} \cdot e
    \cdot f \\
e^2 + f^2 &= 4a^2
\end{align}
```

12.4.3 Eigene Formelnummerierung

Mit Ausnahme der *split*-Umgebung besitzt jede Formelumgebung auch eine ∗-Variante, die nicht automatisch nummeriert wird. Die Nummerierung kann jedoch explizit unterdrückt werden, indem in der entsprechenden Zeile ein \notag-Befehl dem Zeilenendezeichen \\ vorangestellt wird.

Als Pendant dazu existiert der tag-Befehl, der an selbiger Stelle positioniert werden kann. Dieser bietet jedoch eine nützliche, zusätzliche Funktionalität – man kann mit diesem Befehl eigene Marken definieren:

`\tag{Marke}` gibt `Marke` anstelle einer Gleichungsnummer im runden Klammernpaar aus;

`\tag*{Marke}` ist das Analogon ohne umschließende Klammern.

Ebenso ist es möglich, auf Formelnummern zurückzugreifen und sie mit Zusätzen zu versehen. Dazu werden innerhalb des `tag`-Befehls die bekannten Referenzierungsbefehle gemäß Kapitel 4.3 benutzt.

Beispiel 12.17: Eigene Nummerierung

$U = 4a$ \hfill (1)

$a = 10$ \hfill (*)

$U = 40$ \hfill (1')

$A = a^2$ \hfill (*)

$d = a\sqrt{2}$ \hfill 2

$A = 100$ \hfill (2)

```
\begin{align}
U &= 4a     \label{Umfang}\\
a &= 10     \tag{*} \\
U &= 40     \tag{\ref{Umfang}$'$}\\
A &= a^2 \tag{*} \\
d &= a\sqrt{2}   \tag*{2}
\end{align}
\begin{equation}
A = 100
\end{equation}
```

Der automatische Gleichungszähler bleibt davon unberührt. Demzufolge sind auch fehlerträchtige Nummerierungen, wie in Beispiel 12.17, möglich.

12.4.4 Änderung der Formelnummerierung

Standardmäßig werden Formeln in der Dokumentenklasse `article` fortlaufend durchnummeriert. Manchmal sollen diese zweistufig gestaltet werden, wie es bei den Dokumentenklassen `report` oder `book` üblich ist. Dazu muss die Formelnummerierung an die `\section`-Nummerierung gekoppelt werden. Mit dem *amsmath*-Zusatzpaket wird der `\numberwithin`-Befehl zur Verfügung gestellt, der einen zweistufigen Formelzähler für die Dokumentenklasse `article` bereitstellt. Dieser wird auf Abschnittsebene geführt und in der zweiten Stufe automatisch mit Beginn eines neuen Abschnitts auf »1« zurückgesetzt. Die erste Stufe wird mit dem Beginn eines jeden neuen Abschnitts hochgezählt. Dazu muss der folgende Befehl in der Präambel angegeben werden:

`\numberwithin{equation}{section}`

Er gilt für das gesamte Dokument und ist nur in der Dokumentenklasse `article` zulässig.

Beispiel 12.18: Zweistufige Gleichungsnummerierung

1 Drachen

$$U = 2 \cdot (a+b) \qquad (1.1)$$
$$A = \frac{1}{2} \cdot e \cdot f \qquad (1.2)$$

2 Trapez

$$U = a+b+c+d \qquad (2.1)$$
$$m = \frac{1}{2}(a+c) \qquad (2.2)$$
$$A = m \cdot h \qquad (2.3)$$

3 Rechteck

$$d = \sqrt{a^2+b^2} \qquad (3.1)$$

```
\documentclass[a4paper]%
   {article}
\usepackage{ngerman,amsmath}
...
\numberwithin{equation}%
   {section}
\section{Drachen}
\begin{align}
U &= 2 \cdot (a+b)\\
A &= \frac{1}{2}\cdot e\cdot f
\end{align}
\section{Trapez}
\begin{align}
U &= a + b + c + d \\
m &= \frac{1}{2}(a+c) \\
A &= m \cdot h
\end{align}
\section{Rechteck}
\begin{equation}
d = \sqrt{a^2+b^2}
\end{equation}
```

12.5 Übung

Setzen Sie das nachfolgende Textbeispiel in geeigneter Form in einem neuen LaTeX-Dokument. Wählen Sie dazu auch eine passende Überschrift und versehen Sie die Seite mit einer Seitennummer.

> Gegeben sei ein Prisma durch die vier Eckpunkte $A\,(4\,/\,1\,/\,3)$, $B\,(1\,/\,-5\,/\,-3)$, $C\,(-4\,/\,3\,/\,5)$ und $D\,(-3\,/\,-7\,/\,1)$, wobei das Dreieck $\triangle ABC$ die Grundfläche bildet und $\overline{BD}$ eine Außenkante.
>
> 1. Bestimmen Sie die Abbildungsmatrix bezüglich einer Parallelprojektion parallel zur Geraden $\vec{x} = k * \begin{pmatrix} 1 \\ 5 \\ 1 \end{pmatrix}$, $k \in \mathbb{R}$ auf die $x_2 x_3$–Ebene.
>
> 2. Mittels der Abbildungsmatrix
> $$P_2 = \begin{pmatrix} 1 & 0 & 2 \\ 2 & -1 & 3 \\ 4 & 1 & 8 \end{pmatrix}$$
> seien die Bildpunkte $G'\,(4\,/\,2\,/\,0)$ und $H'\,(10\,/\,-6\,/\,0)$ erzeugt worden. Bestimmen Sie die Koordinaten der ursprünglich gegebenen Punkte G und H.

12.6 Zusammenfassung

In diesem Kapitel lernten Sie viele weiterführende Elemente des Formelsatzes in LaTeX kennen. Insbesondere sind Sie nun befähigt:

✓ lange Formeln auf mehrere Zeilen aufzuteilen;
✓ mehrzeilige Formeln zu setzen;
✓ Formeln an einem Punkt auszurichten;
✓ Gleichungssysteme darzustellen;
✓ Gleichungen zu referenzieren;
✓ eine eigene Formelnummerierung vorzunehmen;
✓ auch in Überschriften fette mathematische Symbole zu verwenden;
✓ vom Standardlayout des Formelsatzes in LaTeX abzuweichen.

Kapitel 13 Literaturverweise

Wissenschaftliche Arbeiten basieren häufig auf einer Vielzahl verschiedener Quellen, oft werden auch Bezüge zu anderer Literatur hergestellt. Mit Hilfe der bibliografischen Daten der Quellen muss es möglich sein, diese zu identifizieren. Daher sind diese Angaben häufig recht detailliert, so dass es sinnvoll ist, sie gesammelt am Ende des Dokuments in einem eigenen Kapitel, dem Literaturverzeichnis, aufzuführen.

Im Text muss dann auf diese Quellenangaben verwiesen werden können. Dazu dient eine eindeutige Markierung im Text und im Literaturverzeichnis. Meist wird dazu eine fortlaufende Nummerierung in eckigen Klammern benutzt. Verwaltet LaTeX die Nummerierung selbst, kann das Literaturverzeichnis jederzeit ergänzt oder nach anderen Kriterien sortiert werden, ohne dass dabei die Verweise inkonsistent werden. Nach einem weiteren Formatierzyklus werden diese Verweise im Text automatisch aktualisiert.

In diesem Kapitel lernen Sie:

→ Literaturverweise im Text anzubringen;
→ ein Literaturverzeichnis zu erstellen;
→ Einträge ins Literaturverzeichnis aufzunehmen;
→ die Markierungen für einen Literaturverweis anzupassen;
→ bei Literatursammlungen das Dienstprogramm BIBTeX zu nutzen.

13.1 Literaturverweise mit LaTeX-Befehlen

Für Dokumente mit nur wenigen Literaturquellen ist es sinnvoll, die bibliografischen Daten für das Literaturverzeichnis im Dokument selbst zu verwalten. Wer jedoch häufig mit der Abfassung von Dokumenten zu ähnlichen Themen befasst ist, sollte die Vorteile einer Literatursammlung nutzen; Hinweise dazu finden Sie im Kapitel 13.2.

Im Folgenden erfahren Sie, wie Sie Literaturverweise im Text und die zugehörigen Einträge im Literaturverzeichnis mit Hilfe von LaTeX-Befehlen vornehmen können.

13.1.1 Aufbau eines Literaturverzeichnisses

Das Literaturverzeichnis wird mit der *thebibliography*-Umgebung ausgegeben:

```
\begin{thebibliography}{Mustermarkierung}
   Literatur-Einträge
\end{thebibliography}
```

Die Ausgabe des Literaturverzeichnisses erfolgt in einer *description*-ähnlichen Liste. Die Markierungen für die Literaturverweise stellen die Schlüsselwörter für die Liste dar und die bibliografischen Daten entsprechen den Listeneinträgen. Damit die Formatierung dieser Liste korrekt vorgenommen werden kann, müssen Sie angeben, wie breit die längste Markierung werden kann, denn anhand dieser Angabe wird bestimmt, wie weit die Listeneinträge eingezogen werden. Dazu geben Sie für den obligatorischen Parameter `Mustermarkierung` die längste vorkommende Markierung ein. Wird `Mustermarkierung` zu kurz gewählt, so verschiebt sich die erste Zeile eines Literatureintrags mit zu langer Markierung nach rechts.

Die einzelnen Literaturangaben beginnen alle mit dem Befehl:

`\bibitem[Markierung]{Marke} Literaturangaben` wobei das Pflichtargument `Marke` ein eindeutiges, internes Kennzeichen für den Literaturverweis darstellt. Dabei handelt es sich um eine – möglichst sinnvolle – Kombination aus Buchstaben (A–Z, a-z), Ziffern (0–9) und einigen Sonderzeichen (ausgenommen das Komma und andere Zeichen mit Spezialbedeutung). Dieses interne Kennzeichen wird von LaTeX dazu verwendet, um den Bezug zwischen dem Literaturverweis im Text (`\cite-Befehl`) und dem Eintrag im Literaturverzeichnis herzustellen.

Wird der optionale Parameter `Markierung` als alternative Kennzeichnung verwendet, so wird dieser Literaturverweis nicht nummeriert, sondern mit dieser `Markierung` im Literaturverzeichnis und im Text referenziert. Damit können dann die Literaturzitate zum Beispiel mit einem Autorenkürzel und einer Jahreszahl gekennzeichnet werden.

Die Formatierung der `Literaturangaben` (z. B. Autor(en), Titel, Verlag, Erscheinungsjahr) müssen Sie selber vornehmen. Dazu können Sie die bekannten Befehle für Texthervorhebungen aus Kapitel 6 verwenden.

Die Reihenfolge der Literaturangaben im Literaturverzeichnis wird für die Nummerierung herangezogen.

Bei der Ausgabe erhält das Literaturverzeichnis eine nicht nummerierte Überschrift auf der höchsten Gliederungsebene (»Literatur«: *section*-Ebene in der Dokumentenklasse *article* bzw. »Literaturverzeichnis«: *chapter*-Ebene in den Klassen *book* oder *report*). Ein Eintrag in das Inhaltsverzeichnis erfolgt daher nicht automatisch. Im Kapitel 4.4 ist beschrieben, wie Sie von Hand diesen Eintrag vornehmen können.

Wird im Literaturverzeichnis ein internes Verweiskennzeichen `Marke` mehrfach definiert, so liefert LaTeX die folgende Fehlermeldung:

> **F** LaTeX Warning: There were multiply-defined labels.

In der Log-Datei findet man Hinweise auf das mehrfach verwendete Verweiskennzeichen.

Beispiel 13.1: Literaturverzeichnis in der Dokumentenklasse *article*

Literatur

[DEK] **Knuth, Don. E.**
 The T_EX-Book, Computers and Typesetting Vol.A.;
 Addison-Wesley; 1992

[1] **Kopka, Helmut**
 LaTeX, Band 1, Einführung;
 Pearson Studium; 2002

[2] **Lamport, Leslie**
 LaTeX;
 Addison-Wesley; 1999

```
\begin{thebibliography}{[9]}
\bibitem[DEK]{knuth}
  \textbf{Knuth, Don. E.}\\
  \textit{The \TeX-Book,
  Computers
  and Typesetting Vol.A.}; \\
  Addison-Wesley; 1992
\bibitem{kopka}
  \textbf{Kopka, Helmut}\\
  \textit{\LaTeX, Band 1,
  Einf"uhrung};
  Pearson Studium; 2002
\bibitem{lamport-e}
  \textbf{Lamport, Leslie}\\
  \textit{\LaTeX}; \\
  Addison-Wesley; 1999
\end{thebibliography}
```

Beispiel 13.1 zeigt ein Literaturverzeichnis für einige LaTeX- und T_EX-Bücher. Die Literaturverweise sind durchnummeriert, nur der Literaturverweis für das Buch von D.E. Knuth wird mit der Marke »[DEK]« versehen. Dabei ist zu beachten, dass diese Markierung länger als die definierte Mustermarkierung ist. Daher ragt sie nach rechts in die erste Zeile der bibliografischen Daten hinein.

13.1.2 Verweise auf Einträge im Literaturverzeichnis

Ein Literaturverweis im Text wird mit dem folgenden LaTeX-Befehl angegeben:

\cite[*Zusatz*]{*Marke*} wobei der obligatorische Parameter *Marke* das interne Verweiskennzeichen auf den entprechenden Eintrag im Literaturverzeichnis darstellt. Wenn im \bibitem-Befehl eine alternative Markierung angegeben wurde, so wird diese auch als Markierung im Text verwendet. Falls die Markierung im Text noch mit einer weiteren Information (z. B. Seitenzahl) versehen werden soll, so kann dazu der optionale Parameter *Zusatz* angegeben werden.

Sind mehrere Literaturverweise an gleicher Stelle erforderlich, können im obligatorischen Parameter *Marke* mehrere, durch Kommata getrennte, Verweiskennzeichen angegeben werden.

Beispiel 13.2: Angabe von Literaturverweisen im Text

LaTeX wurde von Leslie Lamport entwickelt und in [2] beschrieben. Im deutschsprachigen Raum ist auch der erste Band der Buchreihe von Helmut Kopka [1] weit verbreitet. Das zu Grunde liegende Textsatzsystem TeX ist von Donald E. Knuth [DEK] entwickelt worden.	`\LaTeX{} wurde von Leslie Lamportcentwickelt und in \cite{lamport-e} beschrieben. Im deutschsprachigen Raum ist auch der erste Band der Buchreihe von Helmut Kopka \cite{kopka} weit verbreitet. Das zu Grunde liegende Textsatzsystem \TeX{} ist von Donald E. Knuth \cite{knuth} entwickelt worden.`

Das Beispiel 13.2 zeigt einen Textausschnitt, der Literatur aus dem oben angegebenen Literaturverzeichnis (Beispiel 13.1) zitiert. Die Markierung für das Buch von D.E. Knuth erfolgt mit dem Kennzeichen »[DEK]«, wie im Literaturverzeichnis vereinbart.

Die Literaturverweise werden in der LaTeX-Hilfsdatei (.aux) abgelegt. Die Zuordnung der Nummerierung zu den internen Verweiskennzeichen erfolgt erst beim zweiten LaTeX-Lauf. Solange noch die Warnmeldung auf dem Monitor und in der Log-Datei erscheint:

> LaTeX Warning: Label(s) may have changed.
> Rerun to get cross-references right.

muss der LaTeX-Lauf noch einmal vorgenommen werden, damit die Verweise korrekt aufgelöst werden können.

Verwenden Sie Verweiskennzeichen, ohne diese im Literaturverzeichnis zu definieren, so werden die Literaturzitate durch »[??]« dargestellt und LaTeX schreibt die folgende Fehlermeldung auf den Monitor und in die Log-Datei:

> LaTeX Warning: Citation '...' on page ... undefined on input line ...
> LaTeX Warning: There were undefined references.

wobei für ... entsprechende Angaben verwendet werden. Häufig handelt es sich dabei um Tippfehler in den Argumenten der Befehle für die Literaturverweise oder Literatureinträge.

13.2 Literaturverweise mit BibTeX

Zu einer vollständigen LaTeX-Portierung gehört in der Regel auch das Dienstprogramm BIBTEX, mit dessen Hilfe selbst aus umfangreichen Literatursammlungen zitiert werden kann. In einer Literatursammlung werden die Verweiskennzeichen zusammen mit den zugehörigen bibliografischen Daten in einer Datei mit der Erweiterung .bib gesammelt. Diese Sammlung kann themenbezogen erfolgen, da das Dienstprogramm BIBTEX in der Lage ist, auch mehrere Literatursammlungen zu verarbeiten.

Beispielhaft sei hier ein potenzieller Eintrag für den ersten LaTeX-Band von Helmut Kopka vorgestellt:

```
@book{kopka,
    AUTHOR={Kopka, Helmut},
    TITLE={\xLaTeX, Band 1, Einführung},
    PUBLISHER={Pearson Studium},
    YEAR={2002}
}
```

Für jede Literaturangabe muss zunächst entschieden werden, in welche Kategorie das Werk fällt: hier book für ein Buch; das voranstehende Zeichen »@« leitet einen BIBTEX-Datensatz ein. In geschweiften Klammern folgen dann die *Marke*, wie sie später im \cite-Befehl benutzt wird, und die weiteren bibliografischen Daten für die Literatur. Diese bestehen jeweils aus einem Schlüsselwort, einem Gleichheitszeichen und dem zugehörigen Eintrag, der in geschweifte Klammern eingeschlossen werden muss. Die Groß- oder Kleinschreibung des Schlüsselworts ist nicht von Belang. Die Einträge werden untereinander durch ein Komma getrennt.

Das Zusammenwirken von LaTeX und BIBTEX ist in Abbildung 13.1 dargestellt.

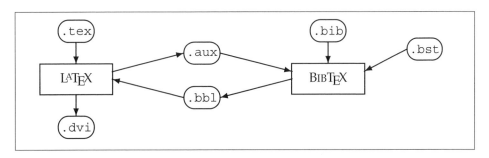

Abbildung 13.1: Arbeitsablauf bei der Verwendung der BibTeX-Literaturdatenbank

Die Literaturzitate im Text werden, wie im Kapitel 13.1.2 beschrieben, mit dem \cite-Befehl vorgenommen. Aus der Hilfsdatei (.aux) extrahiert das Dienstprogramm BIBTEX anhand der dort vorhandenen Verweiskennzeichen *Marke* die zugehörigen Literaturangaben aus den Bibliografiedateien. LaTeX erstellt aus diesen Daten (.bbl-Datei) das Literaturverzeichnis.

Ein erneuter BIBTEX-Lauf ist erst wieder notwendig, wenn sich die Literaturliste geändert hat.

Welche Datei(en) BIBTeX verwenden soll und welche Ausgaberichtlinien für das Literaturverzeichnis gelten sollen, das muss im LaTeX-Dokument definiert werden; zum Beispiel:
```
\bibstyle{unstr}
\bibliography{tex,latex}
```
Der erste Befehl bewirkt, dass der Bibliografiestil unstr.bst für die Ausgabe des Literaturverzeichnisses benutzt wird. Dieser Stil markiert die Literaturangaben numerisch in der Reihenfolge, wie sie im Text zitiert werden.

Der Befehl \bibliography bewirkt die Ausgabe des Literaturverzeichnisses an der Stelle im Dokument, an der der Befehl steht.

Alle Möglichkeiten von BIBTeX aufzuzeigen, würde den Rahmen dieses Buches sprengen. Daher sei auf die weiterführende Literatur [1, 5, 6, 11, 12] verwiesen, die verschiedene Anwendungsszenarien ausführlich beschreibt und diese auch an Beispielen demonstriert.

13.3 Hilfreiche Zusatzpakete

Die Markierung von Literaturverweisen kann mit Hilfe einiger Zusatzpakete verändert werden. Weiter verbreitet ist das *cite*-Zusatzpaket, mit dessen Hilfe automatisch Bereiche in der Nummerierung von LaTeX zusammengefasst werden; zum Beispiel wird im Text statt [1,4,5,6,7,8,10] nun [1,4-8,10] als Literaturverweis eingefügt.

Das *overcite*-Zusatzpaket stellt die Markierungen der Literaturzitate als hochgestellte Zahl dar; dies kann bei gleichzeitiger Verwendung von Fußnoten zu Unklarheiten führen. In der weiterführenden Literatur (z. B. [1, 5, 7, 11, 12]) finden Sie Beispiele und die Dokumentation zu diesen und weiteren nützlichen Zusatzpaketen in diesem Zusammenhang.

13.4 Übung

Setzen Sie den nachfolgenden Text mit den Literaturverweisen in der angegebenen Weise. Verwenden Sie dazu zunächst die *thebibliography*-Umgebung. Experimentieren Sie mit unterschiedlichen Markierungen und vertauschen Sie die Einträge im Literaturverzeichnis. Beobachten Sie dabei die Auswirkungen auf die Literaturverweise im Text und im Literaturverzeichnis.

Erweitern Sie das Literaturverzeichnis um weitere Autoren und ergänzen Sie den Text um zusätzliche Literaturverweise. Verändern Sie die Formatierung der bibliografischen Daten im Literaturverzeichnis.

Anschließend können Sie mit diesen Daten eine eigene Litertursammlung aufbauen und BIBTeX dazu verwenden, das Literaturverzeichnis auf diesem alternativen Weg zusammenzustellen.

1 Literaturverweise

Donald E. Knuth [1] hat TeX vor vielen Jahren entwickelt. Leslie Lamport [2] hat darauf aufbauend die wesentlich komfortabler zu bedienende Schnittstelle LaTeX zur Verfügung gestellt. Befehlsübersichten sind in [2, 1] zu finden.

Literatur

[1] Knuth, Donald E:
The TeX-Book; Computers and Typesetting Vol.A.
Amsterdam: Addison-Wesley Longman, 1992

[2] Lamport, Leslie:
Das LaTeX-Handbuch.
München: Addison-Wesley, 1995

13.5 Zusammenfassung

In diesem Kapitel haben Sie gelernt, wie Sie

✓ ein Literaturverzeichnis mit der *thebibliography*-Umgebung aufbauen;

✓ bibliografische Daten mit dem \bibitem-Befehl angeben;

✓ Literatur mit dem \cite-Befehl im Text zitieren;

✓ die Markierung für Literaturzitate im Text und im Literaturverzeichnis ändern;

✓ das BibTeX-Programm für Literatursammlungen einsetzen.

Kapitel 14 Indexerstellung

In umfangreichen Dokumenten ist es üblich, Stichwörter in einem eigenen Dokumentteil – dem so genannten Index – aufzuführen. Zusammen mit dem Stichwort wird dort auch die Seitenzahl angegeben, an der dieses Stichwort erwähnt wird. Dies hilft dem Leser bei der Suche nach der Stelle, wo das Stichwort verwendet wurde.

Bei der Indexerstellung kann Ihnen LaTeX viel Arbeit abnehmen. Dazu sind allerdings einige Dinge zu beachten, die im folgenden Kapitel beschrieben werden.

Insbesondere lernen Sie

→ Stichwörter im Text mit Indexeinträgen zu versehen;
→ die Sortierreihenfolge im Index zu beeinflussen;
→ Schriftauszeichnungen zu verwenden;
→ Indexeinträge zu staffeln;
→ die Indexeinträge aufzubereiten;
→ den Index auszudrucken.

14.1 Verfahrensweise bei der Indexerstellung

Damit LaTeX einen Index erstellen kann, müssen Sie das *makeidx*-Zusatzpaket in der Präambel laden. In diesem Paket werden die erforderlichen Befehle zur Indexerstellung und -verarbeitung definiert. Darüber hinaus müssen Sie noch LaTeX anweisen, die Indexeinträge zu sammeln. Dazu muss ebenfalls in der Präambel des Dokuments der Befehl
`\makeindex`
eingefügt werden. Damit erzeugt LaTeX eine Datei mit der Erweiterung `.idx`, die die Einträge für den Index aufnimmt. Diese Datei enthält die Indexeinträge in chronologischer Reihenfolge, d. h., sie müssen noch sortiert und aufbereitet werden. Diese Aufgabe übernimmt das Dienstprogramm `makeindex`. Es stellt die so aufbereiteten Einträge in einer Datei mit der Erweiterung `.ind` für LaTeX zur Verfügung. Dies bedeutet, dass Sie Ihr Dokument nach der Indexaufbereitung noch einmal neu übersetzen müssen, damit die korrekten Indexdaten vorliegen. Das Zusammenspiel der einzelnen Programme und Dateien zeigt die Abbildung 14.1.

Die so aufbereiteten Daten werden dann bei der Ausgabe des Stichwortverzeichnisses benutzt (siehe Kapitel 14.3).

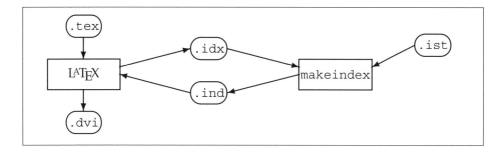

Abbildung 14.1: Arbeitsablauf bei der Indexerstellung

14.2 Der Befehl für Indexeinträge

Damit Stichwörter überhaupt in den Index aufgenommen werden können, müssen Sie diese entsprechend in Ihrem Dokument kennzeichnen. Dazu dient der Befehl:

\index{*Eintragstext*} wobei *Eintragstext* den Indexeintrag enthält. Dieser umfasst in der Regel das Stichwort, kann aber auch noch weitere Informationen (siehe unten) beinhalten.

Diesen Befehl sollten Sie direkt an das Stichwort anhängen, das Sie in den Index aufnehmen wollen. Nur so ist sichergestellt, dass die korrekte Seitenzahl für den Indexeintrag verwendet wird.

Für *Eintragstext* können Sie folgende Angaben einsetzen:

Eintrag es wird *Eintrag* im Index ausgewiesen. Dieser Eintrag bestimmt auch die Sortierreihenfolge im Index.

Haupteintrag!Untereintrag stellt *Untereintrag* in der zweiten Ebene unter dem *Haupteintrag* in den Index ein.

Eintrag@Alternativeintrag es wird der *Alternativeintrag* im Index ausgewiesen, zur Sortierreihenfolge wird allerdings *Eintrag* verwendet. Diese Angabe ist immer dann erforderlich, wenn der Indexeintrag Umlaute oder Akzentzeichen enthält, weil dafür die Sortierung nicht korrekt erfolgt (Ersatzdarstellungen mit Sonderzeichen).

Deutsche Umlautzeichen müssen mit einem vorangestellten Backslash »\« bzw. besser mit einem zusätzlichen Quote-Zeichen »"« vor Fehlinterpretation geschützt werden; Beispiel: ""a, ""U, ""ss! Mit dem Quote-Zeichen können auch die Trennzeichen des \index-Befehls vor der Interpretation geschützt werden.

Weitere Möglichkeiten der Angabe von Indexeinträgen entnehmen Sie auch der weiterführenden Literatur [6, 10].

Das Beispiel 14.1 zeigt die Anwendung der verschiedenen Indexbefehle in einer Eingabedatei im Fließtext.

Beispiel 14.1: Indexbefehle im Fließtext

> Der Textsatz mit LaTeX erzeugt gut gestaltete Dokumente. Auch Sonderzeichen, z.B. γ, lassen sich in den Index aufnehmen. Hier folgen noch: ä und ß.
>
> 1

> In diesem Buch haben Sie viel über LaTeX- und TeX-Befehle erfahren. Hier folgt noch: ä.
>
> 2

```
\usepackage{ngerman}
\usepackage{makeidx}
\makeindex
...
Der Textsatz\index{Textsatz} mit \LaTeX{} erzeugt gut
gestaltete Dokumente. Auch Sonderzeichen, z.B.
\(\gamma\)\index{gamma@\(\gamma\)}, lassen sich in den
Index aufnehmen. Hier folgen noch: "a\index{ae@""a} und
"s\index{ss@""s}.
\newpage
In diesem Buch haben Sie viel "uber \LaTeX-%
\index{Befehle!LaTeX@\LaTeX} und
\TeX-Befehle\index{Befehle!TeX@\TeX} erfahren. Hier
folgt noch: "a\index{ae@""a}.
```

14.3 Ausgabe des Stichwortverzeichnisses

Das makeindex-Programm sortiert die Indexeinträge alphabetisch und bereitet die Seitenangaben entsprechend auf. Darüber hinaus strukturiert es die Ausgabe in einer listenähnlichen Struktur mit unterschiedlich tiefen Einzügen für den Haupt- und die Untereinträge.

Die so von makeindex aufbereiteten Daten können Sie nach einem erneuten LaTeX-Lauf als Stichwortverzeichnis in Ihrem Dokument ausgeben. Dazu steht der folgende Befehl zur Verfügung:
\printindex
Dieser druckt das Stichwortverzeichnis mit einer nicht nummerierten Überschrift »Index« auf einer neuen Seite im Zweispaltensatz aus. Die erste Seite des Verzeichnisses wird immer im Seitenlayout plain ausgegeben, für die Folgeseiten wird das von Ihnen vorgesehene Seitenlayout benutzt.

Beispiel 14.2 zeigt das mit den Befehlen aus dem Beispiel 14.1 erzeugte Stichwortverzeichnis.

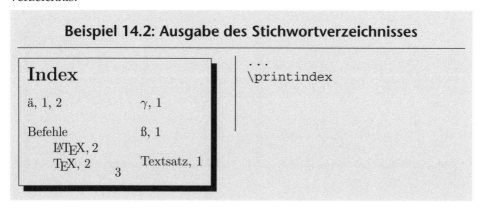

Beispiel 14.2: Ausgabe des Stichwortverzeichnisses

Das Dienstprogramm `makeindex` kann den Index nach verschiedenen Kriterien aufbereiten, dafür werden so genannte Stil-Dateien (`.ist`) verwendet. Dokumentation dazu und zum Programm selbst können Sie der weiterführenden Literatur [5, 11] entnehmen. Die verschiedenen Indexstile finden Sie dort an Beispielen demonstriert.

14.4 Übung

Benutzen Sie die Eingabedaten der Übung aus Kapitel 3 und erstellen Sie daraus mit geeigneten Befehlen den nachfolgenden, strukturierten Index.

Laden Sie das notwendige Zusatzpaket in der Präambel des Dokuments und bereiten Sie auch die Ausgabe der Indexdatei vor.

Wenden Sie das Programm `makeindex` auf diese Daten an und achten Sie auf eventuelle Fehlermeldungen. Wenn der Index korrekt aufbereitet wurde, müssen Sie Ihr Dokument noch einmal übersetzen, damit die Indexdaten verwendet werden können.

Vergessen Sie nicht, den Befehl für die Ausgabe des Index an der Stelle in Ihrem Dokument anzugeben, an der er ausgedruckt werden soll.

> **Index**
>
> Absätze, 2
>
> Deutsche Spezifika
>   Ä, 1
>   ä, 1
>   Ö, 1
>   ö, 1
>   ß, 1
>   Ü, 1
>   ü, 1
>
> Zeichen, 1
>   Akzent-, 1
>   Fortsetzungspunkte-, 1
>   Gedankenstriche-, 1
>   Sonder-, 1
> Zeile, 2
> Zeilenumbruch, 2
>
> 3

14.5 Zusammenfassung

In diesem Kapitel haben Sie gelernt

✓ mit welchen Hilfsmitteln Sie einen Index erstellen können;
✓ welche Befehle Sie für die Indexerstellung benötigen;
✓ Indexeinträge vorzunehmen;
✓ die Indexeinträge aufzubereiten;
✓ den Index in Ihrem Dokument einzufügen.

Kapitel 15 Weitere Aspekte

Bisher haben Sie viele einzelne Facetten von LaTeX kennen gelernt. Wenn Sie ein umfangreiches Dokument verfassen, könnten die in diesem Kapitel aufgeführten Hinweise hilfreich sein.

Die Aufteilung umfangreicher Dokumente in kleinere Teildokumente kann viel Zeit bei der Formatierung einsparen. Erst bei der Endredaktion werden die Teildokumente dann zum Gesamtdokument zusammengefasst und als Ganzes übersetzt. LaTeX bietet hierfür passende Hilfsmittel an.

Darüber hinaus können Sie selbst neue LaTeX-Befehle aufbauen, die Ihnen die konsequente Formatierung spezieller Dokumentteile erlauben. Dies ist bei größeren Projekten, wie z. B. einer Diplomarbeit, wichtig, da hierbei ein einheitliches Layout erforderlich ist.

Manchmal werden Sie auch andere Publikationsformen benötigen – zum Beispiel als Webseite(n) oder PDF-Dokument für das Internet. Gerade bei der Darstellung als Webseite kann das von LaTeX gestaltete Layout verloren gehen.

Im folgenden Kapitel erfahren Sie

→ wie Sie Ihr Dokument aus kleinen Teildokumenten zusammensetzen;
→ wie Sie selbst definierte Befehle aufbauen und in Ihrem Dokument nutzen;
→ auf welchen Wegen Sie eine PDF-Datei aus Ihrem LaTeX-Dokument erstellen;
→ wie Sie ein Webdokument mit LaTeX erstellen.

Wenn Sie sich mit den im Folgenden beschriebenen Mitteln selbst einen *Werkzeugkasten* zusammenstellen, sollten Sie diesen frühzeitig auf seine Tauglichkeit hin überprüfen und auch weit im Vorfeld bereits nutzen; damit sie – wenn es darauf ankommt – diesen auch problemlos anwenden können.

15.1 Praxisnahe Dokumente

Die folgenden Abschnitte beschreiben einige Hilfsmittel, die den Umgang mit LaTeX vereinfachen können.

Zum einen kann man sich das Leben erheblich einfacher machen, wenn man ein umfangreiches Dokument in kleinere Teildokumente (z. B. auf Basis der Kapitel) aufteilt. Damit bleiben dann die Dateien übersichtlicher und werden auch nicht so groß. Bei großen Dateien kämpfen einige Editoren bereits mit Performance-Problemen, die sich mit kleineren Dateien vermeiden lassen. Zum anderen können

Sie häufig wiederkehrende Formatierungsanweisungen zu eigenen LaTeX-Befehlen zusammenfassen. Kleinere Anpassungen brauchen Sie dann nur einmal an der zentralen Stelle vornehmen und nicht an allen betroffenen Textstellen.

15.1.1 Einbindung von Teildokumenten

Die Aufteilung eines umfangreichen Dokuments (z. B. Diplomarbeit) kann Ihnen sehr viel Zeit sparen, da Sie immer nur kleine Dateien handhaben müssen und auch die Formatierung durch LaTeX schneller abläuft. Die Teildokumente müssen zum Schluss dann zum Gesamtdokument zusammengefasst werden. Dafür stellt LaTeX zwei Vorgehensweisen zur Verfügung.

Import ohne Umbruch
Soll der Inhalt einer Datei ohne Zeilen-, Absatz- und Seitenumbruch integriert werden, so kommt dafür nur der folgende Befehl in Frage:

\input{*Dateiangabe*}   die *Dateiangabe* benennt die Datei (mit Dateiname und -erweiterung sowie erforderlichenfalls der Pfadangabe), die integriert werden soll.

> Die so importierten Dateien enthalten nur den textuellen Inhalt und die zur Formatierung notwendigen LaTeX-Anweisungen. Sie haben **keine** Präambel, da sie ja Teil eines anderen Dokuments werden! Der Inhalt der so benannten Datei wird an der Stelle von LaTeX ausgegeben, an der der Befehl in der Eingabe steht. Die Datei darf weitere \input-Befehle beinhalten.

Mit diesem Verfahren lassen sich auch spezielle, aufwändig zu erstellende Dokumentteile (z. B. mit der *picture*-Umgebung erstellte Grafiken) integrieren. Diese können so separat erstellt und mit einem kleinen Probedokument getestet werden. Erst wenn die Integration dort erfolgreich war, wird diese Datei dann in das richtige Dokument integriert.

Das Beispiel 15.1 zeigt die Integration der Datei einl.tex (ein neuer Abschnitt) in ein bestehendes LaTeX-Dokument. Der neue Abschnitt wird im Dokument dort eingefügt, wo sich in der Eingabedatei der Befehl befindet.

Beispiel 15.1: Integration einer Datei ohne Seitenumbruch

1 Vorwort

2 Einleitung

Dies ist Text der Einleitung ...

3 Schlusswort

```
\section{Vorwort}
\input{einl.tex}
\section{Schlusswort}
```
```
%=== einl.tex ==
\section{Einleitung}
Dies ist Text der
Einleitung \dots
```

Für umfangreiche Dokumente (z. B. Studienarbeiten, Diplomarbeiten) wird man meist noch weiter gehen. Das Hauptdokument enthält nur noch die Präambel und die rudimentären Befehle für den Textkörper. In diesem befinden sich dann eine Reihe von \input-Befehlen für die einzelnen zu integrierenden Dokumentteile. Mit Hilfe dieser „Steuerdatei" können Sie leicht nur einzelne Dokumentteile formatieren, indem Sie alle nicht erforderlichen \input-Befehle mit einem vorangestellten Prozentzeichen »%« auskommentieren. Dann übersetzen Sie diese Steuerdatei und formatieren so nur das gewünschte Kapitel.

Nachteilig an diesem Verfahren ist, dass Seitenzahlen, automatische Nummerierungen und Querverweise nicht korrekt sind, da ja Dokumentteile fehlen. In der Endredaktion, wenn alle \input-Befehle aktiviert sind, werden diese natürlich wieder korrekt dargestellt.

Integration einer Datei mit Seitenumbruch
Soll der Dateiinhalt an einer Stelle integriert werden, an der ein Seitenumbruch erfolgt (z. B. neues Kapitel in den Dokumentklassen *report* oder *book*) kann zur Integration der Datei der folgende Befehl benutzt werden:

\include{Dateiangabe}   wobei *Dateiangabe* den Dateinamen der zu integrierenden Datei enthält. Es wird vorausgesetzt, dass die Erweiterung des Dateinamens .tex lautet und die Datei sich im gleichen Verzeichnis befindet.

> Die so importierten Dateien enthalten nur den textuellen Inhalt und die zur Formatierung notwendigen LaTeX-Anweisungen. Sie haben **keine** Präambel, da sie ja Teil eines anderen Dokuments werden! Der Import erzwingt in diesem Fall einen Seitenumbruch, der Inhalt wird damit von LaTeX auf einer neuen Seite ausgegeben. Die Datei kann weitere LaTeX-Anweisungen (und auch \input-Befehle) beinhalten, aber **keine** weiteren \include-Befehle!

Jede so importierte Datei erzeugt ihre eigene Hilfsdatei (.aux), in der sich Angaben zu Seitennummern, Querverweisen und automatischen Nummerierungen befinden. Diese Informationen werden erst bei einer neuen Formatierung der zugehörigen Datei aktualisiert.

Die Steuerung, welche Dokumentteile übersetzt werden sollen, erfolgt hier allerdings anders. In der Präambel befindet sich zusätzlich der folgende Befehl:

\includeonly{Dateiliste}   in der *Dateiliste* werden die durch Kommata getrennten Dateinamen angegeben, die formatiert werden sollen.

Beispiel 15.2 zeigt die Integration der Teildokumente vorwort.tex, kap1.tex, kap2.tex und schluss.tex. Durch den \includeonly-Befehl wird nur die Datei kap1.tex neu von LaTeX formatiert. Die Seitennummer, die automatische Nummerierung und der Querverweis werden bei diesem Verfahren korrekt dargestellt, da diese Informationen aus den Hilfsdateien (.aux) der anderen integrierten – auch nicht neu formatierten – Dateien entnommen werden.

Beispiel 15.2: Integration einer Datei mit Seitenumbruch

2 Einleitung

Dies ist Text der Einleitung ...
Im Vorwort (Seite 1) haben Sie gesehen ...

2

```
\documentclass[a4paper]{article}
...
\includeonly{kap1}
\begin{document}
    \include{vorwort}
% Einleitung
    \include{kap1}
% Hier folgt der Hauptteil
    \include{kap2}
% Anhang, Literatur
    \include{schluss}
\end{document}
```

Wenn Sie den \includeonly-Befehl in der Präambel des Dokuments auskommentieren oder nicht angeben, werden alle Dateien, die mit \include-Befehlen integriert werden, neu formatiert.

Vorteil dieses Verfahrens ist, dass auch interne Referenzen korrekt dargestellt werden. Es kann allerdings nur angewendet werden, wenn der auftretende automatisch Seitenumbruch nicht stört.

15.1.2 Eigene Anpassungen

Damit Befehle und Ausdrücke, die häufiger in Ihrem Dokument vokommen, überall einheitlich benutzt werden, ist es sinnvoll, diese in Form von selbst definierten LaTeX-Anweisungen abzulegen. Dies hat auch den Vorteil, dass Änderungen nur an einer Stelle vorgenommen werden müssen und dann einheitlich im gesamten Dokument gelten.

Sie können sowohl eigene LaTeX-Befehle als auch eigene LaTeX-Umgebungen definieren. In den beiden folgenden Abschnitten lernen Sie die dazu notwendigen Befehle kennen.

Eigene Befehle
Für die Erstellung eigener Befehle stellt LaTeX die folgenden Befehle zur Verfügung:

\newcommand{\Name}[n]{Definition}   wobei \Name den Namen des neuen Befehls angibt. In Definition befinden sich die textuellen Inhalte bzw. Formatieranweisungen. Sie können den Befehl so definieren, dass er Argumente verarbeiten kann. Die Anzahl der Argumente wird mit dem optionalen Parameter n angegeben. Maximal neun Argumente kann LaTeX verarbeiten!

\renewcommand{\Name}[n]{Definition}   wobei \Name den Namen eines Befehls angibt, der umdefiniert werden soll. In Definition befinden sich die neuen textuellen Inhalte bzw. Formatieranweisungen.

\ensuremath{*Ausdruck*} stellt sicher, dass der *Ausdruck* auf jeden Fall im Mathe-Modus gesetzt wird. Damit wird erreicht, dass selbst definierte Befehle für den Formelsatz sowohl im Fließtext als auch im Mathe-Modus benutzt werden können.

Für *Name* gelten die gleichen Regeln und Besonderheiten wie für die LaTeX-Befehle (siehe Kapitel 2.3).

Die so definierten eigenen Befehle können Sie wie die bereits bekannten LaTeX-Befehle verwenden. Im Text müssen Sie nur den Befehlsnamen *Name* angeben. Die Leerstellen nach dem Befehl haben die gleiche Sonderbedeutung wie bei den anderen LaTeX-Befehlen auch.

Beispiel 15.3: Einfacher eigener LaTeX-Befehl

Wird der Befehl \Eth benutzt, so wird *Di-Ethylether* ausgegeben.	```\newcommand{\Eth}%```
	 ``` {\textit{Di-Ethyl\-ether}}```
	 ...
	 ```benutzt, so wird \Eth{}```
	 ```ausgegeben.```

Das Beispiel 15.3 zeigt die Definition und die Nutzung eines einfachen eigenen LaTeX-Befehls, der nur die Zeichenkette »*Di-Ethylether*« in kursiver Schrift ausgibt.

Werden Befehle mit Ausdrücken im Mathe-Modus benötigt, so sollte der Befehl \ensuremath verwendet werden, um in den Formelsatz umzuschalten. Damit kann der Befehl sowohl im Fließtext als auch im Mathe-Mode benutzt werden.

Beispiel 15.4: Komplexerer eigener LaTeX-Befehl

Der Befehl \Vec kann sowohl im Fließtext $x_1, \ldots, x_n$ als auch im Mathe-Mode $y_1, \ldots, y_n$ angewendet werden.	```\newcommand{\Vec}[1]%```
	 ``` {\ensuremath{#1_1,\ldots,#1_n}}```
	 ...
	 ```im Flie"stext \Vec{x} als auch```
	 ```im Mathe-Mode \(\Vec{y}\)```
	 ```angewendet werden.```

Das Beispiel 15.4 zeigt die Definition eines eigenen Befehls. In dem obligatorischen Argument muss der Vektorname angegeben werden. Innerhalb der Befehlsdefinition kann auf das Argument durch die Angabe #1 zurückgegriffen werden. Analoges gilt für die Parameter #2 ... #9; dazu muss allerdings auch die Zahl der Parameter entsprechend angegeben werden.

Im ersten Fall wird die Darstellung für den Vektor x ausgegeben, da für das Befehlsargument »x« eingesetzt wurde. Im zweiten Fall wird der Vektor y im Mathe-Modus ausgegeben (Befehlsargument: »y«).

Die weiterführende Literatur [6, 10, 11] bietet weitere Hinweise zur Erstellung und Nutzung eigener Befehle.

Eigene Umgebungen
Für die Erstellung eigener Umgebungen stellt LaTeX folgende Befehle bereit:

\newenvironment{Name}[n]{Beginn}{Ende}   definiert die neue LaTeX-Umgebung *Name*. Die *Beginn*-Definition wird mit dem \begin{Name}-Befehl und die *Ende*-Definition mit dem \end{Name}-Befehl ausgeführt.

\renewenvironment{Name}[n]{Beginn}{Ende}   ändert die Definition einer bestehenden LaTeX-Umgebung *Name*. Die anderen Parameter haben die gleiche Bedeutung wie oben.

Für *Name* gelten die gleichen Regeln wie für LaTeX-Befehle. In den *Beginn*- und *Ende*-Definitionen können Sie textuelle Inhalte und Formatierungsanweisungen verwenden. Die Nutzung von Argumenten ist auch mit den eigenen Umgebungen möglich. Die weiterführende Literatur [6, 10, 11] enthält weitere Hinweise zur Erstellung und Nutzung eigener Umgebungen.

Beispiel 15.5: Eine eigene Umgebung

Dies ist vorhergender Text, der im Blocksatz gesetzt wird.
Die Zeilen innerhalb der Umgebung werden kursiv gedruck und zentriert.
Dies ist nachfolgender Text, der im Blocksatz gesetzt wird.
	`\newenvironment{Zent}%`
	`  {\par\itshape\centering}`
	`  {\mdseries\par}`
	`Dies ist vorhergender Text, der`
	`im Blocksatz gesetzt wird.`
	`\begin{Zent}`
	`Die Zeilen innerhalb der`
	`Umgebung werden kursiv gedruck`
	`und zentriert.`
	`\end{Zent}`
	`Dies ist nachfolgender Text,`
	`der im Blocksatz gesetzt wird.`

Das Beispiel 15.5 stellt die Befehle für eine einfache selbst definierte Umgebung vor und zeigt die Nutzung der neuen Umgebung. Die Umgebung schaltet auf einen kursiven Schriftstil um und der Inhalt wird zentriert ausgegeben.

Eigene Zusatzpakete
Wenn Sie häufiger Dokumente mit ähnlichen Inhalten verfassen, kann es hilfreich sein, die dafür entwickelten eigenen Anweisungen global zur Verfügung zu stellen. Das geht recht einfach, indem Sie die Definitionen in einer eigenen Datei zusammenfassen. Als Dateierweiterung müssen Sie dann .sty verwenden! Damit haben Sie ein eigenes Zusatzpaket zu LaTeX geschrieben.

> **!** Sie müssen nun noch dafür sorgen, dass Ihr Zusatzpaket von LaTeX auch gefunden wird. Dazu muss es in einen Bereich des Verzeichnisbaums kopiert werden, der von LaTeX für Eingabedateien durchsucht wird. Des Weiteren ist oftmals die von vielen LaTeX-Implementationen benutzte Datenbank für die Dateinamen zu aktualisieren. Hinweise zur Verzeichnisstruktur und zum Befehl für die Datenbankaktualisierung finden Sie in der Dokumentation zum LaTeX-System.

Nun können Sie Ihr eigenes Zusatzpaket – wie jedes andere – nutzen. Dazu müssen Sie es mit dem im Kapitel 2.2.3 beschriebenen Befehl laden:

\usepackage{Paketname}   wobei der Paketname nun Ihr selbst geschriebenes Zusatzpaket angibt.

Dieses Vorgehen verschafft Ihnen die Möglichkeit, häufig benötigte Definitionen an einer Stelle zu sammeln. Erforderliche Anpassungen brauchen Sie dann immer nur am Zusatzpaket vorzunehmen. Alle darauf aufbauenden Dokumente werden bei der nächsten LaTeX-Formatierung automatisch aktualisiert.

Die weiterführende Literatur [5, 8, 11] enthält viele Hinweise und Tipps für den Aufbau eigener Zusatzpakete.

15.1.3 Änderungen des Satzspiegels

Gerade für wissenschaftliche Dokumente existieren häufig Vorgaben für den Satzspiegel (Zeilenbreite, Höhe des Textes und Ränder). Der von LaTeX zur Verfügung gestellte Satzspiegel entspricht diesen Vorgaben nur sehr selten. Daher müssen Sie LaTeX anweisen, Ihre Vorgaben für den Satzspiegel zu berücksichtigen.

Die Abhängigkeiten der LaTeX-internen Variablen, die die Seitenränder (Innen- oder Bundsteg und Außensteg), den Randnotenbereich und die Zeilenbreite beschreiben, sind recht komplex und für den Anfänger nur schwer durchschaubar. Gleiches gilt für die Variablen, die den Seitenkopf (Kopfsteg), die Texthöhe (inkl. Fußnotenbereich) und den Seitenfuß (Fußsteg) beschreiben.

Das *geometry*-Zusatzpaket erleichtert Ihnen Änderungen des Satzspiegels, indem Sie in den Paketoptionen die für Sie relevanten Parameter angeben können. LaTeX berechnet mit Hilfe dieser Angaben die noch fehlenden Werte.

Das Zusatzpaket muss in der Präambel des Dokuments geladen werden. Dafür gilt die folgende Syntax:

\usepackage[Option]{geometry}   wobei Option die Angaben für einen neuen Satzspiegel enthält.

Für Option können Sie folgende Angaben einsetzen:

text={Breite,Höhe}   wobei Breite bzw. Höhe (jeweils eine Zahl mit Maßangabe) die Zeilenbreite bzw. die Höhe des Satzspiegels (ohne Kopf- und Fußzeilen) angibt;

top=Kopfsteg   wobei Kopfsteg (Zahl mit Maßangabe) den Abstand des Satzspiegels vom oberen Seitenrand beschreibt;

bottom=Fußsteg   wobei Fußsteg (Zahl mit Maßangabe) den Abstand der Unterkante des Satzspiegels vom unteren Seitenrand angibt;

left=Innensteg   wobei Innensteg (Zahl mit Maßangabe) den Abstand der linken Kante des Satzspiegels vom linken Seitenrand beschreibt (bei doppelseitiger Ausgabe: Innen- oder Bundsteg);

`right=Außensteg` wobei `Außensteg` (Zahl mit Maßangabe) den Abstand der rechten Kante des Satzspiegels vom rechten Seitenrand angibt (bei doppelseitiger Ausgabe: Außensteg);

`centering` damit wird der Satzspiegel zentriert auf der Seite ausgegeben.

Dies sind nur die wichtigsten Paketoptionen für das *geometry*-Zusatzpaket. Weitere Optionen finden Sie in der Dokumentation, die im Paket enthalten ist. Die Optionen lassen sich miteinander kombinieren, dann müssen sie durch Kommata voneinander getrennt werden.

Die meisten Vorgaben für den Satzspiegel lassen sich mit diesem Zusatzpaket verwirklichen. Das bedeutet aber nicht automatisch, dass auch ein harmonisch wirkender Satzspiegel erzeugt wird!

Wird beispielsweise ein Satzspiegel mit einer Zeilenbreite von 15 cm und einer Texthöhe von 24 cm benötigt, können Sie dazu folgenden Aufruf des *geometry*-Zusatzpakets verwenden:
`\usepackage[text={15cm,24cm}]{geometry}`
Der Satzspiegel wird dabei unsymmetrisch auf der Papierfläche angeordnet. Bei doppelseitigem Ausdruck werden die Seitenränder für die linke Seite automatisch in der richtigen Weise übernommen.

Wenn Sie den Satzspiegel zentriert auf der Seite ausgeben wollen, können Sie den folgenden Aufruf benutzen:
`\usepackage[text={15cm,24cm},centering]{geometry}`
Damit werden die Seitenränder automatisch berechnet.

Soll der Satzspiegel 3 cm vom linken Seitenrand und 4 cm vom oberen Seitenrand beginnen, so rufen Sie das Zusatzpaket wie folgt auf:
`\usepackage[text={15cm,24cm},left=3cm,top=4cm]{geometry}`
Damit wird dann der Satzspiegel entsprechend der oben genannten Vorgaben erstellt. Bei doppelseitigem Ausdruck werden die Seitenränder für die linke Seite automatisch in der richtigen Weise übernommen.

15.2 PDF-Dokumente aus LaTeX

In der heutigen Zeit erfolgt die Weitergabe von Informationen in wachsendem Maße über das Internet. Weit verbreitet ist das *Portable Document Format* (PDF) für die Darstellung von Dokumenten, bei denen die Wiedergabe des korrekten Seitenlayouts erforderlich ist. Daher eignet sich dieses Format besonders gut, um Ihr mit LaTeX gestaltetes Dokument für das Internet aufzubereiten.

Zwei verschiedene Möglichkeiten existieren, um aus Ihrem Dokument eine PDF-Datei zu erstellen: der traditionelle Weg über LaTeX/`dvips` zur Erstellung einer PostScript-Datei, die dann in eine PDF-Datei konvertiert wird, und der Weg direkt von einer LaTeX-Eingabedatei in eine PDF-Datei über pdfLaTeX. Im Folgenden werden beide Wege kurz beschrieben. Wenn Sie noch Hypertext-Funktionalität in Ihr PDF-Dokument aufnehmen wollen, können Sie das *hyperref*-Zusatzpaket benutzen, um LaTeX-Verweise in anklickbare PDF-Links umzuwandeln. Weitere Funktionalitäten können Sie der Dokumentation des Zusatzpakets entnehmen.

15.2.1 PostScript als Grundlage

Liegt Ihr Hauptaugenmerk auf der gedruckten Publikation, so ist es sinnvoll, den traditionellen Weg des Buchsatzes über LaTeX/`dvips` zu wählen; d. h., Sie erstellen eine LaTeX-Eingabedatei, formatieren diese mit LaTeX und konvertieren sie dann mit Hilfe von `dvips` in eine PostScript-Datei. Dies ist der Weg, den Sie auch für das gedruckte Dokument auf jeden Fall gehen müssen. Daran schließt sich dann nur noch die PDF-Generierung an.

Dazu können Sie kommerzielle PostScript/PDF-Konverter oder den PostScript-Browser GSVIEW einsetzen. Dieser zeigt Ihnen die PostScript-Datei zunächst auf dem Monitor an. Unter dem Menüpunkt DATEI/KONVERTIERUNG finden Sie auch einen Eintrag `pdfwrite`. Wenn Sie diesen anwählen, können Sie noch verschiedene Einstellungen treffen, z. B. welche Seiten konvertiert werden sollen, welche PDF-Version benutzt werden soll und für welche Anwendung (Monitoransicht, normale Drucker oder professioneller Buchdruck) die PDF-Datei erstellt werden soll.

Da die PDF-Generierung aus der PostScript-Datei erfolgt, werden auch alle externen Grafiken korrekt ins PDF-Dokument übernommen und basieren auf den gleichen Dateien.

15.2.2 Direkte PDF-Generierung

Liegt das Hauptaugenmerk auf der alleinigen Publikation im Internet, können Sie auch den zweiten Weg über pdfLaTeX wählen. Damit ersparen Sie sich die Zwischenschritte über die `.dvi`- und `.ps`-Dateien, da direkt die PDF-Datei erzeugt wird.

Leider unterstützt pdfLaTeX bei der Integration externer Grafiken andere Dateiformate als `dvips`. Insbesondere das `.eps`-Dateiformat kann **nicht** eingebunden werden, stattdessen lassen sich Dateiformate für Bilder (z. B. `.jpg`) einbinden. Darüber hinaus können auch einige Zusatzpakete nicht in der gewohnten Weise benutzt werden.

Weitere Informationen dazu finden Sie in der Dokumentation zum pdfLaTeX-Paket.

15.3 Webseiten aus LaTeX-Dokumenten

Sie können Ihr Dokument auch im Internet veröffentlichen, indem Sie dieses in eine Webseite konvertieren. Da die Sprache des Web, die *HyperText Markup Language* (HTML) für einfache Darstellungen von Texten konzipiert ist, gehen dabei viele LaTeX-Formatierungen verloren.

Die Konvertierung in das HTML-Format können Sie mit dem Programm

`latex2html`

vornehmen. Dieses Programmsystem ist in den meisten LaTeX-Distributionen enthalten, muss aber separat installiert werden. Die Installation ist relativ aufwändig, da auch einige Zusatzkomponenten installiert werden müssen und deren Zusammenspiel funktionieren muss.

Alle im HTML unbekannten Zeichen werden in Grafiken umgerechnet, die dann im HTML-Text integriert werden. Größere mathematische Ausdrücke werden dabei ebenfalls in Grafiken umgewandelt. Andere LaTeX-Formatierungen (wie zum Beispiel Listen) werden in äquivalente HTML-Formatierungen umgesetzt.

Erhalten bleibt die Seitenstruktur Ihres Dokuments, jede Seite wird in eine eigene Webseite konvertiert. Diese Webseiten werden durch Navigationselemente miteinander verknüpft. Aus Referenzierungen werden HTML-Links gebildet, so dass Sie sich z. B. Fußnoten direkt durch Mausklick anzeigen lassen können. Gleiches gilt für Querverweise und Literaturzitate.

Von großem Nachteil ist, dass das Layout weitgehend verloren geht. Die zunehmende Verbreitung des PDF-Formats wird diesen Weg in der Zukunft wohl in den Hintergrund drängen. Man kann ihn aber dazu benutzen (missbrauchen), mathematische Formeln für eine Webdarstellung zu generieren, denn diese lassen sich mit HTML-Mitteln allein nicht erstellen!

15.4 Übung

Erstellen Sie ein zentrales Steuerdokument, das die Grobstruktur und die zentralen Teile eines umfangreicheren Dokuments beinhaltet (z. B. Titelseite, Verzeichnisse, Anhang) und das die Teildokumente mit Hilfe des Befehls \input lädt. Verwenden Sie für dieses Dokument die Dokumentenklasse *report*. Darin können Sie den \chapter-Befehl für eine zusätzliche Grobstrukturierung benutzen, ohne dass die tiefer liegende Strukturierung in den Teildokumenten zerstört wird. Laden Sie in der Präambel dieses Dokuments alle für das Gesamtdokument erforderlichen Zusatzpakete.

Sie können die – leicht modifizierten – Eingabedateien aus den vorangegangenen Übungen benutzen, um das Dokument mit Inhalt zu füllen. Daher ist es sinnvoll, die folgende Grobstuktur zu verwenden:

Titelei mit Titelseite, Inhalts-, Tabellen- und Abbildungsverzeichnis;

Vorwort neuer, eigener Text,

Grundlagen bestehend aus der Übung im Kapitel 3;

Einfache Strukturen bestehend aus den Übungen der Kapitel 4–6;

Formelsatz I bestehend aus der Übung im Kapitel 7;

Komplexere Strukturen bestehend aus den Übungen der Kapitel 8–11;

Formelsatz II bestehend aus der Übung im Kapitel 12;

Komplexere Strukturen bestehend aus den Übungen der Kapitel 13 und 14;

Anhang mit Literaturverzeichnis und Index.

Damit Sie den \input-Befehl verwenden können, ist es notwendig, dass Sie aus den Eingabedateien die vollständige Präambel und die \begin{document}- und \end{document}-Befehle entfernen! Bitte speichern Sie die so modifizierten Daten unter einem **neuen** Dateinamen ab und laden Sie in dem zentralen Steuerdokument die so modifizierten Teildokumente.

Erstellen Sie ein eigenes Zusatzpaket, das die globalen Änderungen für die Absatzmarkierung aus der Übung im Kapitel 3 enthält. Vergessen Sie nicht, dieses auch in Ihrem zentralen Steuerdokument zu laden.

Anschließend können Sie das zentrale Steuerdokument mit LaTeX übersetzen, die erforderlichen Zusatzprogramme aufrufen und so das Dokument mit den Zusatzinformationen vervollständigen. Wenn Sie Änderungen an Teilen des Dokuments vornehmen wollen oder Fehler suchen müssen, können Sie Teile in der Steuerdatei mit einem %-Zeichen auskommentieren. Damit können Sie erheblich Zeit bei der Übersetzung einsparen und Fehlerbereiche eingrenzen.

Erhöhen Sie den Zeilenabstand global für das gesamte Dokument auf den Faktor 1,3. Diese Änderung können Sie in Ihrem Zusatzpaket vornehmen. Beobachten Sie die Auswirkungen auf die verschiedenen Dokumentteile.

Verwenden Sie alternativ die Dokumentenklasse *book* und/oder den \include-Befehl. Beobachten Sie dabei die Veränderungen in der Seitenstruktur Ihres Dokuments.

15.5 Zusammenfassung

Dieses Kapitel bot einige Hinweise zum Umgang mit umfangreichen Dokumenten, die Ihnen viel Zeit bei der Erstellung Ihrer schriftlichen Ausarbeitung sparen können. Darüber hinaus erhielten Sie einen Überblick über weitere Publikationsmöglichkeiten von LaTeX-Dokumenten im Internet.

Insbesondere haben Sie gelernt

✓ ein umfangreiches Dokument in Teildokumente aufzuteilen;

✓ die Unterschiede der Befehle \input und \include bei der Integration von Teildokumenten zu beachten;

✓ eigene LaTeX-Befehle und -Umgebungen zu erstellen;

✓ eigene Befehle so zu definieren, dass sie sowohl im Fließtext als auch im Formelsatz nutzbar sind;

✓ einfache Zusatzpakete selbst zu erstellen und diese zu nutzen;

✓ Ihr LaTeX-Dokument in eine PDF-Datei oder in ein Webdokument zu konvertieren.

Anhang

A Anhang

A.1 Wichtige Zusatzpakete

Name	Funktion	Seite
amsmath	Erweiterter Formelsatz (American Mathematical Society)	86
array	Weitere Absatzdefinitionen für Tabellen und mathematischen Umgebungen	114
babel	Anpassungen für mehrsprachige Dokumente	—
bbm	Mathematische Mengensymbole	100
caption	Erlaubt die weitgehende Neugestaltung des Layouts der Überschriften bzw. Untertitel	—
color	Verwendung von Farben im Dokument	131
dcolumn	Ausrichten von Tabellenspalten an einem Zeichen	114
dinbrief	Erstellung von Briefen nach der DIN-Norm	—
eepic	Erweiterung der *picture*-Umgebung	—
endnotes	Erklärungen werden in Form von Endnoten gesetzt	149
epic	Vermeidung der Einschränkungen der *picture*-Umgebung	—
epsfig	Einbindung von PostScript-Grafiken mit Möglichkeiten zur Drehung und Skalierung	129
eurosym	Bereitstellung des Euro-Zeichens	34
exscale	Anpassung der mathematischen Symbole an größere Schriften	—
float	Definition eigener Gleitumgebungen, analog zur *table*- bzw. *figure*-Umgebung	—
geometry	Erstellung eines eigenen Seitenlayouts (Satzspiegel und Seitenränder)	191
graphics	Grafikeinbindung ohne weitere Funktionalität	—
graphicx	Grafikeinbindung mit Möglichkeiten zur Drehung und Skalierung	126
hyperref	Hypertext-Funktionalität für PDF-Dokumente	—
inputenc	Direkte Eingabe von Sonderzeichen	36
longtable	Satz von Tabellen, die mehr als eine Seite umfassen	115

Fortsetzung: Wichtige Zusatzpakete

Name	Funktion	Seite
multicol	Mehrspaltiger Satz	—
ngerman	Anpassungen an deutsche Spezifika	36
nofloat	Layout ortsfester (nicht gleitender) Tabellen und Abbildungen analog zu den Gleitumgebungen *table* bzw. *figure*	—
picinpar	Grafik wird vom Text umflossen	132
psnfss	Nutzung von *PostScript*-Schriften	81
pstricks	Grafikerstellung mit LaTeX-Befehlen auf PostScript-Basis	—
rotate	Drehung von LaTeX-Objekten	129
showkeys	Zeigt die Ankerpunkte für Querverweise an	—
tabularx	Tabellenspalten können gleich breit angelegt werden	114
theorem	Erweiterungen für Theoreme und Sätze	—
varioref	Zusätzliche Funktionalität für Querverweise, z. B. automatisches Anfügen der Seitennummern	—
wrapfig	Grafik wird vom Text umflossen	132
xr	Querverweise auf externe LaTeX-Dokumente	—

A.2 Wichtige LaTeX-Umgebungen

Name	Funktion	Seite
abstract	Erzeugt eine Zusammenfassung	73
appendix	Gliederungsüberschriften als Anhang	74
array	Matrizen, Determinanten und andere Feldstrukturen	156
center	Gibt die nachfolgenden Zeilen zentriert aus	63
description	Erstellt eine Liste von Beschreibungen	69
displaymath	Hervorgehobener Formelsatz; ohne Gleichungsnummer	88
document	Zentrale Umgebung für ein Dokument	22
enumerate	Erstellt eine automatisch durchnummerierte Aufzählung	67
eqnarray	Ausgerichtete Gleichungssysteme	159
equation	Hervorgehobener Formelsatz; automatische Formelnummerierung	88
figure	Gleitende Abbildungen	139
flushleft	Nachfolgender Text wird linksbündig gesetzt	63
flushright	Nachfolgender Text wird rechtsbündig gesetzt	63
itemize	Erstellt eine Aufzählungsliste	66
list	Satz von Informationen in einer Liste	—
math	Formelsatz im Fließtext	86
minipage	Definiert einen kleinen Bereich als eigenständige „Seite"	69
picture	Zeichnen einfacher Grafiken mit LaTeX-Befehlen	120
quotation	Beidseitig eingerückte Zeilen	63
quote	Beidseitig eingerückte Zeilen	63
tabbing	Anwendung von Tabulatoren	116
table	Gleitende Tabellen	137
tabular	Automatisierter Tabellensatz	109
thebibliography	Stellt das Literaturverzeichnis zusammen und druckt es aus	
theindex	Stellt den Index zusammen und druckt ihn aus	
theorem	Kurze durchnummerierte Absätze wie z. B. Definitionen und Beispiele	71
trivlist	Satz von Informationen in einer Liste	—
verbatim	Gibt den nachfolgenden Text unverändert im Zeichensatz texttt aus	72
verse	Beidseitig eingerückte Zeilen	—

Anhang

B Formelanhang

B.1 Griechische Buchstaben

Kleine griechische Buchstaben

α	\alpha	β	\beta	γ	\gamma	$\digamma$	\digamma
δ	\delta	ϵ	\epsilon	ε	\varepsilon	ζ	\zeta
η	\eta	θ	\theta	ϑ	\vartheta	ι	\iota
κ	\kappa	$\varkappa$	\varkappa	λ	\lambda	μ	\mu
ν	\nu	ξ	\xi	π	\pi	ϖ	\varpi
ρ	\rho	ϱ	\varrho	σ	\sigma	ς	\varsigma
τ	\tau	υ	\upsilon	ϕ	\phi	φ	\varphi
χ	\chi	ψ	\psi	ω	\omega		

Große griechische Buchstaben

Γ	\Gamma	$\varGamma$	\varGamma	Δ	\Delta	$\varDelta$	\varDelta
Θ	\Theta	$\varTheta$	\varTheta	Λ	\Lambda	$\varLambda$	\varLambda
Ξ	\Xi	$\varXi$	\varXi	Π	\Pi	$\varPi$	\varPi
Σ	\Sigma	$\varSigma$	\varSigma	Υ	\Upsilon	$\varUpsilon$	\varUpsilon
Φ	\Phi	$\varPhi$	\varPhi	Ψ	\Psi	$\varPsi$	\varPsi
Ω	\Omega	$\varOmega$	\varOmega				

B.2 Binäre Operatoren – LaTeX

$+$	+	$-$	-	$\pm$	\pm	$\mp$	\mp
$\cap$	\cap	$\cup$	\cup	$\sqcap$	\sqcap	$\sqcup$	\sqcup
$\uplus$	\uplus	$\setminus$	\setminus	$\vee$	\vee	$\wedge$	\wedge
$\cdot$	\cdot	$\times$	\times	$\ast$	\ast	$\star$	\star
$\oplus$	\oplus	$\ominus$	\ominus	$\otimes$	\otimes	$\oslash$	\oslash
$\odot$	\odot	$\bullet$	\bullet	$\circ$	\circ	$\bigcirc$	\bigcirc
$\div$	\div	$\wr$	\wr	$\diamond$	\diamond	$\amalg$	\amalg
$\dagger$	\dagger	$\ddagger$	\ddagger				
$\triangleright$	\triangleright			$\triangleleft$	\triangleleft		
$\bigtriangleup$	\bigtriangleup			$\bigtriangledown$	\bigtriangledown		

B.3 Binäre Operatoren – Zusätze mit *amsmath*

$\dotplus$	\dotplus	$\ltimes$	\ltimes	$\rtimes$	\rtimes
$\cdot$	\centerdot	$\leftthreetimes$	\leftthreetimes	$\rightthreetimes$	\rightthreetimes
$\circleddash$	\circleddash	$\barwedge$	\barwedge	$\doublebarwedge$	\doublebarwedge
$\smallsetminus$	\smallsetminus	$\curlywedge$	\curlywedge	$\curlyvee$	\curlyvee
$\veebar$	\veebar	$\Cap$	\Cap	$\Cup$	\Cup
$\intercal$	\intercal	$\circledast$	\circledast	$\circledcirc$	\circledcirc
$\divideontimes$	\divideontimes	$\boxplus$	\boxplus	$\boxminus$	\boxminus
$\And$	\And	$\boxdot$	\boxdot	$\boxtimes$	\boxtimes
$\lhd$	\lhd	$\rhd$	\rhd		
$\unlhd$	\unlhd	$\unrhd$	\unrhd		

B.4 Große Operatoren

$\sum$	\sum	$\bigcap$	\bigcap	$\bigodot$	\bigodot
$\prod$	\prod	$\bigcup$	\bigcup	$\bigotimes$	\bigotimes
$\coprod$	\coprod	$\bigsqcup$	\bigsqcup	$\bigoplus$	\bigoplus
$\int$	\int	$\bigvee$	\bigvee	$\biguplus$	\biguplus
$\oint$	\oint	$\bigwedge$	\bigwedge		

B.5 Vergleichsoperatoren

$<$	<	$>$	>	$=$	=
$\leq$	\leq	$\geq$	\geq	$\equiv$	\equiv
$\prec$	\prec	$\succ$	\succ	$\sim$	\sim
$\preceq$	\preceq	$\succeq$	\succeq	$\simeq$	\simeq
$\ll$	\ll	$\gg$	\gg	$\asymp$	\asymp
$\subset$	\subset	$\supset$	\supset	$\approx$	\approx
$\subseteq$	\subseteq	$\supseteq$	\supseteq	$\cong$	\cong
$\sqsubseteq$	\sqsubseteq	$\sqsupseteq$	\sqsupseteq	$\bowtie$	\bowtie
$\in$	\in	$\ni$	\ni	$\propto$	\propto
$\vdash$	\vdash	$\dashv$	\dashv	$\models$	\models
$\smile$	\smile	$\mid$	\mid	$\doteq$	\doteq
$\frown$	\frown	$\parallel$	\parallel	$\perp$	\perp

B.6 Negation binärer Operationen

≮	\not<	≯	\not>	≠	\not=
≰	\not\leq	≱	\not\geq	≢	\not\equiv
⊀	\not\prec	⊁	\not\succ	≁	\not\sim
⋠	\not\preceq	⋡	\not\succeq	≄	\not\simeq
⊄	\not\subset	⊅	\not\supset	≉	\not\approx
⊈	\not\subseteq	⊉	\not\supseteq	≇	\not\cong
⋢	\not\sqsubseteq	⋣	\not\sqsupseteq	≭	\not\asymp

B.7 Klammern und Begrenzer

Öffnende Klammern

(	(	[	[	{	\{	[	\lbrack
⌊	\lfloor	⌈	\lceil	{	\lbrace	⟨	\langle

Schließende Klammern

)	)	]	]	}	\}	]	\rbrack
⌋	\rfloor	⌉	\rceil	}	\rbrace	⟩	\rangle

B.8 Pfeil-Operatoren

←	\leftarrow	⟵	\longleftarrow
⇐	\Leftarrow	⟸	\Longleftarrow
→	\rightarrow	⟶	\longrightarrow
⇒	\Rightarrow	⟹	\Longrightarrow
↔	\leftrightarrow	⟷	\longleftrightarrow
⇔	\Leftrightarrow	⟺	\Longleftrightarrow
↦	\mapsto	⟼	\longmapsto
↩	\hookleftarrow	↪	\hookrightarrow
↼	\leftharpoonup	⇀	\rightharpoonup
↽	\leftharpoondown	⇁	\rightharpoondown
⇌	\rightleftharpoons		
↑	\uparrow	⇑	\Uparrow
↓	\downarrow	⇓	\Downarrow
↕	\updownarrow	⇕	\Updownarrow
↗	\nearrow	↘	\searrow
↙	\swarrow	↖	\nwarrow

B.9 Synonyme Darstellungen

Für einige Symbole stehen Varianten zur Verfügung.

$\neq$	\ne or \neq	\not=
$\leq$	\le	\leq
$\geq$	\ge	\geq
$\{$	\\{	\lbrace
$\}$	\\}	\rbrace
$\rightarrow$	\to	\rightarrow
$\leftarrow$	\gets	\leftarrow
$\ni$	\owns	\ni
$\wedge$	\land	\wedge
$\vee$	\lor	\vee
$\neg$	\lnot	\neg
$\vert$	\vert	|
$\Vert$	\Vert	\\|

B.10 Mathematische Akzente

$\hat{a}$	\hat{a}	$\check{a}$	\check{a}	$\tilde{a}$	\tilde{a}	$\acute{a}$	\acute{a}
$\grave{a}$	\grave{a}	$\dot{a}$	\dot{a}	$\ddot{a}$	\ddot{a}	$\breve{a}$	\breve{a}
$\bar{a}$	\bar{a}	$\vec{a}$	\vec{a}				

B.11 Zusätzliche Symbole

$\aleph$	\aleph	$\prime$	\prime	$\forall$	\forall	$\hbar$	\hbar
$\emptyset$	\emptyset	$\exists$	\exists	$\imath$	\imath	∇	\nabla
$\neg$	\neg	$\jmath$	\jmath	$\surd$	\surd	$\flat$	\flat
ℓ	\ell	$\top$	\top	$\natural$	\natural	$\wp$	\wp
$\bot$	\bot	$\sharp$	\sharp	$\Re$	\Re	$\|$	\\|
$\clubsuit$	\clubsuit	$\Im$	\Im	$\angle$	\angle	$\diamondsuit$	\diamondsuit
∂	\partial	$\triangle$	\triangle	$\heartsuit$	\heartsuit	∞	\infty
$\backslash$	\backslash	$\spadesuit$	\spadesuit				

Anhang

C Die beigefügte CD-ROM

Auf der CD-ROM sind die vollständigen Eingabedateien (einschließlich der Präambel) für die im Buch aufgeführten Beispiele enthalten. Damit ist es Ihnen möglich, die Beispiele auf Ihrem Rechner selbst zu verifizieren. Weitere Informationen dazu finden Sie auf der CD-ROM in der Datei beispiel.html.

Weiterhin befindet sich auf der CD-ROM ein vollständiges LaTeX-System (TeX-Live Demo) für Windows-, Macintosh- und Linux-Rechner. Wenn Sie noch nicht über ein LaTeX-System auf Ihrem Rechner verfügen, können Sie sich damit schnell und zuverlässig ein lauffähiges LaTeX-System installieren. LaTeX-Portierungen für viele andere Rechnerplattformen finden Sie im so genannten *Comprehensive TeX-Archive Network* (CTAN). Dieses Archiv enthält darüber hinaus auch eine Vielzahl von weiteren Informationen zum LaTeX-Umfeld. Weitere Hinweise zur Nutzung des CTAN finden Sie im Anhang C.2.

C.1 Die TeXLive-Installation von der CD-ROM

Zusammengestellt wurde die TeXLive Demo CD-ROM von Sebastian Rahtz und anderen Mitgliedern der TeX user group; die Übersetzung der Dokumentation wurde von Volker RW Schaa vorgenommen. Allen an der Zusammenstellung der CD-ROM Beteiligten möchten wir hiermit herzlich danken.

Bitte beachten Sie die Hinweise (liesmich.html) zur Installation auf der CD-ROM und die dort angegebenen weiterführenden Links. Die Installation verläuft mit Hilfe einer Installationsroutine (bei Windows fensterorientiert, sonst zeilenorientiert) recht einfach. Folgende Schritte sind notwendig:

1. Start des Installationsskripts (bei Windows meist automatisch);
2. Festlegung des Installationsverzeichnisses;
3. Auswahl eines Installationsschemas (z.B. Generic basic TeXLive).

Danach erfolgt die Installation. Zum Schluss werden alle benötigten internen Dateien generiert und die Datenbank für die Dateinamen wird aktualisiert. Damit ist das TeXLive-System einsatzbereit.

Bei einigen UNIX-Varianten muss die CD-ROM erst dem System bekannt gemacht werden (*mounten*). Das Dateisystem ist im `iso9660`-Format auf der CD-ROM abgelegt. Diese Information kann für den *mount*-Befehl erforderlich sein. Zum Beispiel:
`mount -t iso9660 /dev/cdrom /dev/media`
Das Installationsskript wird dann gestartet mit dem Befehl:
`./install-tl.sh`

Wenn Sie feststellen, dass nicht alle erforderlichen Komponenten installiert wurden, können Sie diese jederzeit mit Hilfe der CD-ROM nachinstallieren. Bei Windows erfolgt dies über:
PROGRAMME/TEXLIVE/MAINTENANCE/ADD TEX PACKAGE
bei den Unix-Installationen mit Hilfe der Installationsroutine (hier für das pstricks-Paket):
`./install-pkg.sh --package pstricks`
Nachinstallationen von Paketen müssen in der Regel durch den Unix-Benutzer erfolgen, der auch die Installation vorgenommen hat (meist `root`).

Falls sich bei der Paketinstallation Änderungen an den internen LaTeX-Dateien ergeben, werden diese in der Regel auch gleich am Ende der Installation neu generiert. Die Datenbank für die Dateinamen wird – falls erforderlich – auch automatisch aktualisiert.

C.2 CTAN, das *Comprehensive TeX-Archive Network*

Einhergehend mit der weiten Verbreitung des TeX/LaTeX-Systems entstanden immer mehr Zusatzpakete und Dienstprogramme. Schnell wurde klar, dass ein zentrales Archivsystem hierfür gute Dienste leisten würde, um die Transparenz über einen längeren Zeitraum hinweg zu gewährleisten. Deshalb wurde schon frühzeitig das CTAN-System entwickelt. Es besteht aus mehreren Rechnern, über die Software verteilt wird.

Die deutschsprachige Anwendervereinigung TeX e.V. (DANTE) betreibt einen dieser CTAN-Rechner. Sie können das dortige Archiv über folgende Wege nutzen:

1. über das ftp-Protokoll: `ftp://dante.ctan.org/tex-archive/`
2. über das http-Protokoll: `http://www.dante.de`

Bei der Webadresse handelt es sich um die Homepage des DANTE-Vereins.

In diesem Archiv finden Sie für viele Rechnerplattformen die Installationsdaten für das LaTeX-System. Darüber hinaus bietet es auch eine Vielzahl von Zusatzpaketen, Dienstprogrammen und Dateien für zusätzliche Schriften. Insbesondere erhalten Sie dort auch wertvolle Hinweise und Tipps zur Nutzung von TeX und LaTeX, z.B. in Form ausführlicher FAQ-Listen.

TeX Live ist eine freie Software.

Vertriebs- und allgemeine Information unter:
http://www.tug.org/tex-live/

Das Software Medium wird auf einer „AS IS" Basis ohne Garantie vertrieben. Weder die Autoren, noch die Software-Entwickler, noch die veröffentlichende Firma noch Pearson Education Deutschland GmbH übernimmt irgendeine Vertretung oder Garantie (weder ausgedrückt noch impliziert) für die Software Programme, ihre Qualität, Genauigkeit oder Einsetzbarkeit für bestimmte Zwecke.

Deswegen übernehmen weder die Autoren, noch die Software-Entwickler, noch Pearson Education irgendeine Verantwortung anderen Personen oder juristischen Personen gegenüber bezüglich Haftpflicht, Verlust oder Schaden, der angeblich oder tatsächlich direkt oder indirekt durch Programme verursacht wird, die in diesem Medium enthalten sind. Dies beinhaltet, ist aber nicht begrenzt, auf die Unterbrechung von Diensten (Programmabsturz), den Verlust von Daten, den Verlust von Unterrichtszeit, den Verlust von Beratungs- oder im Voraus bezahlten Honoraren oder von aus dem Gebrauch dieser Programme folgenden Schäden. Wenn das Medium defekt ist, senden Sie es bitte an den Verlag zurück, und es wird Ihnen ersetzt.

Literaturverzeichnis

[1] Detig, Christine:
Der LATEX Wegweiser.
Bonn u.a.: International Thomson Publishing, 1997

[2] Knuth, Donald E:
The TEX-Book; Computers and Typesetting Vol.A.
Amsterdam: Addison-Wesley Longman, 1992

[3] Goossens, Michel:
The LATEX Graphics Companion
Amsterdam: Addison-Wesley Longman, 2002

[4] Grätzer, George:
Math into LATEX
Amsterdam: Birkhäuser, 2004

[5] Klöckl, Ingo:
LATEX, Tipps und Tricks;
Layoutanpassung, Programmierung, Hilfsprogramme.
Heidelberg: dpunkt Verlag, 2002

[6] Kopka, Helmut:
LATEX– Band 1; Einführung.
München: Pearson Studium; Addison-Wesley, 2002

[7] Kopka, Helmut:
LATEX– Band 2; Ergänzungen.
München: Pearson Studium; Addison-Wesley, 2002

[8] Kopka, Helmut:
LATEX– Band 3; Erweiterungen.
München: Pearson Studium, Addison-Wesley, 2002

[9] Kopka, Helmut:
A Guide to LATEX.
München: Addison-Wesley Longman, 2004

[10] Lamport, Leslie:
    Das LaTeX-Handbuch.
    München: Addison-Wesley, 1995

[11] Samarin, Alexander; Mittelbach, Frank; Goossens, Michel:
    Der LaTeX-Begleiter.
    München: Pearson Studium, 2002

[12] Zilm, Thorsten:
    Das Einsteigerseminar LaTeX.
    Bonn: moderne industrie Buch Verlag, 2003

Sachregister

Symbole

" "   38
" ′   37
" -   38
" `   37
\#   34
\$ 34
%   34
&   34
_   34
$ 86
$$ 88
&   112, 157, 161, 162
\(86
\)   86
\+   117
\,   46, 87
\-   38, 117
\<   117
\=   117
\>   117
\[88
\'   34
\.   34
\=   34
\AA   35
\AE   35
\H   34
\L   35
\O   35
\OE   35
\S   35
\\   39, 112, 117
\^   34
\`   34
\aa   35
\ae   35
\b   34
\c   34
\d   34
\i   34
\j   34
\l   35
\o   35
\oe   35
\r   34
\t   34
\u   34
\v   34
\~   34
\]   88
^   90
‾   90
‖   111
| 111
~   39

A

Abbildung   119
Abbildungs-
    verzeichnis   141
Abführungsstriche   37
\abovecaptionskip   140
Absatz   40
    Ausrichtung   41, 63
    Eigenschaften   42
    Markierung   40
Abschnitt   51
Abstände   46
    horizontal   46
    vertikal   48
Abstandskorrektur   97
Abstract   73
abstract-Umgebung   73
\addcontentsline   57, 141
\addtocontents   57, 141
\addtocounter   30

Sachregister

Akzente
    Mathematik   101, 204
    Zeichen   34
align-Umgebung   162
Anführungsstriche   37
Anhang   54, 74
Anmerkungen   145
\appendix   54
appendix-Umgebung   74
Arithmetische Ausdrücke   89
array-Umgebung   156
\arraystretch   112
Aufzählung   65, 67, 68
Auslassungspunkte   35, 158
\author   58

B

Befehl   26–28
    Argumente   26
    Leerzeichen   27
    Syntax   26
    Wirkungsbereich   27
Begrenzer   94
\belowcaptionskip   140
\bfseries   79
\bibitem   172
\bibliography   176
\bibstyle   176
BIBTEX   175
\bigskip   48
Binäre Operatoren   92, 203
Blocksatz   63
bmatrix-Umgebung   157
\boldsymbol   165
\bottomfraction   140
bottomnumber   140
Boxen   44
Brüche   89

C

\caption   140
cases-Umgebung   161
\cdots   101
center-Umgebung   64
\centering   41
\chapter   51, 53
\circle   122

\cite   173, 175
\cleardoublepage   43, 140
\clearpage   43, 140
\cline   112
\colorbox   131

D

\dag   35
\dashbox   123
\date   58
Datei
    .aux   17, 175
    .bbl   17, 175
    .bib   17, 175
    .blg   17
    .bst   17, 175, 176
    .dvi   17
    .idx   17, 179
    .ilg   17
    .ind   17, 179
    .ist   17, 179
    .lof   17, 57, 141
    .log   17
    .lot   17, 57, 141
    .pdf   17
    .ps   17
    .tex   17
    .toc   17, 57
\ddag   35
\ddots   101, 158
\definecolor   131
description-Umgebung   65, 69
Determinanten   156
displaymath-Umgebung   88
document-Umgebung   22
\documentclass   22
Dokumentenklasse
    article   23
    book   23
    KOMA-Script   25
    letter   23
    report   23
    slides   23
Dokumentenklassenoption
    10pt   24
    11pt   24
    12pt   24
    a4paper   24

draft 24
fleqn 167
leqno 167
titlepage 24, 58
twocolumn 24
twoside 24
Dokumentenstruktur 51
\dotfill 47
\dots 35, 101, 158
\doublerulesep 112

E

\endfirsthead 115
\endfoot 115
\endhead 115
\endlastfoot 115
\endnote 149
Endnote 145, 149
\enspace 46
\ensuremath 188
enumerate-Umgebung
    65, 67, 68
\epsfig 129
eqnarray-Umgebung 159
equation-Umgebung 155
\euro 34
Exponenten 90
    mehrzeilige 98
\extracolsep 111

F

Fallunterscheidungen 161
\fbox 44
\fboxsep 45
Felder 156
Flattersatz 63
flushleft-Umgebung 64
flushright-Umgebung 64
\fnsym 146
Font 77
\footnote 146
\footnotemark 148
\footnotesize 80
\footnotetext 148
Formeln
    ausgerichtete 162
    Fettdruck 166

    lange 159, 160
    mehrzeilige 159, 162
Formelsatz
    siehe Mathematik-Satz
    hervorgehobener 88
    im Fließtext 86
Formelumbruch 160
Fortsetzungspunkte 35
\frac 89
Frakturzeichen 105
\framebox 44, 123
Fußnote 145–149
Fußnotensymbol 146
Funktionsnamen 95
\fussy 42

G

gather-Umgebung 162
Gedankenstrich 35
Gleichungsnummer 159, 160
    Referenzierung 155
    Unterdrückung 159, 160
Gleichungssysteme 159, 162
Gleitumgebung 137
    Voreinstellungen 140
Gliederung 51
\glq 37
\glqq 37
Grafik 119
    externe 126
    LaTeX-interne 119
Griechische Buchstaben
    92, 201
\grq 37
\grqq 37

H

\hat 101
\hfill 47
\hline 112
Hochstellen 90
\hrulefill 47
\hspace 46, 47
HTML-Generierung 193
\huge 80
\Huge 80
\hyphenation 38

I

\idotsint 97
\iiiint 97
\iiint 97
\iint 97
\include 187
\includegraphics 127
\includeonly 187
\index 180
Index 179
    Arbeitsablauf 179
Indizes 90
    mehrzeilige 98
Inhaltsverzeichnis 56
\input 186
\int 97
Integral 97
Integralgrenzen 97
Integralzeichen 97
\item 65
itemize-Umgebung 65, 66, 68
\itshape 79

K

Kapitel 51
Kerning 36
\kill 117
Klammern 94, 203
Kolumnentitel 59
KOMA-Script 25
Kurven 124

L

Längenangaben 29
\label 54, 155
\large 80
\Large 80
\LARGE 80
\ldots 101
Leerzeichen 27
    geschützt 39
Leerzeile 40
\lefteqn 160
Ligatur 36
\limits 97
\line 121
\linebreak 39, 112

\linespread 42
\linethickness 123
Liste
    Aufzählung 65, 67, 68
    description 69
    enumerate 67, 68
    itemize 66, 68
    Markierung 65
    nummerierte 67, 68
    Spiegelstrich 65, 66, 68
\listoffigures 141
\listoftables 141
Literatur 171
    Angaben 172
    Verweis 173
Logarithmus-ähnliche
    Operatoren 95

M

\makebox 44, 122
\makeindex 179
makeindex-Programm 179
\maketitle 58
\marginpar 151
math-Umgebung 86
\mathbb 100
\mathbbm 100
\mathbf 165
\mathcal 105
Mathematik-Satz 85–105, 155–168
\mathfrak 105
\mathrm 96
\mathversion 166
matrix-Umgebung 157
Matrizen 156
\mbox 44, 96
\mdseries 79
\medskip 48
Mehrfachbrüche 89
Mehrfachintegral 97
minipage-Umgebung 69
\multicolumn 111
\multiput 121

N

\newcommand 188
\newenvironment 190

\linebreak 112
\newline 39, 112
\newpage 43
\newtheorem 71
\noindent 40
\nolimits 98
\nolinebreak 39
\nonumber 159, 160
\nopagebreak 43
\normalmarginpar 152
\normalsize 80
\numberwithin 168
Nummerierte Textpassagen 71

O

Operatoren
    binäre 92, 201, 203
    große 92, 202
\oval 123
\overbrace 102
\overleftrightarrow 104
\overline 102
\overrightarrow 104
\overset 103

P

\pagebreak 43
\pagenumbering 60
\pageref 54, 155
\pagestyle 59
\par 40
\paragraph 51, 53
Paragraph 51
\parbox 70
\parindent 40
\parskip 40
\part 51, 53
PDF-Generierung 192
Pfeil-Operatoren 95, 203
Pfeile 95
    längenanpassend 104
\phantom 46, 160, 161
picture-Umgebung 120
pmatrix-Umgebung 157
\pmb 165
Poor man bold 165
\printindex 181

\prod 98
\put 121

Q

\qbezier 124
\qquad 46, 87
\quad 46, 87
Querverweis 54
quotation-Umgebung 63
quote-Umgebung 63

R

\raggedleft 41
\raggedright 41
Randnotiz 145, 150
Rauhsatz 63
\ref 54, 155
\renewcommand 188
\renewenvironment 190
\reversemarginpar 152
\rmfamily 79
\rule 45

S

\samepage 43
Satzspiegel 191
Schrift 77
    PostScript 81
    TrueType 83
Schriftfamilie 78
Schriftform 78
Schriftgröße 80
Schriftstärke 78
\scriptsize 80
\scshape 79
\section 51, 53
Seitenlayout 59
    empty 59
    headings 59
    myheadings 59
    plain 59
Seitenumbruch 43
\setcounter 30
\setlength 30
\setlongtables 115
\shortstack 124
Silbentrennung 38

\sloppy 42
\slshape 79
\small 80
\smallskip 48
Spaltenform 157
Spiegelstrichliste 65, 66, 68
split-Umgebung 162
\sqrt 91
\stackrel 103
\stepcounter 30
Struktur 51
    Abschnitt 51
    Kapitel 51
    Paragraph 51
    Teil 51
    Unterabschnitt 51
    Unterparagraph 51
    Unterunterabschnitt 51
\subparagraph 51, 53
\subsection 51, 53
\substack 98
\subsubsection 51, 53
\sum 98
Summen 98
Summenzeichen 98
Symbole 204
    fette 165
Synonyme 204

T

Tabellen 109
    Spaltendefinition 110
    Zeilen 112
Tabellenverzeichnis 141
\tableofcontents 56
tabular-Umgebung 109
\tag 167
Teil 51
\text 96, 161
\textbf 79
Textbreite 191
\textcolor 131
\textfraction 140
Texthöhe 191
\textit 79
\textrm 79
\textsc 79
\textsf 79

\textsl 79
\thanks 58
thebibliography
    -Umgebung 172
\theendnotes 149
Theoreme 71
\thicklines 123
\thinlines 123
\thispagestyle 59
Tiefstellen 90
\tilde 101
\tiny 80
Titelseite 58
\title 58
\topfraction 140
topnumber 140
totalnumber 140
Trennstrich 35
\ttfamily 79

U

Umgebung 28, 63, 199
    abstract 73
    align 162
    appendix 74
    array 156
    Aufzählung 67
    bmatrix 157
    cases 161
    center 64
    description 65, 69
    displaymath 88
    document 22
    enumerate 65, 67, 68
    eqnarray 159
    equation 155
    figure 137, 139
    flushleft 64
    flushright 64
    gather 162
    Gleitumgebung 137, 139
    itemize 65, 66, 68
    Listenumgebung 66, 68, 69
    longtable 115
    math 86
    matrix 157
    minipage 69
    nummerierte 71

picture 120
pmatrix 157
quotation 63
quote 63
split 162
tabbing 116
table 137
tabular 109, 110
thebibliography 172
verbatim 72
vmatrix 157
Vmatrix 157
\underbrace 102
\underleftarrow 104
\underline 45, 102
\underset 103
\unitlength 120
Unterabschnitt 51
Unterparagraph 51
Unterunterabschnitt 51
\upshape 79
\usepackage 25, 191

V

\vdots 101, 158
\vec 101
\vector 121
\verb 45
Verzeichnis
    Abbildungs-
        verzeichnis 141
    Inhaltsverzeichnis 56
    Tabellenverzeichnis 141
\vfill 48
vmatrix-Umgebung 157
Vmatrix-Umgebung 157
\vspace 48

W

\widehat 102
\widetilde 102
Worttrennung 38
Wurzeln 91
    Exponent 91
    Tiefe 91

X

\xleftarrow 104
\xrightarrow 104

Z

Zähler 30
    endnote 149
    footnote 146
    mpfootnote 147
Zeichen
    # 34
    $ 34
    % 34
    & 34
    _ 34
    ß 36
    Akzente 34
    Eurozeichen 34
    Frakturzeichen 105
    Sonderzeichen 33, 34
    Stapelung 103
    Umlautzeichen 36
    Zahlmengenzeichen 100
    Zeilenende 39, 112, 117
Zeilenabstand 42
Zeilenbreite 191
Zeilenumbruch 39
Zusammenfassung 73
Zusatzpaket 25, 190, 197
    amsbsy 85, 165
    amscd 85
    amsfonts 105
    amsmath 25, 85, 165
    amstext 85
    amsxtra 85
    array 113
    bbm 100
    caption 142
    caption2 142
    cite 176
    color 131
    courier 81
    dcolumn 113
    endnotes 149
    eurosym 34
    float 142
    geometry 25, 30, 191
    graphicx 25, 126

helvet 81	picinpar 132
hyperref 192	psnfss 81
inputenc 36	pstricks 125
komascript 60	rotate 129
longtable 113, 115	showkeys 60
makeidx 179	tabularx 113
mathpazo 81	textcomp 34
mathptm 81	varioref 60
ngerman 25, 36	wrapfig 132
nofloat 142	xr 60

L^AT_EX

Band 3: Erweiterungen

3., überarbeitete Auflage

Helmut Kopka

Zum Buch:
Der dritte Band dieses beliebten Standardwerks schließt das Gesamtwerk. Das Buch gewährt dem bereits erfahrenen Anwender Einblicke in die Interna dieses Schriftsatzprogramms und versetzt ihn in die Lage, eigene Erweiterungen zu erstellen. Zu jeder T$_E$X-Installation gehört eine Vielzahl von Werkzeugen, die vielen L^{A}T$_E$X-Anwendern unbekannt sind, aber für eigene Erweiterungen sehr nützlich sein können. In einem umfangreichen Anhang werden daher alle T$_E$X-Zusatzwerkzeuge mit Beispielen für ihr Nutzung dargestellt.

Aus dem Inhalt:
– L^{A}T$_E$X-Weiterentwicklungen
– Das T$_E$X-Gesamtsystem
– L^{A}T$_E$X im Detail
– Darstellung der Standardklassenfiles
– L^{A}T$_E$X 2.09.im Detail
– Ein T$_E$X-Strukturüberblick
– Layoutentwicklungen
– Das Web-Programmsystem
– Das T$_E$X-Programmpaket
– Ein Drucker-Hilfsprogramm

Über die Autoren:
Als langjähriger Mitarbeiter des *Max-Planck-Institutes für Aeronomie* hat *Helmut Kopka* als einer der ersten den Rechner als Instrument für die wissenschaftliche Arbeit eingesetzt und L^{A}T$_E$X für die Dokumentation und Publikation der Forschungsergebnisse eingeführt.

ISBN: 3-8273-7043-4
€ 39,95 [D], sFr 67,00
512 Seiten

Pearson-Studium-Produkte erhalten Sie im Buchhandel und Fachhandel
Pearson Education Deutschland GmbH • Martin-Kollar-Str. 10–12 • D-81829 München
Tel. (089) 46 00 3 - 222 • Fax (089) 46 00 3 - 100 • www.pearson-studium.de

Der LaTeX Begleiter

Michel Goossens, Frank Mittelbach,
Alexander Samarin

Zum Buch:

Das Buch enthält eine systematische Darstellung einer Vielzahl von Fragestellungen, auf die jeder LaTeX-Benutzter früher oder später stößt, z.B. die Anpassung des Layouts an eigene Vorstellungen, die Verwendung verschiedener Zeichensätze, das Erstellen von komplexer Grafiken, Tabellen, die Generierung eines Indexes oder einer Bibliographie vieles andere. Es ist damit Begleiter zu allen LaTeX-Einführungen.

Aus dem Inhalt:

- Einleitung
- Die Struktur eines Dokumentes
- Formatierungswerkzeuge
- Das Seitenlayout
- Tabellen
- Gleitobjekte
- Zeichnsatzauswahl
- Höhere Mathematik
- LaTeX in einer mehrsprachigen Umgebung

- Ausgabenunabhängige Grafiken in LaTeX
- PostScript
- Indexerstellung
- Literaturverzeichniserstellung
- Dokumentationswerkzeuge für LaTeX-Paketdateien
- LaTeX- Ein Überblick
- Informationen zu TeX-Software und Benutzergruppen

Über die Autoren:

Alle drei Autoren sind seit vielen Jahren mit der Entwicklung von LaTeX sowie in der Betreuung seiner Benutzer beschäftigt. *Frank Mittelbach ist einer der Entwickler des offiziellen LaTeX.* Er ist Autor und Koautor vieler weitverbreiteter LaTeX-Erweiterungen.

ISBN: 3-8273-7044-2
€ *39,95 [D], sFr 67,00*
550 Seiten

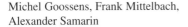

scientific tools

Pearson-Studium-Produkte erhalten Sie im Buchhandel und Fachhandel
Pearson Education Deutschland GmbH • Martin-Kollar-Str. 10–12 • D-81829 München
Tel. (089) 46 00 3 - 222 • Fax (089) 46 00 3 -100 • www.pearson-studium.de

Algorithmen

2. Auflage

Robert Sedgewick

Zum Buch:

Sedgewicks Standardwerk stellt die wichtigsten gegenwärtig benutzten Algorithmen dar. Anfangend mit elementaren Datenstrukturen und Algorithmen bis hin zu den modernen Ansätzen wird dem Leser ein Eindruck von den vielfältigen Möglichkeiten der Problemlösung vermittelt. Der Leser lernt, Algorithmen sicher zu implementieren, auszuführen und zu debuggen. Die Programmbeispiele in Pascal sind aufgrund der einfachen, verständlichen Struktur dieser Sprache auch für Leser verständlich, die sonst mit anderen Programmiersprachen arbeiten. Insgesamt eignet sich das Buch als Lehrbuch für das Grundstudium ebenso wie als zuverlässiges und umfassendes Nachschlagewerk.

Aus dem Inhalt:

- Grundlagen
- Sortieralgorithmen, Suchalgorithmen
- Verarbeitung von Zeichenfolgen
- Geometrische Algorithmen, Algorithmen für Graphen
- Mathematische Algorithmen
- Weiterführende Themen

Über den Autor:

Robert Sedgewick ist Professor für Informatik an der *Princeton University*. Er gilt international als Experte für die Algorithmenanalyse und hat eine Reihe erfolgreicher Bücher zu diesem Thema geschrieben.

ISBN: 3-8273-7032-9
€ 44,95 [D], sFr 76,50
744 Seiten

Pearson-Studium-Produkte erhalten Sie im Buchhandel und Fachhandel
Pearson Education Deutschland GmbH • Martin-Kollar-Str. 10 – 12 • D-81829 München
Tel. (089) 46 00 3 - 222 • Fax (089) 46 00 3 - 100 • www.pearson-studium.de